자애

Mettā

자애

Mettā

성냄과 여러 위험에서
자신과 타인을 보호하는 법

비구 일창 담마간다 편역

불방일

Namo tassa bhagavato arahato sammāsambuddhassa.
Namo tassa bhagavato arahato sammāsambuddhassa.
Namo tassa bhagavato arahato sammāsambuddhassa.

아라한이며 정등각자이신 거룩한 세존께 예경 올립니다.
아라한이며 정등각자이신 거룩한 세존께 예경 올립니다.
아라한이며 정등각자이신 거룩한 세존께 예경 올립니다.

차례

약 어

A. Aṅguttara Nikāya 앙굿따라 니까야 增支部
AA. Aṅguttara Nikāya Aṭṭhakathā 앙굿따라 니까야 주석서
ApA. Apadāna Aṭṭhakathā 아빠다나 주석서

Be. 삼장의 VRI 간행 미얀마 제6차 결집본
Bv. Buddhavaṁsa 붓다왐사 佛種姓經
BvA. Buddhavaṁsa Aṭṭhakathā 붓다왐사 주석서

Cp. Cariyāpiṭaka 짜리야삐따까 所行藏
CpA. Cariyāpiṭaka Aṭṭhakathā 짜리야삐따까 주석서

D. Dīgha Nikāya 디가 니까야 長部
DA. Dīgha Nikāya Aṭṭhakathā 디가 니까야 주석서
Dhp. Dhammapada 담마빠다 法句經
DhpA. Dhammapada Aṭṭhakathā 담마빠다 주석서
Dhs. Dhammasaṅgaṇī 담마상가니 法集論
DhsA. Dhammasaṅgaṇī Aṭṭhakathā = Aṭṭhasālinī 담마상가니 주석서

It. Itivuttaka 이띠웃따까 如是語經
ItA. Itivuttaka Aṭṭhakathā 이띠웃따까 주석서

J. Jātaka 자따까 本生譚
JA. Jātaka Aṭṭhakathā 자따까 주석서

Ke. 삼장의 미얀마 이본異本

Khp. Khuddhakapāṭha 쿳다까빠타 小誦經
KhpA. Khuddhakapāṭha Aṭṭhakathā 쿳다까빠타 주석서

M. Majjhima Nikāya 맛지마 니까야 中部
MA. Majjhima Nikāya Aṭṭhakathā 맛지마 니까야 주석서

Pa. Pañcapakaraṇa 빤짜빠까라나 五論
PaA. Pañcapakaraṇa Aṭṭhakathā 빤짜빠까라나 주석서
Pe. Petavatthu 뻬따왓투 餓鬼史
PeA. Petavatthu Aṭṭhakathā 뻬따왓투 주석서
Pm. Paramatthamañjūsā = Visuddhimagga Mahāṭīkā = Mahāṭīkā
위숫디막가 마하띠까(청정도론 대복주서)
Ps. Paṭisambhidāmagga 빠띠삼비다막가 無碍解道
PsA. Paṭisambhidāmagga Aṭṭhakathā 빠띠삼비다막가 주석서
Pug. Puggalapaññatti 뿍갈라빤냣띠 人施設論

S. Saṁyutta Nikāya 상윳따 니까야 相應部
SA. Saṁyutta Nikāya Aṭṭhakathā 상윳따 니까야 주석서
Se. 삼장의 스리랑카 본
Sn. Suttanipāta 숫따니빠따 經集
SnA. Suttanipāta Aṭṭhakathā 숫따니빠따 주석서

Te. 삼장의 태국본
Thag. Theragāthā 테라가타 長老偈
ThagA. Theragāthā Aṭṭhakathā 테라가타 주석서

Vbh. Vibhaṅga 위방가 分別論
VbhA. Vibhaṅga Aṭṭhakathā 위방가 주석서
Vin. Vinaya Piṭaka 위나야 삐따까 律藏
Vis. Visuddhimagga 위숫디막가 淸淨道論

일러두기

1. 본문에 인용된 빠알리 문헌은 모두 제6차 결집본이다.
2. Sn.628은 『숫따니빠따』 628번째 게송을 뜻한다. 「자애경」 각 게송의 앞에 붙인 번호는 이 책에서 편의상 붙인 것이다. M.ii.300은 제6차 결집본 『맛지마 니까야』 제2권 300쪽, M85는 『맛지마 니까야』의 85번째 경을 뜻한다. Dhp.204는 『담마빠다』 204번째 게송을, Thag.1은 『테라가타』의 첫 번째 게송을 뜻한다.
3. 저본의 번역은 대역 이나 해석 으로 표시했고 편역자의 번역은 소괄호 '( )'로 표시했다.
4. 대역할 때 한 단어의 여러 의미는 쌍반점 ';'으로 표시했다. 저본의 보충 설명은 겹화살 괄호 '《 》', 역자의 보충 설명은 소괄호 '( )', 관찰할 때 명칭은 홑화살 괄호 '〈 〉'로 표시했다. 시의 단락 구분에서 행을 빗금 '/'으로 표시했다.
5. 마하시 사야도의 주석은 마 로 표시했다. 표시가 없는 것은 편역자의 주석이다.
6. 빠알리어는 로마자 정체로 표기했고, 미얀마어는 로마자 이탤릭체로 표기했다.
7. 약어에 전체 빠알리어가 제시된 문헌은 본문에 따로 빠알리어를 표기하지 않았다.
8. 미얀마어로 된 참고문헌은 로마자 이탤릭체로 표기한 뒤 그 의미를 이어서 소괄호 안에 표기했다. 저자도 로마자 이탤릭체로만 표기했다.
9. 반복 인용된 문헌은 처음에만 저자를 표기하고 두 번째부터는 책의 제목만 표기했다.
10. 인용문과 게송은 들여쓰기 했다.

서문

최근 나라 안팎에서 좋지 않은 소식이 매일 들립니다. 자본과 힘을 무기로 강대국이 약소국을 침략하고 파괴하고, 견해가 다른 것을 이유로 상대편을 배척하고 괴롭히고, 마음에 들지 않는다고 방화와 살인을 저지르는 등의 소식을 자주 듣게 됩니다. 이것은 사람들 마음속에 생겨난 성냄이 바깥으로 드러나서 일어난 일들입니다.

이러한 시기에 사람들에게 가장 필요한 법 중 하나가 자애mettā입니다. 불은 물로 끌 수 있듯이 사람들에게 생겨난 성냄의 불도 '성냄없음adosa'이라는 자애의 물로 끌 수 있습니다. 또한 나와 남을 구별하지 않고 모두가 행복하고 건강하기를 바라는 자애의 마음을 계발한다면 세상에서 서로를 괴롭히고 죽이고 파괴하는 행위는 없어질 것입니다.

미얀마에는 자애에 관해 부처님의 가르침에 따라 잘 설명한 법문과 문헌들이 많습니다. 이러한 가르침이 한국 수행자들에게도 전해진다면 많은 이익이 될 듯하여 비구 담마간다(마하시 깜맛타나짜리야)가 마하시 사야도를 비롯한 여러 사야도의 법문과 문헌을 발췌하고 정리해서 『성냄과 여러 위험에서 자신과 타인을 보호하는 법, 자애』라는 책을 이번에 출간하게 됐습니다.

이 책에는 자애의 의미와 자애의 이익을 보여주는 일화, 성냄의 의미와 성냄을 다스리는 법, 자애를 닦는 방법과 자애수행의 이익, 그리고 부처님께서 「자애경」(Sn.143~152)을 설하시게 된 계기와 「자애경」의 상세한 의미, 자애를 닦으며 도와 과에 이르는 길까지 상세히 설명돼 있습니다. 자애를 계발하고자 하는 열의와 정진이 있는 이라면 누구든 큰 도움을 얻을 수 있을 것입니다.

책의 내용 중에 특별히 언급하고 싶은 것이 있습니다. 자애를 닦기 전에 먼저 알아 두어야 할 내용입니다.

자기 마음에 자애가 생겨나게 하려면 먼저 자애의 반대인 성냄의 나쁜 결과와 허물을 알아야 합니다. 그리고 자애에 힘을 실어주면서 도와주는 인욕khanti의 이익도 알아야 합니다. 왜냐하면 성냄의 허물ādīnava을 알아야 성냄을 제거할 수 있고, 인욕의 이익을 알아야 인욕이라는 거룩한 법을 지닐 수 있기 때문입니다.

성냄은 조건과 결과, 좋고 나쁨, 좋은 말과 나쁜 말, 이익과 불이익, 번영하게 하는 것과 쇠퇴하게 하는 것을 알지 못합니다. 성냄을 참지 못해서 저지르는 폭력, 살생 등의 행위는 현생은 물론이고 다음 여러 생에 불이익을 가져옵니다. "Sabbapāpānaṁ mūlabhūtā akkhantiṁ. 모든 악의 뿌리는 참지못함이다"라는 구절처럼 '참지못함'은 모든 불선법의 뿌리입니다.

반대로 인욕은 모든 선법의 뿌리입니다. "Sadatthaparamā atthā, khantyā bhiyyo na vijjati. 자신의 최상의 이익들 가운데서 인욕보다 뛰어난 것 어디에도 없다"라는 구절처럼(S.i.250) 자신의 이익과 남의 이익, 세간의 이익과 출세간의 이익을 가로막고 무너뜨리는 것으로부터 보호해 줄 수 있는 것 중에 인욕보다 더 의지할 만한 법은 없습니다. 마찬가지로 자신의 이익과 남의 이익, 세간의 이익과 출세간의 이익을 늘어나게 하고 성취하게 하는 것 중에 인욕보다 더 의지할 만한 법은 없습니다.

이처럼 자신의 마음을 성냄으로부터 벗어나게 하고 자신에게 인욕이 언제나 깃들도록, 몸과 말과 마음이 거칠지 않도록, 거만하지 않도록, 부드럽고 온화하도록 노력하고서 자애를 닦아 나가길 기원합니다.

이 책을 마치 거울을 보듯
자주 읽고, 이해하고, 그대로 실천하기를.
자애의 힘으로 여러 위험에서 벗어나기를.
자애를 바탕으로 몸과 마음 건강하고 행복하게
위빳사나 수행을 실천해서
이번 생, 이번 몸, 이번 부처님의 가르침에서
도의 지혜와 과의 지혜로
열반을 실현하기를.

맑은자애 수승법 온세상에 퍼지길.

불기 2566년(2022년) 11월
우 소다나*U Sodhana*
담마짜리야Dhammācariya
마하깜맛타나짜리야Mahākammaṭṭhānacariya
국내외 마하시 나야까*Mahāsi Nayaka*
한국마하시선원 선원장

제1부

자애의 의미

제1장
자애의 특질

제2장
자애 관련 일화

제1장

자애의 특질

흔히들 "자애가 가득한 눈", "자애가 깊다", "자애를 베풀다", "자애로운 어머니"라는 표현처럼 일상생활에서도 '자애慈愛'라는 단어를 자주 사용합니다. 하지만 자애의 의미가 정확히 무엇인지 물어보면 쉽게 대답하지 못합니다. 국어사전에는 '아랫사람에게 베푸는 도타운 사랑'이라고 설명돼 있지만[1] 자애의 진정한 의미는 이보다 더 깊고 광범위합니다. 제1장에서는 자애의 의미가 무엇인지 자애의 특성, 역할, 나타남, 가까운 원인이라는 특질을[2] 중심으로 자세하게 살펴보겠습니다.

자애의 단어분석

자애의 의미를 정확하게 알려면 단어를 분석해 보는 것이 도움이 됩니다. 자애에 해당하는 빠알리어는 '멧따mettā'입니다. '멧따'는 '밋자띠 mijjati', 즉 '친애하다. 애정을 가지다'라는 단어에서 파생됐습니다.

1 민중서림편집국, 『엣센스 국어사전』, p.1953 참조.
2 '특성', '역할', '나타남', '가까운 원인', '특질'의 의미는 본서 부록 p.341 참조.

Mijjatīti mettā, siniyhatīti attho. (ItA.72)

대역

Yā dhammajāti어떤 법성품은 mijjati친애한다. iti그래서 sā dhammajāti그 법을 mettā자애라고 한다. siniyhati애정을 가진다; 번영을 바라며 좋아한다. iti ayaṁ이것이 attho자애의 의미다.

자애와 애정

이렇게 자애는 '애정을 가지다'라는 의미를 가지고 있지만 일반적인 '애정'과는 조금 다릅니다. 애정pema은 보다 포괄적인 개념으로 애정에는 갈애애정taṇhāpema, 가족애정gehasitapema, 자애애정mettāpema 세 가지가 있습니다.

'갈애애정'은 남녀 간의 애정, '가족애정'은 부모와 자식, 형제자매 간의 애정을 뜻하는데 이 둘은 모두 선법이 아닙니다. 갈애애정은 갈애애착taṇhārāga, 가족애정은 탐욕lobha일 뿐입니다.

반면 '자애애정'은 다른 이의 이익과 번영을 진정으로 바라는 것으로 피부색이나 출신, 재산, 지위 등을 가리지 않고 모든 이의 이익과 번영을 바라는 성품입니다. 자애는 번영을 바란다고 해서 항상 곁에 있고자 하는 바람이 전혀 없습니다. 멀리 떨어져 있어도 상대가 건강하고 행복하다면 그것으로 만족합니다. 함께 지내지 않아도 전혀 개의치 않습니다.

자애와 더불어 연민karuṇā, 함께 기뻐함muditā, 평온upekkhā은 매우 깨끗하고 숭고한 성품이어서 '거룩한 머묾brahmavihāra'이라고 부릅니다. 혹은 '몇 명'이라고 한계를 두지 않고 무한한 중생을 대상으로 해서 닦는 법이기 때문에 '무량appamaññā'이라고도 부릅니다.[3] 따라서 자애를 닦을 때는 깨끗하지 않은 갈애애정, 가족애정이 아니라, 거룩한 머묾에 포함되는 자애애정을 닦아야 한다는 사실에 특히 주의해야 합니다.[4]

자애와 성냄없음

자애는 법체로[5] 성냄없음adosa 마음부수입니다. 성냄없음은 어떤 대상에 대해 거칠지 않은 성품, 잘 따라주는 성품입니다. 성냄없음은 여러 상황에서 여러 대상에 대해 생겨날 수 있습니다. 보시를 할 때도, 계를 지킬 때도 성냄없음은 포함됩니다. 그중 중생을 대상으로 '행복하기를'이라고 번영과 행복을 바랄 때 생겨나는 성냄없음을 '자애'라고 말하고, 나에게 잘못한 이에게 화를 내지 않고 참을 때 생겨나는 성냄없음을 '인욕khanti'이라고 말합니다.

자애의 종류

자애는 몸의 자애, 말의 자애, 마음의 자애라는 세 종류로 나눌 수 있습니다. 그중 몸의 자애란 할 수 있는 만큼, 도와줄 수 있는 만큼 자애를 앞에 두고 행동으로 다른 이에게 이익이 되는 일을 해 주는 것입니다. 예

3 본서 p.314 참조.

4 *Mingun Sayadaw*, 『*Mahābuddhawin*』 제1-1권, p.lo(미얀마식 페이지 표기법); 비구 일창 담마간다, 『부처님을 만나다』, p.114 참조.

5 법체法體: 부처님께서는 법문하실 때 어떤 하나의 성품법에 대해 여러 표현을 사용하셨다. 이러한 여러 표현을 대표하면서 주로 언급되는 하나의 표현을 법체라고 말한다.

를 들어 어떤 사람이 절벽에 매달려 있을 때 어떠한 보답도 바라지 않고 구해주는 것이 몸의 자애입니다. 이때 자신의 이익을 염두에 두고 행한다면 진정한 몸의 자애가 아니라는 사실에 주의해야 합니다. 자애 마음의 힘으로 생겨나는 몸의 업을 몸의 자애라고 합니다.(MA.ii.292)

자신의 친구나 동료에게 몸의 자애를 실천하면 친구나 동료가 좋아하고, 존중하고, 반대하지 않을 것입니다. 그래서 몸의 자애를 "좋아함을 생겨나게 하는 법piyakaraṇa, 존중을 생겨나게 하는 법garukaraṇa, 반대하지 않음을 생겨나게 하는 법avivādasaṁvattana"이라고도 설명했습니다.(Vin.v.167)

주석서에서는 부처님과 관련된 여러 크고 작은 소임을 행하는 것이 몸의 자애라고 설명했습니다.(ThagA.ii.427) 하지만 이것은 대표로 설명한 것일 뿐입니다. 탑이나 정사 주변을 청소하는 것, 승가에 필수품을 보시하는 것 등도 자애를 앞에 두고 한다면 모두 몸의 자애라고 할 수 있습니다. 마찬가지로 살생과 도둑질, 삿된 음행을 삼가는 몸의 선행 세 가지를 실천하는 것도 몸의 자애라고 할 수 있습니다.

말의 자애는 자애를 앞에 두고 말하는 것입니다. 예를 들어 "친구여, 이 숲을 지날 때는 오른쪽 길로 가라. 왼쪽 길로 가면 맹수들도 나오고 산적들도 숨어 있다"라고 말해 주는 것이 말의 자애입니다. 마찬가지로 자신의 이익을 염두에 두고 말한다면 진정한 말의 자애가 아니라는 사실에 주의해야 합니다. 자애 마음의 힘으로 생겨나는 말의 업이 말의 자애입니다.(MA.ii.292) 주석서에서는 논쟁을 생겨나게 하는 말을 삼가는 것, 기억할 만한 법sāraṇīyadhamma을[6] 말하는 것이 말의 자애

6 화합하게 하는 법이라고도 한다. 본서 p.155 참조.

라고 설명했습니다.(CpA.325) 하지만 이것도 대표로 설명한 것입니다. 거짓말과 이간하는 말, 거친 말, 쓸데없는 말을 삼가는 말의 선행 네 가지를 실천하는 것도 말의 자애라고 할 수 있습니다.

마음의 자애는 자애를 앞에 두고 할 수 있는 만큼 상대방의 이익과 번영이 생겨나도록 생각하는 것입니다. 예를 들어 여행을 앞둔 친구를 생각하면서 '○○가 위험과 장애 없이 목적지에 안전하고 편안하게 도착하기를. 원하는 여행을 잘 마치기를'이라고 마음으로 바라는 것이 마음의 자애입니다. 마찬가지로 자신의 이익을 염두에 두고 자애를 보낸다면 진정한 마음의 자애가 아니라는 사실에 주의해야 합니다. 중생들의 이익과 번영만을 목적으로 해야 합니다. 자애 마음의 힘으로 생겨나는 마음의 업을 마음의 자애라고 합니다.(MA.ii.292) 탐애와 분노와 사견을 삼가는 마음의 선행 세 가지를 실천하는 것도 마음의 자애라고 할 수 있습니다.[7]

자애의 특성

자애는 중생들의 이익과 번영을 행하는 특성을 지니고 있습니다. 마음에서 '전혀 보답을 바라지 않고 다른 이의 이익을 바라는 성품'이 생겨났다면 그것을 통해 '자애가 생겨났다'라고 알 수 있습니다.

Mettā hitākārappavattilakkhaṇā. (Vis.i.311)

7 *Veimou*, 『*Mettācaga*(자애의 말)』, pp.17~19 참조.

대역

Mettā자애는 hitākārapavattilakkhaṇā번영을 행하는 것으로 생겨남이라는 특성이 있다.

자애를 갖춘 이는 다른 이에게 불이익이 생겨나게 하는 행위나 말, 생각을 하지 않습니다. 다른 이에게 세간과 출세간의 이익이 생겨나게 하는 행위나 말, 생각만을 합니다.

자애의 역할

자애는 중생들에게 번영과 이익을 가져다주는 역할을 합니다.

Mettā hitūpasaṁhārarasā. (Vis.i.311)

대역

Mettā자애는 hitūpasaṁhārarasā번영을 가져다주는 역할을 한다.

원인이 있어야 결과가 생겨납니다. 마찬가지로 중생들의 번영과 이익을 바라는 것, 즉 그러한 역할을 하는 자애가 먼저 생겨나야 그 결과로 실제로 중생들에게 번영과 이익을 가져다줍니다. (DhsA.237)

자애의 나타남

자애는 원한을 제거하는 것으로 나타납니다.

Mettā āghātavinayapaccupaṭṭhānā. (Vis.i.311)

대역

Mettā자애는 āghātavinayapaccupaṭṭhānā원한을 제거하는 것으로 나타난다; 원한을 제거하는 이익이 생겨나게 한다.

자애가 많은 이는 '이 자가 나를 예전에 괴롭혔다. 나를 교활하게 속였다' 등의 이유로 원한āghāta을 품는 일이 없습니다. '원한'은 마음에 들지 않는 것을 쌓아 두는 것입니다. 원한을 품고 있으면 마음에서 '성냄'이라는 불이 계속 타오르기 때문에 몸이 쉽게 늙어버립니다. 불이 땔감을 태우듯이 성냄은 피부를 주름지게 하고, 머리카락을 하얗게 세게 하고, 치아를 빠지게 하는 등 용모를 상하게 합니다. 그래서 성냄을 불과 같다고 비유합니다.[8]

반대로 자애는 성냄이나 분노 등 뜨거움을 제거해서 중생들의 마음에 시원함을 생겨나게 합니다. 그래서 자애는 시원함을 주는 물과 같다고 비유합니다. 『담마상가니 주석서』에서는 자애의 법체인 성냄없음을 통해 늙음의 고통이 생겨나지 않는다고 설명했습니다.(DhsA.171) 『위숫디막가』에서는 성냄없음은 마치 전단栴檀 나무가 뜨거움을 없애는 것처럼 성냄이라는 열병pariḷāha을 없애는 역할을 한다고 설명했습니다. 그리고 보름달이 서늘함을 제공해 주는 것처럼 성냄없음도 서늘한 것으로 나타난다고 설명했습니다.(Vis.ii.94)

8 본서 pp.51~54 참조.

자애의 가까운 원인

자애의 가까운 원인은 중생들을 마음에 드는 상태로 보는 것입니다.

Mettā sattānaṁ manāpabhāvadassanapadaṭṭhānā.

(Vis.i.311)

대역

Mettā자애는 sattānaṁ중생들의 manāpabhāvadassanapa-daṭṭhānā마음에 드는 상태를 보는 것이 가까운 원인이다.

모든 선법의 원인은 합리적 마음기울임yonisomanasikāra입니다.(A1:7:7) 자애의 가까운 원인도 중생들에게 있는 좋은 점과 나쁜 점 중 좋은 점을 보는 것이라는 합리적 마음기울임입니다. 이것은 성냄을 다스리는 방법 중 하나로도 소개돼 있습니다.[9]

자애의 구족과 무너짐

자애를 구족한다는 것은 자애를 갖추는 것, 자애를 닦는 이에게 성냄이 사라지는 것을 말합니다. 자애가 무너진다는 것은 자애를 가장한 애착rāga이 생겨나는 것을 말합니다. 앞에서 설명한 갈애애정이나 가족애정과 같은[10] 애착은 자애인 척 가장하는 '가짜 자애'입니다.

---

9 본서 pp.83~84 참조.
10 본서 p.15 참조.

자애의 적

자애가 아닌데도 자애라고 오인되는 성품이나 자애와 반대되는 성품을 '자애의 적paccatthika'이라고 합니다. 자애의 적에는 가까운 적과 먼 적 두 가지가 있습니다. 자애의 가까운 적은 자애인 척 가장하는 애착이고 먼 적은 성냄입니다. 먼 적인 성냄은 쉽게 알아볼 수 있지만 가까운 적인 애착은 그것이 적인지 사실대로 알기 어렵습니다. 진짜 자애와 가짜 자애인 애착은 둘 다 중생들의 좋은 덕목을 보는 성품으로는 같기 때문입니다.

자애를 닦을 때는 중생이라는 개념을 대상으로 합니다. 어떤 남성과 여성이 이성을 대상으로 자애를 닦을 때 '아름답다subha'는 표상이 드러나면 가짜 자애인 애착이 슬그머니 들어옵니다. 따라서 자애를 닦는 이는 애착이 자애로 가장해서 끼어들지 못하도록 잘 보호해야 합니다.

자애의 비유

만주사까 꽃과 같은 자애 현자들은 자애를 만주사까mañjūsaka 천상꽃에 비유했습니다. 항상 깨끗하고 향기롭고 널리 퍼지기 때문입니다.

> Mettā mañjūsako loke, saphullo hotu sabbadā;
> Mettā pupphasugandhena, sukhantu vāsitā pajā.
>
> (레디 빤디따)

해석

세상에 자애라는 만주사까 천상꽃이
언제나 멀리멀리 퍼져 나가기를.
자애라는 꽃향기를 흠뻑 머금어
중생들이 위험 없이 행복하기를.

대역

Loke세상에; 이 우주에 mettā mañjūsako자애라는 만주사까 꽃이; 자애라는 깨끗하고 향기로운 만주사까 천상꽃이 sabbadā언제나; 밤낮으로 항상 끊임없이 saphullo hotu멀리멀리 퍼지기를; 꽃봉오리를 따더라도 다하지 않고 줄기마다 계속해서 봉오리가 맺혀 곳곳에 향기가 멀리 퍼지기를. pajā중생들이; 존재하는 모든 중생이 mettā pupphasugandhena자애라는 꽃향기를 vāsitā흠뻑 머금어 sukhantu위험과 장애 없이 편안하고 행복하게 되기를.

만주사까 꽃은 벽지불들께서 머무시는 간다마다나Gandhamādana 산의 동굴에 피는 꽃입니다. 이 꽃은 모양도 아름답고 향기도 좋은데다 일 년 내내 항상 피어있다고 합니다. 마찬가지로 자애를 닦는 이들도 자애라는 꽃으로 장식해서 그 향기가 끊임없이 퍼지게 해야 합니다. 「자애경」의 "서서나 걷거나 또는 앉아서나/ 누워서나 언제나 깨어있는 한"이라는 구절처럼 항상 자애를 닦아야 합니다.

자애만주 향기가 항상퍼지길

달과 같은 자애 자애를 달빛에 비유하기도 합니다. 달빛은 나쁜 사람, 좋은 사람 구별하지 않고 누구나 비추기 때문입니다. 혹은 앞에서 언급했듯이 서늘하기 때문에 보름달에 비유하기도 합니다.(Vis. ii.94)[11]

Mettā nisākaro loke, sammā bhātu sukhaṁ karo.
Mettasītalaraṁsīhi, sukhantu phusitā pajā.

(아신 와셋타비왐사)

해석

세상에 밤을 만드는 자인 자애가
바르고 행복하게 항상 밝게 비추기를.
자애라는 시원한 광명을 받아서
중생들이 위험 없이 행복하기를.

대역

Loke세상에; 이 우주에 mettā nisākaro밤을 만드는 자인 자애가; 시원한 은빛 월왕月王과도 같은 자애가 sammā바르게; 시원하고 기쁘게 sukhaṁ karo행복하게 하면서; 그도 행복하고 나도 행복하길 바라는 마음으로 행복하게 하면서 bhātu비추기를; 원수도 없고 위험도 없이 서늘함을 얻도록 중생들을 항상 밝게 비추기를. mettasītalaraṁsīhi자애라는 시원한 광명을 phusitā받아서 pajā중생들이 sukhantu 몸과 마음 편안하고 위험 없이 기쁘고 행복하기를.

---

11 본서 p.20 참조.

달은 착한 사람들은 물론이고 나쁜 짓을 하는 사람들에게도 시원한 빛을 보내 줍니다. '은빛 월왕'이라고도 불리는 달은 나쁜 사람과 좋은 사람, 원수와 친구 등으로 구별하지 않습니다. 가난한 사람과 부유한 사람, 지위가 낮은 사람과 높은 사람으로 구별하지도 않습니다. 마찬가지로 자애를 닦는 이라면 원수와 친구를 구별하지 말고 누구에게나 동등한 마음으로 자애를 보내야 합니다.

자애달빛 누구든 서늘비추길
자애달빛 퍼져서 행복하기를

전단 나무와 같은 자애 자애를 전단 나무의 향기에 비유하기도 합니다. 전단 나무는 자신을 자른 사람에게도 향기를 내뿜습니다. 마찬가지로 자애를 닦는 이라면 자신을 좋아하는 이뿐만 아니라 자신을 괴롭히는 이에게도 화내지 말고 동등하게 자애를 보내야 합니다. 누구에게나 자애의 향기가 스며들게 해야 합니다.

Attachindampi vāseti, sugandhenidha candanaṁ.
Santo mettā sugandhena, atta hiṁsampi vāsaye.
Sabbepi sītalā hontu, mettācandana vāsitā.

(아신 와셋타비왐사)

해석

이 세상에 전단 나무가 자신을 자르는
그에게도 좋은 향기를 퍼뜨려 주듯이
선한 사람이라면 자신을 괴롭히는 자에게도

자애라는 좋은 향기를 보내줘야 한다네.
자애라는 향기를 듬뿍 머금어
모두 다 서늘하고 행복하기를.

대역

Idha이 세상에서 candanaṁ전단 나무는 attachindampi 자신을 자르는 이에게도; 자신을 해치는 이에게도 sugandhena좋은 향기를; 자신의 좋은 향기를 vāseti퍼뜨려 준다. santo선한 사람이라면; 자애를 닦는 선한 이라면 atta hiṁsampi자신을 괴롭히는 사람에게도 mettā sugandhena자애라는 좋은 향기를 vāsaye잘 보내주어야 한다. sabbepi모두 다; 모든 중생이 남김없이 mettācandana vāsitā 자애라는 특별한 향기를 머금어 sītalā hontu서늘하기를; 위험과 장애, 원수가 없이 서늘하고 시원하기를; 열반에 이르기까지 건강하고 행복하기를.

자애단향 퍼져서 행복하기를

제2장
자애의 여러 일화

제2장에서는 부처님을 비롯해 여러 출가자와 재가자가 자애를 닦은 모습을 구체적인 일화를 통해 살펴보겠습니다.

부처님의 자애

자애에 있어 부처님이 제일이라는 사실은 특별히 언급할 필요가 없을 것입니다. 정등각자가 되기 위해 바라밀을 닦으실 때 목숨까지 아끼지 않으며 자애 최상 바라밀까지 성취하셨고[12] 정등각자가 되신 후에도 아래의 여러 일화에서처럼 최상의 자애를 갖추셨습니다.

말라 왕족 로자의 제도 한때 꾸시나라Kusinārā의 말라 왕족들은 부처님께서 유행하시다가 꾸시나라에 도착하신다는 소식을 듣고 '세존을 마중 나오지 않는 이는 오백 냥의 벌금을 내야 한다'라고 서로 약속했습니다. 부처님께서 꾸시나라에 도착하시자 말라 왕족들은 세존을 마중 나왔습니다. 그중에는 아난다Ānanda 존자의 친구였던 로자

12 본서 pp.91~98; 『부처님을 만나다』, pp.114~115 참조.

Roja도 있었습니다. 하지만 로자는 삼보에 대한 믿음이 없었고 세간의 영화에만 빠져 살았습니다. 심지어 아난다 존자에게 "함께 세속의 영화를 누리며 지내자"라고 속퇴까지 권유할 정도였습니다.(JA.ii.212)

그랬던 로자가 부처님 환영 행사에 참석하자 아난다 존자는 훌륭하다고 칭송했습니다. 하지만 로자는 "삼보를 존중해서가 아니라 벌금이 두려워 마중 나온 것이오"라고 사실대로 말했습니다. 아난다 존자는 이 말이 마음에 걸려 부처님께 로자가 부처님의 법과 율에 깨끗한 믿음을 가질 수 있도록 해 달라고 청했습니다. 부처님께서는 어렵지 않다고 말씀하신 뒤 로자만을 지정해서 'mettena cittena pharitvā 자애의 마음으로 채우신 뒤', 즉 자애를 보내신 뒤 처소로 들어가셨습니다.(Vin.iii.345)

그렇게 부처님의 자애를 받은 로자는 어미소를 찾아다니는 송아지처럼 이곳저곳 부처님을 찾아다녔고 스님들의 안내로 부처님의 처소에 도착했습니다. 부처님께서는 로자에게 보시 설법부터 마지막 사성제 설법까지 차제법문을 설하셨고 로자는 수다원이 됐습니다.[13]

왕족이라는 자만, 재산이 많다는 자만에 도취해 가르침에 전혀 믿음이 없었을 뿐만 아니라 아난다 존자에게 속퇴까지 권유했던 로자를 단숨에 성자의 지위까지 오르게 한 것은 무엇일까요? 사람들은 부처님의 '신통'이라고 말하지만 사실은 "자애의 마음으로 채우신 뒤"라는 성전의 가르침처럼 부처님께서 갖추신 '자애의 위력'이라고 말할 수 있습니다.[14]

---

13 전재성 역주, 『비나야삐따까』, pp.426~427 참조.

14 *U theilain*, 『*Mettāvāda*(자애론)』, pp.27~32 참조.

오비구의 제도 부처님께서 오비구에게 초전설법을 하시기 위해 미가다야Migadāya로 오셨을 때 오비구는 부처님을 맞이하지도 말고, 예경을 올리지도 말고, 발우와 가사를 받지도 말자고 약속했습니다. 하지만 부처님께서 가까이 다가오시자 "buddhānubhāvena buddhatejasā 부처님의 복덕과 위력 때문에"(M.i.227) 오비구는 자신들의 약속을 지키지 못하고 부처님을 맞이하며 예경을 올리고 발우와 가사도 받아들었습니다.[15]

여기서 '부처님의 복덕와 위력'은 다름 아닌 자애의 위력이라는 사실을 『붓다왐사 주석서』에서 다음과 같이 밝히고 있습니다.

> Bhagavā tesaṃ cittācāraṃ ñatvā sabbasattesu anodhissakavasena pharaṇasamatthaṁ mettacittaṁ saṁkhipitvā odhissakavasena mettacittena phari. Te bhagavato mettacittena phuṭṭhā tathāgate upasaṅkamante sakāya katikāya saṇṭhātuṁ asakkontā abhivādanādīni sabbakiccāni akaṁsu. (BvA.343)

해석

부처님께서는 그들(오비구)의 마음을 아시고 지정하지 않고 (모든 중생을 대상으로) 펼칠 수 있는 자애의 마음을 모아 (오비구를) 지정해서 자애의 마음을 펼치셨다. 그들은 세존의 자애 마음을 받고서[16] 여래에게 다가가 자신들의 약속대로 행하지 못하고 예경을 올리는 등 모든 해야 할

15 마하시 사야도 법문, 비구 일창 담마간다 옮김, 『담마짝까 법문』, pp.100~101 참조.
16 원래는 'phuṭṭho 접촉한'이라고 표현됐다.

바를 행했다.[17]

날라기리 코끼리와 알라와까 야차왕의 제도 부처님의 자애는 비단 사람만을 제도한 것으로 그치지 않습니다. 거칠게 난동을 부리는 날라기리Nāḷāgiri 코끼리와 매우 잔인했던 알라와까Āḷavaka 야차왕까지 부처님의 자애에 무릎을 꿇었습니다.

데와닷따Devadatta는 부처님을 시해하기 위해 사납게 날뛰는 날라기리 코끼리를 풀어놓았습니다. 날라기리가 부처님을 향해 위협적으로 달려들자 아난다 존자가 부처님을 보호하려고 막아섰습니다. 그 순간 부처님께서는 자애 삼매에 들어 그 선정의 위력으로 코끼리를 제압하셨습니다.[18] 이 내용을 『아빠다나 주석서』에서는 "부처님께서는 한계 없는 우주의, 한계 없는 중생들에게 펼치시는 자애를 그 순간에는 오직 날라기리에게만 보내셨다. 부처님의 자애를 받은 날라기리는 즉시 온순해져 부처님의 발아래 엎드렸다"라고 설명했습니다.(ApA. i.137~138)

알라와까 야차왕은 '부모는 물론이고 사문과 바라문도 모르는 자다. 사람을 미치게 만들 수도 있다. 심장도 찢어버릴 수 있다. 함부로 자신의 처소에 들어온 사람을 멀리 던져버릴 수도 있는 자다'라고 알려질 정도로 매우 거칠고 잔인했습니다.

그런 알라와까 야차왕은 자신의 궁전에 부처님께서 방문하시자 아홉 가지 무시무시한 무기로 부처님을 공격했습니다. 그래도 아무런 소

17 『*Mettāvāda*(자애론)』, pp.36~37 참조.
18 『부처님을 만나다』, pp.430~431 참조.

용이 없자 세상에서 가장 강력한 무기 네 가지[19] 중 하나로 알려진 '백색망토'를 던졌습니다. 하지만 백색망토는 발걸레가 돼 부처님의 발아래 떨어졌습니다. 알라와까 야차왕은 이것을 부처님이 지닌 '자애의 위력'이라고 판단하고 그 자애를 무너뜨리려고 생각했습니다.

> Mettāvihārayutto samaṇo, handa naṁ rosetvā mettāya viyojemi. (SA.i.297)
>
> 해석
>
> 이 사문은 자애로 지낸다. 그러니 그를 화나게 해서 자애를 무너뜨리리라.

그래서 "나의 궁전에서 즉시 나가라"라고 화를 돋우는 말을 했습니다. 부처님께서는 "거친 사람은 부드러운 행위와 말로만 다스릴 수 있다"라는 사실을 잘 아셨기 때문에 "알겠소"라고 부드럽게 대답하시고 그대로 나가셨습니다. 그러자 알라와까 야차왕은 마음이 조금 부드러워졌습니다. 하지만 확실하게 조사하기 위해 다시 들어오라고 말했고 부처님께서는 그대로 다시 들어오셨습니다. 세 번까지 이 상황이 반복됐습니다. 알라와까 야차왕이 네 번째로 나가라고 했을 때는 부처님께서도 거부하셨고 이에 화가 난 알라와까 야차왕은 부처님을 곤경에 빠뜨리기 위해 어려운 질문을 했습니다. 하지만 일체지를 갖추신 부처님께서 그 질문에 답하시자 설법 끝에 알라와까 야차왕은 수다원이 됐습

19 제석천왕의 금강저, 웻사완나 천왕의 철망치, 야마왕의 곁눈질, 알라와까 야차왕의 백색망토. 우 소다나 사야도 법문, 비구 일창 담마간다 옮김, 『알라와까숫따』, pp.42~43 참조.

니다.(Sn.186/SnA.i.226)[20]

수부띠 존자의 자애

부처님의 제자들 중에서는 수부띠Subhūti 존자가 자애선정에 입정한 뒤 출정해서 보시를 받았기 때문에 '응공dakkhiṇeyya 제일', 즉 보시자들에게 이익을 많게 하도록 보시 받는 데 있어 제일이라는 칭호를 받았습니다.(A1:206)[21]

한때 수부띠 존자는 차례대로 유행하다가 라자가하에 도착했습니다. 그 사실을 안 빔비사라Bimbisāra 왕은 수부띠 존자를 찾아가 예경하고서 "이곳에서 지내십시오. 처소를 마련해 드리겠습니다"라고 말한 뒤 그 사실을 잊어 버렸습니다. 처소를 얻지 못한 수부띠 존자는 바깥에서 지내야 했고, 존자의 위력으로 하늘이 비를 내리지 않았습니다. 계속 비가 내리지 않아 어려움을 겪던 백성들은 왕궁 대문 앞에서 소리를 높였습니다. 왕은 비가 내리지 않는 이유를 살피다가 수부띠 존자가 야외에서 지내기 때문임을 알고 바로 초막을 지어 보시했습니다. 존자는 초막에 들어가 풀로 엮은 깔개 위에 가부좌를 틀고 앉았습니다. 하지만 하늘에서 비가 조금씩 내릴 뿐 충분히 쏟아지지는 않았습니다. 그러자 존자는 가뭄 때문에 사람들에게 생겨난 두려움을 없애주고자 자신의 안팎에 위험이 없는 것을 드러내면서 비 천신에게 자애를 보내며 아래의 게송을 읊었습니다.[22]

---

20 『알라와까숫따』, pp.76~84 참조.

21 대림스님 옮김, 『앙굿따라 니까야』 제1권, p.118; 본서 pp.150~151 참조.

22 전재성 역주, 『테라가타-장로게경』, pp.493~494 참조.

Channā me kuṭikā sukhā nivātā,

Vassa deva yathāsukhaṁ;

Cittaṁ me susamāhitaṁ vimuttaṁ,

Ātāpī viharāmi vassa devā. (Thag.1)

해석

나의 초막, 잘 덮였고 잘 막혔네.[23]

하늘이여, 마음대로 비를 내리시오.

나의 마음, 잘 집중돼 해탈했다네.

노력하며 지내나니, 하늘이여 비를 내리시오.[24]

이 게송은 안전하게 지낼 수 있도록 초막이 잘 지어졌다는 사실과 수부띠 존자 자신이 갖춘 아라한의 덕목이라는 진실sacca, 그리고 자신이 언제나 보내고 있는 자애mettā를 드러내며 하늘이 비를 내리도록 알리는 내용입니다. (ThagA.i.33)

미얀마의 레디 사야도*Ledi Sayadaw*는 함사따 지역 전체에 가뭄이 심하자 그곳으로 가서 비 천신 등에게 특별히 자애를 보냈는데 신기하게도 큰비가 내렸다고 합니다.

웨부 사야도*Webhū Sayadaw*도 "불교 가르침에서는 비가 내리게 할 수도 있고 그치게 할 수도 있다. 사람이 오게 할 수도 있고 오지 않게 할 수도 있다. 나무가 있으면 공양이 있다.[25] 그대들이 이러한 특별한

23 사방에서 바람이 들어오지 않도록 벽을 잘 세웠다는 뜻이다.

24 해석은 *Ashin Jāgara*, 『*Theragāthā Aṭṭhakathā Nissaya*(테라가타 주석서 대역)』 제1권, p.74 참조.

25 먼저 계를 갖추고 자신을 보호하는 천신을 비롯해 여러 천신에게 자애를 보내면 나무를 의지해서 사는 목신이 공양을 올리기 때문에 공양 걱정은 하지 않아도 된다는 의미이다.

이익을 누리지 못하는 것은 집을 방문한 손님보다도 못하게 부처님을 대하기 때문이다"라고 훈계했다고 합니다.[26]

사마와띠 왕비의 자애

사마와띠Sāmāvatī 왕비는 꼬삼비Kosambī 국을 다스리는 우데나Udena 왕의 세 왕비 중 첫째 왕비였습니다. 어느 날, 사마와띠 왕비의 시녀 쿳줏따라Khujjuttarā가 왕비를 위해 꽃을 사러 나갔다가 부처님의 설법을 듣고 수다원이 됐습니다. 그 뒤로 쿳줏따라는 사마와띠 왕비와 500명의 궁중여인에게 부처님의 법문을 계속 들려주었고 왕비와 500명의 궁중여인은 그렇게 법문을 들으며 모두 수다원이 됐습니다.

당시 우데나 왕의 셋째 왕비였던 마간디야Māgandiyā는 부처님에 대해 원한을 가지고 있었는데 그 분풀이로 부처님의 제자인 사마와띠 왕비와 500명의 궁중여인을 상대로 여러 모함을 일삼았습니다. 왕까지 마간디야의 꼬임에 넘어가 화를 참지 못하고 사마와띠 왕비와 500명의 궁중여인에게 분노를 터뜨렸습니다. 그러자 사마와띠 왕비는 궁중여인들에게 다음과 같이 훈계했습니다.

> Ammā, amhākaṁ aññaṁ paṭisaraṇaṁ natthi, narinde ca deviyā ca attani ca samameva mettacittaṁ pavattetha, mā kassaci kopaṁ karittha. (DhpA.i.138)

해석

26 『*Mettāvāda*(자애론)』, pp.80~81 참조.

여러분, 우리에게는 다른 의지처가 없습니다. 왕에게도, 왕비에게도, 자신에게도 한결같이 자애의 마음을 일으키세요. 어느 누구에게도 화를 내지 마세요.

우데나 왕은 사마와띠 왕비를 맨 앞에 세우고 그 뒤로 500명의 궁중여인을 일렬로 세운 다음 왕비의 가슴을 겨냥해 강력한 독화살을 날렸습니다. 하지만 화살은 왕비가 지닌 자애의 위력으로mettānubhāvena 날아온 길 그대로 되돌아가 왕의 심장을 꿰뚫으려는 듯 그 앞에서 멈췄습니다. 크게 놀란 왕은 사마와띠 왕비에게 용서를 구했고 왕비의 도움으로 부처님께 귀의했습니다.

하지만 마간디야의 증오심은 끝이 없었고 결국 사마와띠 왕비와 궁중여인들을 궁에 가둔 뒤 불태우게 했습니다. 이때도 사마와띠 왕비는 궁중여인들에게 다음과 같이 훈계했습니다.

Amhākaṁ anamatagge saṁsāre vicarantīnaṁ evameva agginā jhāyamānānaṁ attabhāvānaṁ paricchedo buddhañāṇenapi na sukaro, appamattā hotha.

(DhpA.i.140)

해석

우리가 시작을 알 수 없는 윤회 속을 헤매면서 얼마나 많은 몸이 지금처럼 불에 태워졌는지 부처님의 지혜로도 그 한계를 가늠하기 쉽지 않습니다. 그러니 방일하지 마세요.

그녀들은 궁이 화염에 휩싸이고 불길이 다가오는 순간에도 몸의 고통스러운 느낌에 집중하는 수행주제vedanāpariggahakammaṭṭhāna에 마음을 기울여 어떤 여인들은 사다함과를, 어떤 여인들은 아나함과를 증득했습니다.[27]

젊은이 마가의 자애

부처님 당시 릿차위 왕자 마할리Mahāli는 부처님의 「삭까빤하숫따Sakkapañhasutta(제석왕문경)」를 듣고 제석천왕이 과거에 어떠한 공덕을 지었는지 부처님께 물었습니다. 그러자 부처님께서는 다음과 같이 설명해 주셨습니다.

제석천왕은 과거에 마짤라Macala 마을에 사는 마가Magha라는 젊은이였습니다. 마가는 마을의 도로를 정비하는 등 선업을 행했습니다. 그 모습을 본받아 서른두 명의 청년도 힘을 합쳐 함께 선업을 행했습니다. 그들의 선행을 못마땅하게 여긴 촌장이 왕에게 '마을을 약탈하는 강도'라고 그들을 모함했습니다. 왕은 그들을 자신의 앞으로 끌고 오게 한 뒤 자세히 심문해보지도 않고 코끼리로 짓밟아 죽이라는 명령을 내렸습니다. 코끼리에 밟혀 죽게 된 절박한 순간에 마가는 동료들에게 이렇게 훈계했습니다.

> Sammā, ṭhapetvā mettaṁ añño amhākaṁ avassayo natthi, tumhe katthaci kopaṁ akatvā raññe ca gāmabhojake ca maddanahatthimhi ca attani ca mettacittena

27 무념·응진 역, 『법구경 이야기』 제1권, pp.375~389 참조.

samacittāva hotha. (DhpA.i.169)

해석

벗들이여, 우리에게 자애를 제외하고는 다른 의지처가 없네. 그대들은 누구에게도 화를 내지 말고 왕에게도, 촌장에게도, 짓밟으려 하는 코끼리에게도, 그리고 자신에게도 고르게 자애의 마음을 두게나.

서른두 명의 청년은 마가의 충고를 그대로 따랐고, 자애의 위력으로 코끼리는 감히 그들에게 다가가지도 못했습니다. 멍석으로 덮고 짓밟게 해도 마찬가지였습니다. 왕은 이 일을 전해 듣고 자초지종을 조사한 뒤 그들이 누명을 썼다는 사실을 알고는 모두 풀어주고 코끼리와 마을도 하사했습니다.[28]

우 웃따마사라 사야도의 자애

우 웃따마사라 사야도*U Uttamasāra Sayadaw*는 미얀마가 영국 식민지였을 때 미얀마 여러 변방과 주변 국가로 전법을 다녔습니다. 특히 자애의 위력이 강해서 어느 곳이나 맨발로 다니더라도 아무런 장애가 없었다고 합니다.

사야도가 사는 초막 근처 절벽에는 말벌들이 집을 지어 큰 무리를 이루고 살았는데 어느 날 관청 사람들이 그 벌집을 허물려고 하자 말벌들이 사람들을 마구 쏘아댔습니다. 독성이 강한 벌이어서 심하게 쏘

28 『법구경 이야기』 제1권, pp.437~440 참조.

인 사람은 병원으로 실려 가기도 했습니다. 그때 우 웃따마사라 사야도는 날아다니는 말벌들 속에서 평상시처럼 아무렇지도 않게 움직이고 있었는데도 단 한 번도 쏘이지 않았습니다. 그 모습을 보고 재가자들이 많이 놀랐다고 합니다.

어떤 재가자들은 사야도가 벌에 쏘이지 않는다는 사실을 직접 보여 달라고 말하기도 했습니다. 그래서 사야도가 일부러 강한 독을 가진 벌들이 날아다니는 곳에 서 있기도 했지만 단 한 번도 쏘이지 않았습니다.

마찬가지로 아무리 사나운 개라도 우 웃따마사라 사야도를 물지 않았습니다. 낯선 사람을 보면 바로 쫓아가서 물어버리는 사나운 개라도 사야도에게는 조금 짖기만 할 뿐 가까이 다가가지도 않았습니다.

심지어 사야도의 초막을 포함한 주변은 불에 타지도 않았습니다. 매우 더운 여름이면 가끔씩 숲에 불이 나곤 했는데 사야도의 초막 주변에 이르면 불이 저절로 꺼져버렸습니다.

지신이나 목신들도 사야도를 존경한 것 같습니다. 이는 나중에 소개할 스리랑카의 위사카Visākha 존자 일화와 비슷합니다.[29] 어느 날 저녁, 산을 지키는 한 산신이 흰옷으로 깨끗하게 차려입은 사람의 모습으로 사야도 앞에 나타나 "존자님, 다른 곳으로 가지 마시고 이 산에서 계속 지내십시오. 제가 존자님을 항상 보호하겠습니다"라고 여섯 번이나 간청했다고 합니다.

사야도는 지팡이 하나만 들고 깊은 숲속을 다녀도 호랑이나 표범 같은 맹수를 한 번도 만나지 않았다고 합니다. 우 웃따마사라 사야도는

29 본서 pp.160~163 참조.

다음과 같이 자주 설법했다고 합니다.

> "세상에서 자애만큼 좋은 것은 아무것도 없습니다. 자애는 온 세상에서 제일 위력이 크고, 제일 행복한 법입니다. 세상의 그 어떤 행복과도 같지 않습니다. 자애라는 법 하나를 잘 지닌다면 윤회하는 내내 전혀 무서울 것이 없습니다."

사야도는 특히 여행할 때 두루 자애를 보낼 것을 강조했습니다. 집을 나서기 직전 '내가 가려는 쪽의 모든 사람·천신 중생이 위험과 고통 없이 몸과 마음 행복하기를. 원하는 바가 이루어지기를. 나의 뒤쪽의 … 왼쪽의 … 오른쪽의 모든 사람·천신 중생이 위험과 고통 없이 몸과 마음 행복하기를'이라고 자애를 보내라고 했습니다. 그렇게 하면 여행 내내 여러 장애와 위험이 없고 도착하는 곳마다 사람들에게 환영을 받는 이익이 있습니다. 특별히 여행을 가서 만나려는 사람을 지정해서 자애를 보내면 좋습니다. 여러 사람을 만날 예정이라면 한 명씩 차례로 자애를 보내면 됩니다.[30]

여러 사야도의 자애

레디 사야도의 제자 중에 우 띨로까*U Tiloka*라는 스님이 있었습니다. 그는 숲속에서 수행하다가 수행이 향상돼 레디 사야도께 "제가 사는 곳에 오셔서 훈계를 해 주시면 좋겠습니다. 삼매와 위빳사나 지혜

30 『*Mettāvāda*(자애론)』, pp.146~151 참조.

가 좋으니 사야도께서 지도해 주시면 내일이라도 당장 아나함이나 아라한까지 될 듯합니다"라고 편지를 보냈습니다. 레디 사야도는 제자인 레디 빤디따를 데리고 그곳으로 갔고 우 띨로까 스님이 마중을 나왔습니다. 그렇게 함께 숲을 지나는데 갑자기 큰 코끼리 스무 마리가 나타났습니다. 두 제자는 너무 놀란 나머지 바로 나무 위로 도망쳤습니다. 그러나 레디 사야도는 아무런 미동도 없이 그대로 서 있었습니다. 코끼리에게 자애를 보내고 있는 듯했다고 합니다. 그러자 코끼리들이 사야도 옆을 그냥 지나쳤습니다. 제자들은 코끼리들이 눈앞에서 사라지자 사야도의 상태를 살피러 왔습니다. 레디 사야도는 "내일 아나함이나 아라한이 될 사람이 나무 위로 올라가서야 되겠는가?"라고 말했다고 합니다.

웨부 사야도가 지내는 정사 근처 마을에서 황소 두 마리가 뿔이 부러지고 피투성이가 될 정도로 크게 싸우고 있었습니다. 그러다가 사야도가 지내는 절 입구에 이르게 됐는데, 그 즉시 싸움을 멈추고 언제 그랬냐는 듯 서로 목을 비비며 우애 좋은 형제처럼 대했습니다. 그 광경을 본 한 청신사가 '오, 사야도가 갖춘 자애의 위력을 이제껏 몰랐구나. 사야도를 모셔야겠다'라고 생각하고는 그 다음날부터 사야도가 탁발 나갈 때마다 앞에서 종을 치면서 따라다녔다고 합니다.[31]

민짠 순룬 사야도*Minkyan Sunrun Sayadaw*가 시자를 데리고 탁발할 때 마주 보는 집 여인들이 서로 다투고 있었습니다. 그 모습을 본 사야도는 시자에게 "좋은 법문을 해줘서 고맙다는 표시로 내가 준다고 이 바나나 한 다발을 반으로 갈라 두 여인에게 나누어 주거라. 그리고 '법

31 『*Mettāvāda*(자애론)』, p.140 참조.

문하느라 피곤할 테니 조금 쉬세요'라고 말해 주거라"라고 지시했습니다. 시자는 사야도의 지시대로 행했고, 여인들은 바나나를 한 번 보고, 사야도를 한 번 보고, 마지막으로 서로를 한 번 보고 부끄러워 집으로 들어갔고 그 이후로 다시는 싸우지 않았다고 합니다.[32]

원또 시의 칸띠 사야도*Khanti Sayadaw*도 자애로 유명했습니다. 사야도가 지내는 정사에서 키우는 20~30마리의 개들은 식사 시간에 밥그릇을 나란히 놓으면 자기 밥그릇의 밥만 먹을 뿐 절대 다른 개의 밥을 탐내어 다투는 일이 없었습니다.

몬힌 사야도*Monhin Sayadaw*가 지내는 정사 근처 나무에 까마귀와 올빼미가 살았습니다. 까마귀와 올빼미는 성품상 천적인데도 전혀 다투지 않고 서로 잘 지냈다고 합니다.

이탈리아 태생인 우 로까나타*U lokanātha* 스님은 1925년 미얀마에서 테라와다 비구로 수계를 받았습니다. 2차 세계대전 중에 여러 나라를 맨발로 다니면서 전법을 했지만 사나운 짐승이나 거친 사람들에게 전혀 해를 입지 않았습니다. 본격적으로 사마타와 위빳사나 수행을 하기 전에 자애를 많이 닦았고 여러 이익을 경험했습니다. 언젠가 스님은 이탈리아에 있는 가족을 방문했는데 가족들이 항공료조차 보시하지 않아 걸어서 미얀마까지 와야 했습니다. 도중에 이탈리아와 스위스 국경 산악지역을 지나가다가 도적떼에 잡혀 살해 위협을 당했습니다. 그때도 스님은 눈을 감고 5분 정도 자애를 닦았습니다. 그 5분이 마치 5대겁처럼 길게 느껴졌다고 합니다. '부처님께서는 악한들이 사지를 자르더라도 화를 내면 나의 제자가 아니라고 설하셨다. 이들은 전생에

32 한국마하시 우 소다나 사야도 법문.

내 아들이나 가족이었을 것이다. 그러니 화를 낼 필요가 없다' 등으로 숙고했습니다. 그러자 그들은 스님을 그냥 보내줬습니다. 이후에도 스님은 계속해서 자애수행을 주로 실천했습니다.[33]

딸라도 여인의 자애

서기 1043~1057년께 미얀마의 바고 지역을 다스리던 띳사Tissa 왕은 사견을 믿었습니다. 불교를 믿지 않고 바라문교를 따랐습니다. 심지어 여러 곳의 불상을 파괴하고 강이나 냇가에 버리게 했습니다.

그때 불교에 확고하게 귀의한 딸라도*Talahtaw*라는 여인이 있었습니다. 부호의 딸이었던 그녀는 이미 열두 살에 부모와 함께 불교 가르침을 받아들여 계를 잘 지키고 삼귀의도 언제나 독송하곤 했습니다.

어느 날 여느 때와 마찬가지로 띳사 왕이 불상을 파괴한 뒤 강에 버렸습니다. 마침 그곳에서 목욕하던 딸라도가 부서진 불상을 발견하고는 주위의 만류에도 불구하고 조각들을 잘 모아서 근처 탑에 봉안했습니다.

이 사실을 안 띳사 왕은 딸라도를 잡아와 코끼리가 밟아서 죽이도록 했습니다. 딸라도는 왕에게도, 코끼리에게도, 신하들에게도 자애를 고르게 보낸 뒤 "buddhaṁ saraṇaṁ gacchāmi(부처님께 귀의합니다)"라고 삼귀의 구절을 거듭 독송했습니다. 그러자 코끼리는 딸라도를 밟지 못하고 그녀 가까이에 멈춰 소리만 크게 냈습니다.

이 사실을 안 띳사 왕은 딸라도의 몸에 건초를 감아 불에 태우도록 했습니다. 이번에도 딸라도는 왕을 비롯한 많은 이를 대상으로 자애를

33 『*Mettāvāda*(자애론)』, p.162~165 참조.

보냈고 삼귀의도 독송했습니다. 그러자 불을 아무리 붙여도 건초더미가 타오르지 않았습니다.

더욱 화가 난 띳사 왕은 이번에는 구덩이를 파서 딸라도를 땅에 묻도록 했습니다. 그리고 자신도 구덩이 앞에서 그 광경을 보고 있었습니다. 딸라도는 구덩이 안에서 자신이 모시던 불상을 향해 합장한 뒤 삼보의 덕목을 숙고하고서 아래와 같이 진실의 서원을 했습니다.

> "완전열반에 드신 거룩하신 부처님, 부처님의 제자인 저는 부처님을 대신하는 불상들을 잘 수습해서 봉안했습니다. 부처님의 덕목은 무한합니다. 가르침의 덕목은 무한합니다. 승가의 덕목은 무한합니다. 이러한 진실의 서원으로 부처님을 대신하는 여덟 불상이 띳사 왕의 궁전 마당 위 하늘에 머물기를."

이렇게 서원하자 즉시 여덟 불상이 궁전 마당 위 하늘에 머물렀습니다. 왕을 비롯한 대중들은 이 광경에 모두 크게 놀랐습니다. 이어서 딸라도는 "제가 믿는 부처님의 위력은 보였습니다. 이제 왕께서 믿는 바라문들의 위력을 보여주세요. 그들에게 날아서 이 궁전 위 하늘에 머물도록 부탁해 보세요"라고 말했습니다. 하지만 단 한 명의 바라문도 하늘을 날 수 없었습니다. 그날부터 왕은 사견을 버리고 불교에 귀의했고 딸라도를 왕비로 삼았습니다. 딸라도는 그때부터 바드라데위 Badrādevī라고 불렸습니다.[34]

---

34 『*Mettāvāda*(자애론)』, pp.121~128 참조.

도 쉐이의 자애

미얀마가 영국 식민지 시절이었을 때의 일입니다. 미얀마 서북부 지방의 강고라는 도시에 우 산툰과 아내 도 쉐이, 그리고 그들의 아이 우 칫띤, 이렇게 셋이 살고 있었습니다.

우 산툰은 영어에 능통해서 봄베이-버마 목재회사라는 영국회사의 서기로 일했습니다. 아내인 도 쉐이는 글을 잘 몰랐습니다. 그래도 삼보에 귀의한 불자로서 매일 예불하면서 삼보의 덕목과 보호경을 독송하고, 축생들에게까지 자애를 보내고 회향하는 선업을 행했습니다. 법회가 있으면 법문을 듣고 다른 사람에게 다시 전해주기까지 했습니다.

하지만 아내와 달리 우 산툰은 자주 새 사냥을 나갔습니다. 아내가 "집에 먹을 것도 많으니 사냥은 하지 마세요. 짐승들이 불쌍합니다"라고 말려도 우 산툰은 아내의 말을 듣지 않고 계속 사냥을 나갔습니다. 그러면 아내는 사냥 나가는 남편의 총부리에 침을 바르면서 "숲에 있는 모든 새와 짐승에게 위험이 없기를. 숲을 보호하는 천신들이 잘 보호해 주기를. 사냥하는 남편에게서 잘 도망치기를. 잘 숨기를. 건강하고 위험이 없기를"이라고 말하면서 자애를 보냈다고 합니다. 그런 아내에게 남편은 "자애를 다 보냈소? 오늘은 새 고기를 실컷 먹게 해 주리다"라고 비아냥거리며 사냥을 나갔지만 그런 날은 단 한 마리도 잡지 못했습니다. 아내 몰래 나가면 한두 마리 정도 잡았다고 합니다.

그러다 우 산툰이 다니는 목재회사에서 키우던 코끼리 한 마리가 성질이 매우 난폭해 조련사 두세 명을 죽이는 일이 발생했습니다. 그러자 회사는 그 코끼리를 죽이기로 결정했습니다. 이 사실을 안 도 쉐이는 남편에게 자신이 기를 테니 죽이지 말고 사 달라고 부탁했습니다.

회사는 돈을 받지 않고 도 쉐이에게 코끼리를 넘겨주었고, 도 쉐이는 집 근처 공터에 코끼리를 묶어 두고 돌봤습니다. 코끼리는 가까이 다가오는 개나 닭을 발로 밟거나 코로 내리쳐 죽였습니다. 그럴 때마다 도 쉐이는 계속 코끼리에게 다가가 바나나 등 먹을 것을 주면서 "죽이지 마라. 나쁜 행위를 하지 마라"라고 말하며 자애를 보냈습니다. 코끼리는 도 쉐이에게는 사납게 행동하지 않았습니다.

더 특별한 것은 도 쉐이의 아들 우 칫띤이 세 살쯤 되어 걸어 다닐 때 이 코끼리 다리 사이를 이리저리 다녔지만 코끼리는 아이를 전혀 해치지 않고 코로 살짝 비키게 했다고 합니다.

나중에 이 코끼리는 잘 조련돼 목재까지 나를 수 있게 됐습니다. 남편도 퇴사한 후 새 사냥을 그만두고 바고의 사띠빳타나 사사나 수행센터로 와서 수행했다고 합니다.[35]

마하시 사사나 수행센터 수행자의 자애

미얀마에서 가게를 운영하는 어떤 청신녀가 마하시 사야도가 주석할 때 마하시 사사나 수행센터에 위빳사나 수행을 실천하러 왔습니다. 하지만 성냄 때문에 위빳사나 수행을 도저히 할 수 없다고 사야도에게 보고했습니다. 마하시 사야도는 자애수행을 먼저 하도록 지도했습니다. 다음 면담 때 다른 사람에게는 자애를 보낼 수 있는데 이웃에서 같은 물건을 파는 사람에게는 화가 나서 도저히 자애를 보내지 못하겠다고 보고했습니다. 사야도는 "과거에 아버지, 어머니, 아들, 딸이 아니

35 『*Mettāvāda*(자애론)』, pp.187~190 참조.

었던 사람이 없습니다. 어머니로서 자신을 잘 부양해 준 것, 딸로서 자신을 잘 봉양해 준 것을 생각하고 다른 존경하는 사람들에게 먼저 자애를 보낸 뒤 마지막에 그 이웃에게도 자애를 보내세요"라고 지도했습니다.

며칠 뒤 면담에서 그 수행자는 특별한 일을 보고했습니다. 저녁에 스승님, 도반, 친척 등을 대상으로 자애를 보낸 뒤 마지막에 화가 났던 이웃 사람의 웃는 모습을 대상으로 자애를 보냈는데, 갑자기 그녀가 미소를 지으며 다가와 자신의 손을 잡으면서 "아주머니, 예전에 다툴 때 제가 잘못한 것을 용서해 주세요. 수행한다니 기쁩니다. 저도 수행하고 싶어요. 못 본 지 오래됐네요. 보고 싶어요"라고 합장하며 말하는 모습이 마음에 드러났다고 합니다.

다음 날이 보름날이어서 그 수행자는 쉐다곤 탑에 갔는데 그 이웃 사람이 전날 자신이 수행할 때 나타났던 모습 그대로 손을 잡고 미소를 지으면서 잘못했다고 말했다고 합니다. 신기한 것은 입고 있던 옷도 마음에 드러난 그대로였다고 합니다.[36]

36 『*Mettāvāda*(자애론)』, pp.174~175 참조.

제2부

자애의 적

제3장

성냄의 특질

지금까지 자애의 의미, 그리고 자애와 관련된 여러 일화를 살펴봤습니다. 차례대로라면 자애를 닦는 방법을 이어서 설명해야 합니다. 하지만 자애를 닦는 것은 성냄을 버리고 인욕을 갖추기 위한 것이기 때문에 자애를 닦기에 앞서 성냄의 허물과 인욕의 이익을 반조해야 합니다. 따라서 제2부에서는 성냄의 허물과 성냄을 다스리는 법을 소개하겠습니다.

성냄의 단어분석

성냄을 빠알리어로 '도사dosa'라고 합니다. '도사dosa'는 '파괴하다'라는 뜻을 지닌 '둣사띠dussati'에서 파생됐습니다. 성냄은 화를 내는 사람의 몸과 마음을 파괴합니다. 그리고 자신과 남, 둘 모두를 파괴합니다. 파괴하는 모습은 뒤에서[37] 자세히 설명하겠습니다.

---

37 본서 pp.54~55 참조.

성냄의 특성

성냄은 '거친caṇḍikka' 특성을 지니고 있습니다.

So caṇḍikkalakkhaṇo pahaṭāsīviso viya. (Vis.ii.99)

대역

So그것은; 그 성냄은 caṇḍikkalakkhaṇo거친 특성이 있다.
pahaṭāsīviso viya마치 얻어맞은 독사처럼.

다른 정신현상들과 달리 성냄은 부드럽지 않고 거칩니다. 하지만 성냄도 정신현상이기 때문에 보통의 지혜로는 그 거친 성품을 쉽게 알 수 없습니다. "결과가 드러나야 조건을 알 수 있다"라는 말처럼 성냄 때문에 생겨나는 결과의 여러 모습을 통해 성냄의 거친 성품을 지혜의 눈으로 유추해서 알 수 있습니다.

성냄은 자신이 거친 것처럼 자신과 함께 생겨나는 물질들, 정신현상들도 거칠게 합니다. 성냄과 결합해 생겨나는 모든 물질현상과 정신현상은, 마치 잔인한 도적들과 어울리는 사람처럼, 그 성냄의 성품에 따라 거칠게 변합니다. 원하지 않는 대상이나 좋아하지 않는 대상과 만났을 때 씩씩거리며 몸과 마음이 거칠게 변하는 것은 바로 성냄 때문입니다.

성냄이 크면 큰 대로, 작으면 작은 대로 몸의 행동, 말의 표현이 두드러지게 달라집니다. 심하게 화가 났을 때 눈과 얼굴이 붉어지는 것, 상대편을 마치 잡아먹을 것처럼 노려보는 것, 때릴 것을 찾는 것, 멱살을 잡는 것, 결국 때리는 것, 죽이는 것 등 몸의 거친 행동, 비난하는 것, 저주하는 것, 질책하는 것, 욕하는 것 등 말의 거친 표현은 성냄 때문에 생겨나는 여러 결과입니다. 그렇게 몸과 말의 거친 모습, 외부의 특징들을 보고서 그러한 성품들을 생겨나게 하는 조건인 성냄의 거친 특성을 알 수 있습니다. 혹은 마음으로도 상대방이 잘못되기를 바라거나, 괴롭히려 하거나, 심하게는 죽이려는 마음까지 일어납니다. 이렇게 마음으로도 거친 특성이 있습니다.

그래서 성냄을 몸 여기저기가 막대기나 쇠꼬챙이에 찔린 독사에 비유하기도 합니다.(Vis.ii.99) 그렇게 찔린 독사는 '쉭'하고 위협적인 소리를 내면서 고개를 빳빳이 들어 자기를 찌른 사람을 노려보고 달려듭니다. 그런 것처럼 화가 났을 때도 씩씩거리며 몸과 마음이 거칠게 된다는 뜻입니다.

성냄의 역할

성냄은 온몸에 원하지 않는 여러 물질을 퍼지게 하는 역할, 화를 내고 있는 사람이나 그의 심장을 불태우는 역할을 합니다.

> Visappanaraso visanipāto viya, attano nissayadahana-raso vā dāvaggi viya. (Vis.ii.99)
>
> 대역
>
> Visappanaraso퍼지는 역할이 있다, visanipāto viya마치 독이 떨어진 것처럼. vā혹은 attano자신의 nissayadahanaraso의지처를 태우는 역할이 있다, dāvaggi viya마치 숲에 난 불처럼.

퍼지게 하는 역할 온몸에 원하지 않는 여러 물질을 퍼지게 하는 성냄의 역할은 성냄 때문에 생겨나는 결과를 통해 알 수 있습니다. 어떤 사람이든 성냄이 생겨나면 거친 모습으로 바뀝니다. 특히 얼굴에 두드러지게 나타나고, 그중에서도 눈이 그 사람의 상태를 가장 잘 말해 줍니다. 그래서 화가 난 상태를 '눈에 핏발을 세우다'라고 표현하기도 합니다.

사람들에게 성냄이 생겨났을 때 얼굴이 변하는 모습을 모두 경험해 보았을 것입니다. 화가 난 사람들의 얼굴을 잘 살펴보면 표정이 굳고, 숨소리가 거칠어지고, 이마에 힘줄이 솟아오르고, 얼굴과 귀가 붉어지고, 땀이 맺히고, 눈에 핏발이 서고, 다른 사람을 잡아먹을 듯이 노려보고, 입술을 깨무는 등 여러 모습이 드러납니다. 성냄이 더욱 심해지면 온몸을 들썩거리고, 소리를 지르고, 말을 더듬거나 입에 담기조차 험한 말을 함부로 내뱉기도 합니다.

찡그린 눈, 일그러진 얼굴, 더듬고 거친 말, 떠는 몸은 사람들이 일반적으로 원하지 않는 것이어서 그러한 모습이나 말을 '원하지 않는 물질'이라고 합니다. 그러한 원하지 않는 물질은 성냄 때문에 온몸에 퍼져 생겨납니다. 그래서 "성냄은 온몸에 원하지 않는 물질을 퍼지게 하는 역할을 한다"라고 말하는 것입니다.

이 역할을 '독화살에 맞거나 독사에 물린 것'에 비유하기도 합니다. 독화살에 맞거나 독사에 물리면 즉시 독이 온몸에 퍼지는 것과 마찬가지로 성냄이 생겨나도 성냄 때문에 온몸에 원하지 않는 물질들이 생겨나 퍼집니다.

불태우는 역할 화를 내고 있는 사람과 그의 심장을 불태우는 성냄의 역할은 성냄이 직접 행하는 작용을 통해 알 수 있습니다. 성냄은 심장을 비롯한 온몸의 물질들, 다른 여러 정신작용을 불태웁니다. 이러한 성품은 불과 같기 때문에 성냄은 자주 불에 비유됩니다. '화'라는 단어의 한자어 '火'도 이러한 성품을 잘 드러냅니다.

다른 여러 정신작용과 마찬가지로 성냄도 심장을 토대로 생겨납니다. 그래서 성냄이 생겨날 때는 먼저 자신이 의지하고 있는 심장을 불태웁니다. 동시에 심장토대를 의지해 자신과 함께 생겨나고 있는 다른 정신작용들, 그 마음 때문에 생겨나는 여러 물질도 불태웁니다. 그러면 마음 때문에 생겨난 물질 주변에 있는 업 때문에 생겨난 물질, 온도 때문에 생겨난 물질, 음식 때문에 생겨난 물질에도 성냄의 불이 번져 온몸 전체가 불타오릅니다. 그래서 화가 나면 그 열기로 인해 심장의 피가 끓어오르고, 눈동자가 붉어지고, 살과 피부가 붉어집니다. 이어서 심장 박동이 빨라지고, 입이 바싹바싹 마릅니다. 이런 것들이 모두 성냄이 불태우는 모습을 나타내는 현상입니다.

성냄이 불태우는 모습은 진노manopadosika·震怒 천신을 통해 알 수 있습니다. 진노 천신은 사대왕천에[38] 속하는 천신입니다. 사대왕천 천신들의 몸은 일반인들이 볼 수 없을 정도로 매우 미묘하고 부드럽습니다. 그런 사대왕천 천신들은 화를 내면 그 화가 천신들의 부드럽고 미묘한 몸을 불태워서 즉시 몸이 무너져 죽어버립니다.

한때 사대왕천의 한 천신이 축제를 즐기러 천녀들을 거느리고 마차를 타고 나갔습니다. 동시에 다른 천신도 즐기러 나갔습니다. 상대편 천신을 보자마자 "오, 천신들이여, 저 천신을 보시오. 이전에 한 번도

38 본서 부록 p.344; 비구 일창 담마간다, 『가르침을 배우다』, pp.282~285 참조.

보지 못하고 경험하지 못한 영화를 마치 이제야 보고 경험하게 된 가난한 사람 같지 않소. 이전에 한 번도 못 누려본 모양인지 우쭐거리는 것 좀 보시오"라고 비아냥댔습니다. 반대편 천신은 그 말을 듣고 "당신이 그렇게 말해서 어쩌겠다는 것이오. 이 영화는 나의 보시, 나의 지계 덕분에 얻은 영화요. 그대 때문에 얻은 것이 아니오. 그대와 무슨 상관이오?"라고 화내며 반박했습니다. 서로 성냄이 지나쳐 두 천신의 대중이 울고 있는 사이에 모두 죽어 버렸습니다.(DA.i.105)[39]

가족이나 친지가 죽거나 재산이 무너지는 등 좋지 않은 일을 겪으면 매우 심한 정신적 고통이나 슬픔이 생겨납니다. 심지어 기절하는 경우도 있습니다. 이것은 '절망'이라고 하는 성냄이 불태우는 모습입니다. 지금까지 성냄이 심하게 생겨나서 불태우는 여러 모습을 설명했습니다. 이것을 '심하게 생겨나는 성냄'이라고 말합니다.

성냄은 이렇게 심하게 생겨나는 것도 있지만 약하게, 움츠리듯이 생겨나는 것도 있습니다. 움츠러들게 하는 성냄도 불태우는 작용을 합니다. 이렇게 약하게 생겨나는 성냄은 낯을 많이 가리는 사람들이 많은 대중 앞에서 발표나 강연을 해야 할 때, 혹은 어떤 두려운 대상을 보았을 때 마음이 불안하고 움츠러들어 소름이 돋거나 침이 바짝 마르거나 식은땀을 흘리거나 말을 더듬거나 목소리를 잘 내지 못하거나 몸을 바들바들 떠는 것 등을 통해 알 수 있습니다. 이것은 움츠러들게 하는 성냄이 불태우는 모습입니다.

성냄은 자신의 정반대인 자애도 불태웁니다. 자애는 앞서 말했듯이 다른 존재들이 행복하고 안락하고 번영하기를 바라는 성품입니다. 그

39 『가르침을 배우다』, pp.297~298 참조.

래서 화를 내지 않는 성품, 성냄없음adosa입니다. 비유하자면 펄펄 끓는 물이나 기름을 즉시 식혀버리는 전단 나무와 같습니다. 그와 마찬가지로 자애도 적의를 가진 사람들에게 생겨나고 있는 원한의 마음을 사라지게 합니다. 하지만 그러한 자애의 힘이 강하지 못하면 즉시 성냄이 비집고 들어와 불태워버립니다. 마치 밭에 심은 나무의 열매가 채 익기도 전에 불타버리는 것과 같습니다. '모든 존재가 건강하기를! 위험에서 벗어나기를! 행복하기를!'이라고 자애를 조금 일으키다가도 즉시 다른 사람에 대해 화를 내고, 원한을 품고, 비난하고, 비방합니다.

자애가 가져다주는 몸과 마음의 여러 행복이라는 열매, 좋은 곳에 태어나는 행복이라는 열매가 미처 익기도 전에 반대되는 성품인 성냄이 계속 불태웁니다. 그래서 사람들은 자애가 선사하는 열매의 좋은 맛을 보지도 못한 채 계속 성냄이라는 불에 태워지며 살아가는 것입니다. 이런 이유로 성냄은 산을 모두 불태워버리는 산불과도 같다고 말합니다.

성냄의 나타남

성냄은 자신과 남, 둘 모두를 파괴하는dussati 법이라고 수행자의 지혜에 나타납니다. 이는 앞에서 성냄dosa이라는 단어를 분석할 때도 언급했습니다.

Dūsanapaccupaṭṭhāno laddhokāso viya sapatto. (Vis.ii.99)

대역

Dūsanapaccupaṭṭhāno《자신과 남을》 무너뜨리는 것으로

나타난다, laddhokāso viya sapatto마치 기회를 포착한 원수처럼.

성냄은 먼저 자기 자신을 파괴합니다. 어떤 건물에 화재가 나면 불이 옮겨붙어 이웃 건물을 태우기 전에 불난 그 건물부터 태웁니다. 마찬가지로 다른 사람에게 화를 내면 상대방에게 괴로움을 주기 전에 자신의 말과 행동을 거칠어지게 하면서 화를 낸 자신을 먼저 파괴합니다. 이는 앞에서 살펴본 성냄의 불태우는 작용과도 일맥상통합니다.

이렇게 성냄은 자신을 먼저 파괴한 뒤 상대방을 비난하고, 때리고, 심지어 죽이는 등으로 파괴합니다. 다른 이를 파괴하는 것은 확실하지 않을 수 있지만 화를 낸 자신을 파괴하는 것은 확실합니다. 비유하자면 다른 사람을 더럽히려고 대변을 손으로 집어서 던지는 것과 같습니다. 대변을 던졌을 때 상대방은 맞을 수도 있고 피해서 맞지 않을 수도 있지만 대변을 집은 사람의 손은 확실히 더러워질 것입니다. 이처럼 화는 다른 이를 파괴하는 성품으로 수행자의 지혜에 나타난다고 설명은 했지만 다른 이를 파괴하는 성품은 확실하지 않습니다. 최소한 얼굴이 붉어지면서 용모가 상하고 마음의 고통이 생겨나는 것만으로도 화를 낸 자신을 파괴하는 성품은 확실합니다.

성냄의 조건

성냄을 생겨나게 하는 조건, 정확히 말하자면 원한을 생겨나게 하는 토대āghātavatthu에는 열 가지가 있습니다.(A10:80)

①'이 사람이 나를 이전에 해롭게 했다'라고 화를 냅니다.

②'이 사람이 나를 지금 해롭게 하고 있다'라고 화를 냅니다.
③'이 사람이 나를 나중에 해롭게 할 것이다'라고 화를 냅니다.
④'이 사람이 내가 좋아하고 존경하는 사람을 이전에 해롭게 했다'라고 화를 냅니다.
⑤'이 사람이 내가 좋아하고 존경하는 사람을 지금 해롭게 하고 있다'라고 화를 냅니다.
⑥'이 사람이 내가 좋아하고 존경하는 사람을 나중에 해롭게 할 것이다'라고 화를 냅니다.
⑦'이 사람이 내가 싫어하는 사람을 이전에 이롭게 했다'라고 화를 냅니다.
⑧'이 사람이 내가 싫어하는 사람을 지금 이롭게 하고 있다'라고 화를 냅니다.
⑨'이 사람이 내가 싫어하는 사람을 나중에 이롭게 할 것이다'라고 화를 냅니다.
⑩비가 많이 올 때는 '왜 이리 비가 많이 오는가'라고, 비가 오지 않을 때는 '왜 이리 비가 안 오는가'라고, 더울 때는 '왜 이리 더운가'라고, 추울 때는 '왜 이리 추운가'라고, 그루터기에 걸려 넘어졌을 때는 '왜 그루터기가 하필이면 여기에 있는가'라고 화낼 만한 상황이 아닌데도 화를 냅니다.

혹은 성냄은 ❶원하지 않는aniṭṭha 대상과 ❷비합리적 마음기울임ayonisomanasikāra을 조건으로 생겨납니다.(A2:11:7) 먼저 '원하지 않는 대상'에는 원래 성품 자체로 원하지 않는 대상이 있고, 원래 성품은 그렇지 않은데 생각을 잘못해서, 조작돼서 원하지 않는 대상이 있습니다. 예를 들면 대소변, 시체, 소음, 악취, 상한 음식, 고통스러운 감촉 등은 일반적으로는 원하지 않는 대상들입니다. 이러한 대상을 '성품 자체로 원하지 않는 대상'이라고 말합니다. 일반적인 사람이라면 부처님을 모두 원합니다. 하지만 외도는 좋아하지 않습니다. 이러한 대상을 '조작돼서 원하지 않는 대상'이라고 합니다. 그리고 원하지 않는 대상과 만났을 때 좋지 않은 부분, 나쁜 측면만 보도록 마음을 기울이는 성품을 비합리적 마음기울임, 즉 올바르지 않은 마음기울임이라고 말합니다. 성냄은 이렇게 원하지 않는 대상과 그것에 올바르지 않게 마음을 기울이는 것 때문에 생겨납니다.

그러면 이 두 조건 때문에 성냄이 생겨나는 모습을 앞서 설명한 10가지 원한의 토대 중 마지막을 예로 들어 살펴보겠습니다.

장마철에는 며칠을 쉬지 않고 장대비가 내립니다. 집안에 습기가 가득 차 몸이 축 처지고 옷과 이불은 눅눅합니다. 이러한 상황은 누구에게나 '원하지 않는 대상'일 것입니다. 하지만 장마철에 비가 계속 내리는 것은 내가 어찌할 수 있는 상황이 아닙니다. '비가 많이 오는구나. 집안이 눅눅하고 더우니 제습기나 에어컨을 잠시 틀어야겠다'라고 상황에 맞추어 대응하거나 '어쩔 수 없구나'라고 생각하면 그만인데 '왜 비가 이렇게 계속 내리는 거야'라고 화를 낸다면 이것은 분명 올바르지 않게 마음을 기울이는 것입니다. 많은 사람이 이렇게 자기가 어찌할 수 없는 일에 올바르게 마음을 기울이는 힘이 약하기 때문에 마음에 들지 않으면 사소한 것에도 화를 내는 것입니다. 그래서 성냄을 생겨나게 하는 두 가지 조건 중 비합리적 마음기울임이 더 근본적인 조건입니다. 성냄뿐만 아니라 모든 불선법은 비합리적 마음기울임 때문에 생겨납니다. 부처님께서는 비합리적 마음기울임보다 더 많은 불이익을 생겨나게 하는 법은 없다고 설하셨습니다.(A1:7:6) 세상을 살아가면서 마음에 드는 대상만 만날 수는 없습니다. 마음에 들지 않는 대상도 어쩔 수 없이 만나야 합니다. 그렇게 원하지 않는 대상을 만날 때마다 올바르지 않게 마음을 기울인다면 살아가는 내내 화를 낼 것이고, 그로 인해 여러 나쁜 결과를 겪어야 할 것입니다. 반대로 올바르게 마음을 기울이면 화 때문에 겪을 나쁜 결과들을 겪지 않고 좋은 결과를 누릴 것입니다. 올바르게 마음을 기울이는 모습에 대해서는 제4장 '성냄을 다스리는 법'에서 자세하게 설명하겠습니다. 이와 관련된 일화를 소개하겠습니다.

옛날 어느 도시에 한 상인이 물건을 팔기 위해 다른 도시로 가다가 숲에서 길을 잃었습니다. 상인은 음식과 물을 구하지 못해 어려움에 처해 있었습니다. 그때 한 목신이 상인을 불쌍히 여겨서 음식과 옷 등 필수품과 많은 금은보화를 가져다주었습니다. 그러자 상인은 목신에게 어떠한 선업으로 금은보화 등을 원하는 대로 얻게 됐는지를 물었고, 목신은 자신의 과거생에 있었던 일을 상인에게 설명해 주었습니다.

과거생에 목신은 어느 도시에서 삯바느질을 하며 살아가는 매우 가난한 사람이었습니다. 너무나 가난해서 보시는 생각하기조차 어려웠습니다. 그 사람의 집 근처에 재산도 많고 보시도 많이 하는 부자가 살았습니다. 그 소문을 듣고 사람들이 보시를 받기 위해 몰려들었고, 그렇게 몰려든 사람들이 "보시를 베푸는 부잣집이 어디입니까? 어느 길로 가야 합니까?"라고 그 가난한 사람에게 물을 때마다 "귀찮게 왜 물어보는 것이오? 나는 모르오!"라고 화를 내지 않았습니다. 대신 '나는 가진 것이 없어서 보시를 할 수 없다. 하지만 다른 이들이 보시하고 보시 받는 것을 기쁘게 받아들일 수 있다. 그러니 보시하는 이도 선업이 생겨나기를, 보시 받는 이도 원하는 대로 얻기를'이라고 올바르게 마음기울이며 "찾으시는 집이 바로 저 집입니다. 이 길로 바로 가면 됩니다"라고 즐거운 마음과 좋은 의도로 손가락으로 가리켜 길을 알려주었습니다. 목신은 과거생에 다른 이의 보시를 기뻐하면서 친절히 길을 알려준 선업의 과보로 현생에 자신의 손에서 원하는 물건, 재산을 모두 가질 수 있는 목신으로 태어났다고 설명해 주었습니다.

목신과 헤어진 상인은 계속 길을 가다가 멀지 않은 곳에서 손이 굽고 얼굴이 매우 흉측한 아귀를 만났습니다. 상인은 아귀에게 "그대는 어떤 나쁜 행위를 했기를 이렇게 아귀로 태어나 괴로움을 겪습니까?" 라고 물었습니다. 아귀는 "저는 과거생에 목신이 말한 그 부자가 보시할 때 보시를 준비하고 담당하는 책임자였습니다. 하지만 사람들이 보시 받으러 올 때마다 마음이 즐겁지 않았습니다. 저 스스로 재산을 보시한 적도 없고, 다른 이들이 재산을 보시할 때도 마지못해 준비하는 척만 했습니다. 만약 제가 좋은 의도로 올바르게 마음을 기울이면서 그 일을 했다면 선업을 많이 쌓을 수 있었을 것입니다. 하지만 저는 보시 받을 사람들이 올 때마다 기쁘게 맞이하지 않고 얼굴을 찡그리고 눈을 흘기며 억지로 행했습니다. 그래서 저는 지금 이렇게 얼굴이 썩어 문드러지고 몸이 흉측한 아귀로 태어났습니다"라고 말했습니다.(PeA.111)

이 일화를 통해 다른 사람의 보시라는 같은 대상에 대해 올바르게 마음을 기울인 이는 신통을 갖춘 목신으로 태어났고, 올바르지 않게 마음을 기울인 이는 괴로움을 겪는 아귀로 태어났다는 사실을 알 수 있습니다. 이렇듯 어떠한 대상이더라도 마음을 어떻게 기울이는가가 매우 중요합니다.

성냄의 기질과 적당한 것

성냄의 기질 앞에서 살펴본 바와 같이 성냄은 거칠고, 파괴하고, 불태우는 성품이 있고, 독사나 불과 같습니다. 만약 독사나 불을 미리 볼 수 있다면 해를 입지 않거나 피해를 최소한으로 줄일 수 있을 것입니다. 그와 마찬가지로 자신이 화를 잘 내는 사람인지, 혹은 상대방이 화를 잘 내는 사람인지 미리 알 수 있다면, 화로 인한 여러 괴로움과 나쁜 결과를 줄일 수 있을 것입니다. 그래서 여기서는 '성냄의 기질'에 대해 살펴보겠습니다.

'기질'이란 일반적으로 생겨나는 것보다 더욱 많이, 심하게 생겨나는 성품을 말합니다. 성냄의 기질을 지닌 사람은 탐욕이나 어리석음이 생겨날 만한 대상에 대해서는 탐욕이나 어리석음이 생겨나지 않도록 잘 다스릴 수 있지만 화낼 만한 대상에 대해서는 화를 내지 않도록 다스리지 못합니다.

그러면 자신이, 아니면 다른 사람이 성냄의 기질을 지녔는지 어떻게 알 수 있을까요? 자신, 혹은 다른 사람의 마음을 사실대로 들여다 볼 수 있다면 알 수 있겠지만 보통은 알기 어렵습니다. 그렇더라도 다음의 여러 방법들을 통해 추측으로 알 수도 있습니다.

①자세
②일하는 모습
③좋아하는 음식

④보고 듣는 모습
⑤많이 생겨나는 정신작용

자세 가고 올 때 발끝으로 땅을 파듯이 걷습니다. 발도 급하게 들어 올리고 급하게 내려놓습니다. 발자국을 보면 뒤쪽으로 끌어당긴 듯합니다. 서거나 앉을 때는 뻣뻣하고 꼿꼿하게 서 있거나 앉아 있습니다. 잠자리도 되는대로 대충 서둘러 펴고 마치 짐을 내려놓는 것처럼 몸을 내던져 누운 다음 미간을 찌푸린 채 잠을 잡니다. 일어날 때도 급하게 일어나고 깨운 사람에게 마치 화난 것처럼 말합니다.

일하는 모습 일을 할 때 정해진 규칙 없이 서두르며 되는대로 일을 합니다. 청소할 때도 거칠게 빗자루를 꽉 잡고 서두르며 고르지 않게 바닥을 씁니다. 다른 일을 할 때도 마찬가지입니다. 옷을 입을 때도 꽉 조이게, 어설프게 입습니다.

좋아하는 음식 일반적으로 거칠고 시큼한 음식을 좋아합니다. 먹을 때도 입이 가득 차도록 음식을 넣고, 맛도 천천히 음미하지 않은 채 급하게 먹습니다.

보고 듣는 모습 보기에 조금만 좋지 않아도 참지 못합니다. 바로 고개를 돌리고 오래 쳐다보지 않습니다. 소리가 귀에 조금만 거슬려도 그 소리를 참지 못하고 오래 듣지 못합니다. 조그만 허물에도 꼬투리를 잡고, 분명하고 큰 덕목도 칭찬하거나 존중하지 않습니다. 떠날 때도 떠나고 싶은 의사를 분명하게 밝히고 전혀 아쉬워하지 않고 떠납니다.

많이 생겨나는 정신작용 성냄의 기질을 가진 사람에게는 분을 잘 삭이지 못하고서 상대방에게 계속 화를 품고 있는 '원한', 다른 이의 좋은 점을 깎아내리려는 '얕봄', 다른 사람의 덕을 과소평가하여 자신과 같다고 생각하는 '건방', 다른 이의 성공을 시기하는 '질투', 자신의 번영을 다른 이와 나누어 가지는 것을 참지 못하는 '인색' 등이 자주 일어납니다.

이와 같은 항목을 통해 어떤 사람이 성냄의 기질을 지녔는지 아닌지 추측해 볼 수 있습니다. 하지만 절대적인 것은 아닙니다. 성냄의 기질을 가졌지만 노력을 통해서 다르게 행동할 수 있기 때문입니다. 자신에 대해서라면 주의 깊게 자신을 살펴보거나 자신과 가까운 이들의 조언을 통해 결정할 수 있을 것입니다. 다른 사람에 대해서도 주의 깊게 그 사람을 살펴보거나, 이러한 것들에 대해 대화를 나눠보면 알 수 있을 것입니다.(Vis.i.101~102)

적당한 것 성냄의 기질을 지닌 사람에게는 처소, 음식, 옷 등과 관련해서 다음과 같은 것들이 화를 다스리는 데 도움이 됩니다. 원래 성냄의 기질을 지닌 사람들은 조금만 나쁜 점이 보여도 마음에 들어 하지 않기 때문에 일반적으로 깨끗하고 깔끔한 처소에서 지내는 것이 도움이 됩니다. 추위와 더위에 대비해 따뜻하고 시원하게 지낼 수 있는 곳, 꽃이나 그림으로 아름답게 장식된 곳이면 더욱 좋습니다. 머무는 곳 전체를 은은하고 좋은 향이 스며들게 해 기쁨을 생겨나게 하는 것이 좋습니다. 옷도 가능하다면 부드럽고 촉감이 좋은 천으로 된 고급스러운 옷이 적합합니다. 음식은 보기에도 좋고 맛도 좋은, 영양분이 많은 음식이 적당하고 모자라지 않게 충분한 것이 좋습니다. 자세는 누워 있거나 앉아 있는 것이 적당합니다.

성냄의 기질을 지닌 사람이라도 이러한 적당한 것을 제공해 준다면, 그러한 대상들이 '원하는 대상'이 될 것입니다. 앞에서 성냄의 조건 두 가지 중 하나가 '원하지 않는 대상'이라고 설명했습니다. 따라서 성냄의 기질을 지닌 사람에게 원하지 않는 대상은 줄여주고 원하는 대상만 접하게 하면 화를 다스리게 하는 데 도움이 될 것입니다.

성냄과 관련한 세 종류의 사람

화를 잘 내고 잘 내지 않는 것에도 차이가 있지만, 화를 낸 뒤에도 그 화가 빨리 사라지는 사람이 있고 빨리 사라지지 않는 사람이 있습니다. 이와 관련해 세 종류의 사람이 있습니다.

먼저 바위에 새긴 글씨가 빨리 지워지지 않고 오랜 세월 그대로 유지되듯이 어떤 사람들은 화를 자주, 쉽게 내고, 그렇게 화를 낸 뒤에도 화가 오래도록 지속됩니다. 이러한 사람을 '바위에 새긴 글씨와 같은 pāsāṇalekhūpama 사람'이라고 합니다.

두 번째는 흙에 새긴 글씨가 오래 머물지 못하고 빨리 지워져 버리듯이 어떤 사람들은 화를 자주, 쉽게 내긴 하지만 화가 오래 머물지 않고 쉽게 사라집니다. 이러한 사람을 '흙에 새긴 글씨와 같은 pathavīlekhūpama 사람'이라고 합니다.

세 번째는 물에는 글씨를 쓰려고 해도 쓸 수 없고, 설사 쓴다고 해도 즉시 사라져 버리듯이 어떤 사람들은 상대방이 거칠게, 기분 나쁘게 말하더라도 화를 내지 않고 마음과 말과 몸을 잘 다스리며 지냅니다. 이러한 사람을 '물에 새긴 글씨와 같은udakalekhūpama 사람'이라고 합니다. 화 자체를 잘 내지 않는 사람들입니다.(Pug.137)

성냄의 여러 비유

잘 낫지 않는 상처와 같은 성냄 성냄은 잘 낫지 않는 상처와 같습니다. 그 상처는 평소에는 표면이 딱딱하고 거칠고, 그 안에는 고름이 고여 조금씩 새어 나옵니다. 그러다가 어떤 단단한 물체에 닿거나 막대기에 찔리면 바로 터져 많은 고름이 흘러나오면서 큰 고통을 줍니다. 화를 잘 내는 사람도 이런 상처와 같이 평소에는 성품이 거칠고 딱딱하고 뻣뻣하고, 어떤 일이 생기면 그리 화낼 만한 것이 아닌데도 참지 못해서 "나에게 이렇게 말하다니"라고 버럭 화를 내며 거친 말과 행위를 합니다.(PaA.61~62)

두꺼비와 같은 성냄 성냄은 적을 만나면 몸을 부풀려서 크게 만드는 두꺼비와 같습니다. 싫어하는 대상과 만나면 만날 때마다 성냄이 커집니다. 자기가 좋아하지 않는 대상을 보는 것에도 화가 납니다. 듣는 것, 냄새 맡는 것, 닿는 것에도 화가 납니다. 생각하고 숙고하고 반조하는 것에도 화가 납니다. 그중 '귀로 듣는 것, 몸으로 닿는 것'에 더욱 화가 많이 납니다. 자기가 좋아하지 않는 말을 들으면 한 번 듣는 것만으로도 화가 납니다. 다음에 다시 들으면 또다시 화가 납니다. 자주 들을수록 성냄은 더욱 커집니다. 처음에는 마음속으로만 화를 내다가 다음으로 표정이 일그러지고, 계속해서 여러 번 나쁜 말을 들으면 적당하지 않고 거친 말까지 하게 됩니다. 아주 심해지면 상대방을 때리거나 심지어 죽이기까지 합니다. 그렇게 좋아하지 않는 대상과 거듭 만날 때마다 계속 커지기 때문에 성냄을 두꺼비와 같다고 말합니다.(MA.ii.38)

이 비유의 배경이 된 일화를 들려드리겠습니다.[40] 부처님께서 출현하시기 전 과거 사왓티에 웨데히까Vedehikā라는 여주인이 살았습니다. 주위 사람들은 그 여주인을 "웨데히까 부인은 행실이 바르다. 마음이 좋다. 참사람의 마음이 있다. 말도 부드럽게 잘한다. 사람을 대할 때도 친근하게 잘 대한다. 진짜 좋은 사람이다"라고 칭송했습니다. 그 집에는 깔리Kāḷī라는 하녀가 있었습니다. 깔리는 이집 저집에서 안주인을 칭송만 하자 '우리 안주인이 진짜 마음이 좋을까? 그렇지 않으면 내가 여러 집안일을 잘 처리해서 편안하기 때문이 아닐까? 한번 시험해 봐야지'라고 생각했습니다.

그래서 어느 날은 평소 일어나야 할 시간에 일어나지 않고 누워 있었습니다. 날이 밝아 잠자리에서 일어난 웨데히까 부인이 평소와 다른 것을 알게 됐습니다. 평상시라면 준비돼 있어야 할 것들이 전혀 준비돼 있지 않았습니다. 하지만 부인은 '깔리가 몸이 안 좋을지도 모르겠구나'라고 생각하면서 화를 내지는 않았습니다. 화나게 할 조건들이 아직 충분하지 않았던 것입니다. '몸이 안 좋아서 그랬겠지'라고 연민의 마음까지 생겨났습니다. 부인은 깔리에게 가서 물었습니다.

40 마하시 사야도 법문, 비구 일창 담마간다 옮김, 『아리야와사 법문』, pp.172~176 참조.

"얘야, 깔리야."

"왜 그러세요, 마님."

"너 아직 잠자리에서 안 일어났느냐?"

"예, 아직 안 일어났어요, 마님."

"왜 그러느냐, 어디 몸이라도 안 좋으냐?"

"아무렇지도 않아요. 그냥 계속 자고 싶어서 누워 있어요, 마님."

평소와 다른 깔리의 태도에 웨데히까 부인은 입으로는 아무 말도 하지 않았지만 안색이 약간 변하고 눈살을 찌푸렸습니다. '왜 저러지? 평소에 안 하던 행동을 하다니, 어떻게 된 걸까? 이 아이가 조금 변했구나'라고 마음이 약간 상했습니다. 깔리가 그 모습을 보고 '그래, 안주인도 화를 낼 줄 아는구나. 화를 낼 일이 없어서 화를 내지 않는 것뿐이구나. 하지만 아직은 확실하지 않다. 좀 더 시험해 봐야지'라고 생각하고 다음 날도 잠자리에서 일찍 일어나지 않고 그대로 누워 있었습니다. 그러자 전날과 마찬가지로 부인이 와서 물었습니다.

"너 아직 잠자리에서 안 일어났느냐?"

"예, 아직 안 일어났어요, 마님."

"왜 안 일어났느냐?"

"아무 일도 아니에요, 마님."

"못된 하녀 같으니라고! 뭐, 아무 일도 아니라고?"

급기야 부인은 이렇게 거친 말을 내뱉었습니다. 마음속뿐만 아니라 입에까지 화가 도달한 것입니다.

그 소리를 들은 깔리는 '내가 생각한 대로구나. 맞구나. 마님도 화낼 줄 아는구나. 화낼 이유가 없어서 화내지 않은 것이구나'라고 생각했습니다. 하지만 '더욱 확실하게 알기 위해 다시 한 번 더 시험해 봐야지'라고 생각하고 그다음 날도 늦게까지 잠자리에서 일어나지 않았습니다. 그러자 웨데히까 부인은 깔리에게 처음부터 화가 난 모습을 보였습니다. '얘가 확실히 전과 달라. 아주 나쁘게 변해 버렸어'라며 금방 화가 났습니다.

"너 아직 잠자리에서 안 일어났느냐?"

"예, 아직 안 일어났어요, 마님."

"왜 안 일어났느냐?"

"아무 일도 아니에요, 마님."

"세상에, 이 못된 하녀 같으니라고. 뭐, 아무 일도 아니라고?"

부인은 이렇게 말하면서 빗장을 들어 깔리의 머리를 내리쳤고, 깔리의 머리가 깨졌습니다. 이것은 성냄이라는 마음이 말의 업뿐 아니라 몸의 업에까지 도달한 것입니다. 깔리는 머리가 깨진 채로 그간의 일을 이웃들에게 호소하고 다녔습니다.

"여러분, 저에게 일어난 일 좀 들어보세요. 이 집에서 부릴 사람이라고는 저밖에 없습니다. 저 혼자 모든 일을 다 합니다. 그런데 그런 저를 아끼기는커녕 잠자리에서 일찍 일어나지 않았다고 이렇게 심하게 때릴 수 있습니까? 여러분, 더 이상 부인을 칭찬하는 말은 하지 마세요. '웨데히까 부인은 좋은 사람이다. 거친 말은 전혀 하지 않는다. 부드럽게 대한다. 마음씨도 좋다. 성품이 아주 좋다'라고 모두 칭찬했지만, 자, 보세요. 그렇게 훌륭한 사람이 하나뿐인 하녀를 이 정도로 심하게 빗장으로 내려칠 수 있습니까? 제 머리가 다 깨졌습니다."

그러자 마을 사람들이 "웨데히까 부인은 매우 거칠고 잔인하구나. 하나뿐인 하녀에게 저토록 가혹하다니"라고 비난하기 시작했습니다. 그전에 칭찬하던 것보다 오히려 더 많이 비난했다고 합니다.(M21/M.i.176)

성냄은 불선의 뿌리다

화가 났을 때 행한 몸의 업, 말의 업, 마음의 업은 모두 악행, 불선업입니다. 성냄 때문에 비방하고, 거짓말을 하고, 다른 이의 불이익을 도모합니다. 성냄이 지나치면 다른 이의 재산을 훔치거나 목숨을 빼앗기까지 합니다. 이렇게 성냄은 여러 불선법, 악행의 뿌리라고 부처님께서 아래와 같이 설하셨습니다.

> "비구들이여, 불선의 뿌리에는 세 가지가 있다. 그 세 가지란 무엇인가? 탐욕이라는 불선의 뿌리, 성냄이라는 불선의 뿌리, 어리석음이라는 불선의 뿌리이다. … 비구들이여, 성냄도 불선의 뿌리이다. 성이 나서 몸과 말과 마음으로 어떤 의도적 행위를 한다면 그것도 불선이다. 성이 나서, 성냄에 사로잡혀서, 마음이 완전히 고갈돼서[41] 다른 이를 부당하게 죽이거나 옭아매거나 몰락시키거나[42] 비방하거나 추방해서 고통을 야기한다면, 혹은 '나는 힘이 있다. 나는 능력이 있다'라고 말한다면[43] 그것도[44] 불선이다. 이렇게 그에게 성냄에서 생겨난, 성냄을 인연으로 한, 성냄이라는 생겨남이[45] 있는, 성냄이라는 조건이 있는 여러 악

---

41 '선 마음이 완전히 고갈돼서'라는 뜻이다.

42 '재산을 잃게 만들거나'라는 뜻이다.

43 U Paññissara, 『*Aṅguttara Nikāya Pālito Nissaya*(앙굿따라 니까야 성전 대역)』 제1권, pp.458~460 참조.

44 "고통을 야기하는 것과 '나는 힘이 있다'라는 등으로 말하는 것은"이라는 뜻이다.

45 '생겨나게 하는 원인이'라는 뜻이다.

하고 불선한 법이 일어난다."(A.i.201/A3:69)[46]

탐욕·어리석음과 비교한 성냄

탐욕·성냄·어리석음은 불선의 뿌리로는 동일하지만 각각 다음과 같은 점에서 서로 다릅니다.(A3:68)

먼저 탐욕은 허물은 작지만 천천히 사라집니다. 성냄은 허물은 크지만 빨리 사라집니다. 어리석음은 허물도 크고 천천히 사라집니다.

탐욕을 일으키고 크게 하는 원인은 아름다운subha 표상이고, 성냄을 일으키고 크게 하는 원인은 적의paṭigha의 표상이고, 어리석음을 일으키고 크게 하는 원인은 비합리적 마음기울임ayoniso manasikāra입니다.

탐욕을 일으키지 않고 사라지게 하는 원인은 더러움asubha의 표상이고, 성냄을 일으키지 않고 사라지게 하는 원인은 자애 마음해탈 mettā cetovimutti이고, 어리석음을 일으키지 않고 사라지게 하는 원인은 합리적 마음기울임yoniso manasikāra입니다.

성냄의 나쁜 결과

화를 내야 건강에 좋다고 주장하는 사람들이 있기는 하지만 화, 성냄은 결코 좋은 결과를 주지 않습니다. 부처님께서는 성냄은 불이익을 가져온다고 다음과 같이 설하셨습니다.

46 우 소다나 사야도 법문, 비구 일창 담마간다 편역, 『아비담마 강설 1』, p.176 참조.

"깔라마들이여, 이를 어떻게 생각하는가? 사람의 내면에 성냄이 일어나면 그것은 그에게 이익이 되겠는가, 불이익이 되겠는가?"

"불이익이 됩니다, 세존이시여."

"깔라마들이여, 성이 나서, 성냄에 사로잡혀서, 마음이 완전히 고갈돼서 생명을 죽이고, 주지 않은 것을 갖고, 남의 아내에게 접근하고, 거짓말을 하고, 다른 사람에게도 그렇게 하도록 유도한다. 그러면 이것은 오랜 세월 동안 그에게 불이익과 괴로움이 되지 않겠는가?"

"그렇습니다, 세존이시여."(A.i.189/A3:65)[47]

이와 비슷한 내용이 『앙굿따라 니까야』 「찬나숫따Channasutta(찬나경)」에도 나옵니다. 한때 찬나Channa라는 유행자가 "애착rāga과 성냄dosa과 어리석음moha의 허물을 어떻게 보고 제거해야 하는지 천명해 주십시오"라고 묻자 성냄의 허물에 대해 아난다Ānanda 존자가 다음과 같이 대답했습니다.

> Duṭṭho kho, āvuso, dosena abhibhūto pariyādinnacitto attabyābādhāyapi ceteti, parabyābādhāyapi ceteti, ubhayabyābādhāyapi ceteti, cetasikampi dukkhaṁ domanassaṁ paṭisaṁvedeti; … [48] kāyena

47 『앙굿따라 니까야』 제1권, pp.464~465 참조.

48 성냄의 허물을 나타내는 구절이라 성냄없음의 이익을 나타내는 구절을 생략했다. 허물의 반대이다.

duccaritaṁ carati, vācāya duccaritaṁ carati, manasā duccaritaṁ carati. … attatthampi yathābhūtaṁ nappajānāti, paratthampi yathābhūtaṁ nappajānāti, ubhayatthampi yathābhūtaṁ nappajānāti; … Doso kho, āvuso, andhakaraṇo acakkhukaraṇo aññāṇakaraṇo paññānirodhiko vighātapakkhiko anibbānasaṁvattanико.

(Vis.i.286; A.i.217/A3:71)

대역

Āvuso도반이여, duṭṭho성내는 이는 dosena abhibhūto성냄에 제압당하고; 성냄의 지배를 받아서 pariyādinnacitto 얼이 빠져서; 평상시 좋은 마음을 성냄이 사라지게 해서; 성냄 때문에 평상시 좋은 마음이 없어져서 attabyābādhāyapi ceteti자신을 해치도록 생각하기도 하고; 자신을 괴롭히도록 계획하고 꾸미기도 하고 parabyābādhāyapi ceteti 남을 해치도록 생각하기도 하고 ubhayabyābādhāyapi ceteti둘 모두를 해치도록 생각하기도 합니다; 자신과 남 모두를 괴롭히도록 계획하고 꾸미기도 합니다. cetasikampi dukkhaṁ domanassaṁ paṭisaṁvedeti정신적으로 고통과 근심도 겪습니다. … kāyena몸으로 duccaritaṁ악행을; 살생 등의 나쁜 행위를 carati행합니다. vācāya말로 duccaritaṁ악행을; 거짓말 등의 나쁜 행위를 carati 행합니다. manasā마음으로 duccaritaṁ악행을; 비난하거나 죽기를 바라는 등의 나쁜 행위를 carati행합니다. … attatthampi자신의 이익도 yathābhūtaṁ사실대로 nappajānāti분명하게 알지 못하고 paratthampi남의 이익도 yathābhūtaṁ사실대로 nappajānāti분명하게 알지 못하고 ubhayatthampi둘 모두의 이익도 yathābhūtaṁ사실대로 nappajānāti분명하게 알지 못합니다. … āvuso도반이여, kho실로 doso성냄은 andhakaraṇo어둠을 만들고, acakkhukaraṇo눈을 없애버리고, aññāṇakaraṇo무지를 만들고, paññānirodhiko통찰지를 소멸시키고 vighātapakkhiko곤혹스러움에 빠지게 하고 anibbāna-saṁvattaniko열반으로 인도하지 못합니다.[49]

화kodha와 원한upanāha을 가진 자는 살면서도 고통스럽고, 죽어서는 지옥에 떨어집니다. 이 두 불선법은 수련자인 비구도 망가지게 합니다. 괴로움을 가져오고 괴로움을 무르익게 합니다.(A2:16:1~100)

『이띠웃따까』에서는 화를 내는 중생들이 악처에 태어난다고(It1:4), 지옥에 태어난다고(It1:10), 『담마상가니 주석서』에서는 성냄은 거친 성품이기 때문에 거친 상태로 동일한 지옥에 태어난다고 설명했습니다.(DhsA.128)

'참지 못함akkhanti'의 형태로 생겨나는 성냄은 많은 사람이 싫어하고, 원수가 많고, 잘못 말하거나 행동하는 실수가 많고, 헤매면서 죽고, 죽은 뒤 사악도나 지옥에 태어나는 등 다섯 가지 허물을 생겨나게 합니다.(A5:215) 혹은 많은 사람이 싫어하고, 거칠고, 후회하고, 헤매면서 죽고, 죽은 뒤 사악도나 지옥에 태어나는 등 다섯 가지 허물을 생겨나게 합니다.(A5:216)

49 『앙굿따라 니까야』 제1권, p.507 참조.

또한 성냄은 다음과 같은 일곱 가지 나쁜 결과를 가져옵니다.(A7:60)[50] 성냄에 사로잡히면 비록 아름답고 멋지게 단장하더라도 용모가 흉합니다. 아무리 좋은 침상에서 자더라도 잠을 잘 못 이룹니다. 손해를 보고도 이익을 얻었다고 생각하고 이익을 얻고도 손해를 보았다고 생각하기 때문에 큰 이익을 얻지 못합니다. 힘들게 모은 재산을 몰수당하기 때문에 큰 재산이 모이지 않습니다. 불방일을 통해 얻은 명성조차 사라집니다. 친구와 친지가 따르지 않고 있던 친구도 떠납니다. 죽은 뒤 악처에 태어납니다.

또한 성냄에 사로잡히면 이익을 알지 못하고 사마타와 위빳사나라는 법도 보지 못합니다. 칠흑 같은 어둠에 휩싸여 하기 쉬운 것이든 하기 어려운 것이든 이익을 주는 것들을 모두 부숴버립니다. 그러다가 성냄이 사라지면 마치 불에 덴 사람처럼 괴로워하면서 불이 연기를 드러내듯이 추한 모습을 드러냅니다.

화난 자는 부모를 비롯해 아라한 등 많은 이를 죽이기도 합니다. 세상에서 제일 사랑하는 존재라는 자신까지 칼로 찌르고 독약을 먹거나 목을 매달거나 높은 곳에서 떨어져 죽게 합니다.

> 이처럼 성냄은 화의 본체로
> 동굴에 누워 있는 마라의 쇠사슬이네.[51]
> 통찰지와 정진과 견해라고 하는[52]

---

50 아래에 언급한 나쁜 결과들은 적을 기쁘게 하고 적에게 도움이 되는 일곱 가지 법으로 적이 원하는 불이익들이다. 『앙굿따라 니까야』 제4권, pp.479~485 참조.

51 동굴은 몸 무더기이고 마라는 죽음으로서의 마라이다.

52 통찰지는 위빳사나 통찰지, 정진은 위빳사나 통찰지와 결합한 육체적·정신적 정진, 견해는 도 정견을 말한다.(AA.iii.178)

제어를 통해 성냄을 근절하라.

마치 현자가 불선법을 근절하듯
그와 같이 법을 수련해야 하나니
'우리에게 추함이 생겨나지 않기를'
현자라면 이렇게 기원하면서.

화도 없고 피곤함[53]도 없으며
탐욕도 없고 애씀도 없으며
절제되어 화를 제거하고서
누출 없이 완전히 열반하리라.

『짜리야삐따까 주석서』에서 보살이었던 쫄라보디Cūḷabodhi 바라문이 바라나시Bārāṇasī 왕에게 다음과 같이 설한 내용을 볼 수 있습니다.

> "성냄이 일어나지 않을 때는 자신과 남 둘 모두의 이익을 잘 알지라도, 성냄이 일어났을 때는 남의 이익은 제쳐두고 자신의 이익조차 보지 못합니다. 성냄은 적이 좋아하는 법입니다. 왜냐하면 성냄이 일어나면 잘못 생각해서 곤경에 처할 것을 적이 알기 때문입니다. 그래서 상대편의 고통을 바라는 적이라면 상대에게 성냄이 일어나는 것을 좋아합니다. 성냄이란 지혜가 없는 자들이 즐기는 영역입니다.

53 성냄으로 피곤함을 말한다.

성냄은 모든 바른 행위를 없애버립니다. 자신의 번영과 관련된 모든 것을 무너뜨립니다. 불쏘시개를 넣으면 불이 일어나 장작을 태우듯이, 지혜 없는 어리석은 자는 상대방을 해치려는 성냄 때문에 마음에서 불이 타올라 스스로를 불태웁니다."(CpA.135)

『자따까』에도 성냄의 여러 허물이 나옵니다. 부처님 당시 웨살리 Vesālī에 성냄과 자만이 매우 큰 둣탈릿차위Duṭṭhalicchavi라는 릿차위 왕자가 있었습니다. 그는 마치 막대기에 맞은 독사처럼 언제나 성냄의 불이 활활 타오르고 있었습니다. 부모의 말도 듣지 않았습니다. 친척이나 친구의 훈계도 흘려들었습니다. 그 앞에서는 어느 누구도 두세 마디 이상 말을 하지 못했습니다.

어느 날, 그의 부모는 아들을 훈계할 사람은 부처님밖에는 없다고 생각하고 아들을 데리고 부처님께 갔습니다. 그리고 "이 거친 아들을 훈계해 주십시오"라고 부처님께 청했습니다.

부처님께서는 다음과 같이 설하셨습니다.

"왕자여, 중생들을 거칠게 대하거나 괴롭히지 마라. 거칠게 대하는 이를 형제나 친구, 친척은 물론이고 부모조차 좋아하지 않고 혐오한다. 마치 자신을 문 뱀이나 약탈하러 오는 도적, 자신을 잡아먹으러 오는 야차처럼 여긴다. 다음 생에 지옥 등 악처에 태어난다.

성냄이 큰 이는 현생에서조차 아무리 잘 단장하더라도 용모가 아름답지 않다. 원래 보름달처럼 훌륭한 용모라도 성냄이 일어나는 것과 동시에 불붙은 황금 연꽃 장식이나 더럽혀진 황금 연꽃 쟁반처럼 보기에 좋지 않게 된다. 용모가 흉해진다.

성냄 때문에 흉기로 스스로를 죽이기까지 한다. 독을 마시거나 목을 매달거나 높은 곳에서 뛰어내리기도 한다. 이렇게 성냄으로 인해 생을 끝낸 뒤 지옥에 태어난다.

성냄으로 남을 괴롭히는 자는 현생에서도 현자들에게 비난을 받는다. 내생에서도 지옥 등 사악도에 떨어져 고통을 받는다. 다시 사람으로 태어나더라도 태어날 때부터 병이 많다. 건강하게 지낼 때가 거의 없다. 계속되는 병치레로 마음도 언제나 괴롭다. 그러니 중생들에 대한 자애의 마음, 중생들의 이익을 바라는 마음, 부드러운 마음을 두어야 한다. 성냄이 큰 자는 지옥 등의 괴로움에서 벗어나지 못한다." (J149)

성냄보다 더한 죄악은 없다

잘못을 범한 이를 파괴하는 성품을 '죄악kali'이라고 부릅니다. 모든 죄악은 그것을 범한 이를 여러 나쁜 결과와 괴로움을 통해 파괴합니다. '어떤 죄악을 범해서 좋은 결과를 얻었다. 행복을 얻었다. 좋은 생에 태어났다'라는 경우는 없습니다. 몸과 마음의 고통, 생의 파멸 등 나쁜 결과만 경험해야 합니다.

부처님께서는 "natthi dosasamo kali 성냄과도 같은 죄악은 없다"라고 설하셨습니다.(Dhp.202) 세상에 있는 모든 죄악 중 성냄과 비교할 수 있는 것은 없다는 뜻입니다. '성냄보다 더 심하게 몸과 마음, 실천행을 파괴시킨다'라고 말할 수 있는 다른 어떠한 것도 없기 때문입니다. 성냄의 죄악과 바꾸기에 적합한 다른 죄악이 세상에 없기 때문에 성냄의 죄악은 비교할 수 없는 허물입니다.

성냄dosa에는 참지 못함, 화냄, 실망함, 마음 상함, 원한을 품음, 보복하려 함, 슬퍼함, 걱정함, 비탄함, 두려워함, 우는 것 등이 포함됩니다. 이러한 성품을 가진 성냄은 그것을 받아들이고 품은 사람에게 허물을 생겨나게 합니다. 성냄이 크면 큰 만큼 더 큰 허물과 불이익을 야기합니다. 앞서도 언급했듯이 성냄은 자신의 몸과 마음, 자신의 이익과 남의 이익, 현생의 이익과 내생의 이익 두 가지 모두를 파괴합니다.

먼저 자신의 몸과 마음 둘 모두를 파괴하는 모습은 다음과 같습니다. 원래 용모가 아무리 뛰어나더라도 성냄이 들어오면 추하게 변합니다. 화를 내면 피부가 흰 사람은 붉어지고, 피부가 붉은 사람은 갈색으로, 피부가 갈색인 이는 검푸르게, 피부가 검푸른 이는 검어지면서 용모가 무너집니다. 행동과 말이 거칠게 변해 길상이 줄어듭니다. 원래 품성이 아무리 좋다 하더라도 성냄이 들어오면 품성이 나빠집니다. 원래 마음이 아무리 부드럽다 하더라도 성냄이 들어오면 마음이 거칠어집니다. 원래 마음 요소가 아무리 거룩하다 하더라도 성냄이 들어오면 마음이 저열해집니다. 범부는 제쳐두고 부처님이 되기 전 한 생 정도 남은 보살 웻산따라Vessantara 왕자조차도 주자까Jūjaka 바라문이 자신 앞에서 아들 잘리Jālī와 딸 깐하지나Kaṇhājinā를 가시 덩굴로 때리고 괴롭히는 모습을 봤을 때 직접 죽이려고 했을 정도입니다. '죄악'이라고도 불리는 성냄은 바라밀이 거의 성숙된 보살에게조차 사람을 죽이려고 할 정도의 마음을 생겨나게 합니다. 이렇게 자신의 몸과 마음 둘 모두를 파괴하기 때문에 성냄을 '죄악kali'이라고 부릅니다.

성냄이 들어오면 성냄의 주인은 먼저 마음에서 뜨거움, 피곤함, 괴로움을 겪어야 합니다. 마음에서 성냄이 생겨나는 것만으로 그치지 않고 소리를 지르고 욕설을 내뱉고 저주까지 퍼붓는다면 말로도 피곤하고 괴롭고, 더 나아가 때리기까지 한다면 몸으로도 피곤하고 괴롭습니다. 반대로 상대방 쪽에서도 아무런 대꾸도 못하고 가만히 당하고만 있어야 한다면 마음이 뜨겁고 피곤하고 괴롭습니다. 대꾸하고 같이 싸운다고 한들 몸과 마음이 피곤하고 괴롭기는 마찬가지입니다. 성냄 때문에 서로 거친 말과 폭력을 주고받느라 해야 할 일들을 하지 못해 그렇게 얻을 수 있는 이익과 행복을 잃어버립니다. 시간만 낭비하는 것입니다. 이렇게 자신과 남의 이익 둘 모두를 파괴하기 때문에도 성냄을 죄악이라고 합니다.

성냄에 뒤덮인 이가 하지 못할 말, 하지 못할 행동은 없습니다. 성냄으로 뒤덮인 존재는 마치 암흑이 지혜를 덮어버린 것과 같습니다. 그래서 해서는 안 될 말, 해서는 안 될 행동은 없다고 생각하기 때문에 무엇이든 함부로 말하고 행합니다. 그렇게 성냄에 뒤덮인 사람이 말하고 행하는 모든 것은 쓸데없는 말과 행위가 돼 버리고 맙니다. 그러한 쓸데없는 말과 행위가 가져다주는 결과는 화를 내지 않았을 때 가질 수 있는 이익과 행복을 놓쳐버리고 잃어버리는 것뿐입니다. 그러한 말과 행위 때문에 크게는 재산, 지위, 사랑하는 가족과 친척, 친구 등 현생의 이익 중 어느 하나는 확실히 놓쳐버립니다. 작게는 현재 누릴 수 있는 마음의 행복과 편안함을 놓쳐버립니다. 성냄이 지나치면 자신을 낳고 길러준 부모까지도 죽일 수 있습니다. 부처님, 아라한, 성자들도 죽일 수 있습니다. 세상에서 제일 사랑하는 자기 자신도 죽일 수 있습니다. 이렇게 가장 감사하고, 가장 사랑하고, 가장 거룩한 사람조차 죽일 수 있기 때문에 성냄이 행하지 못할 잘못이라고는 없습니다. 성냄의 뒤를 따라서 잘못된 행위를 하는 어리석은 사람이 다음 생에 태어날 곳은 사악도 말고는 어디에도 없습니다. 설사 사악도에서 벗어난다 하더라도 윤회하는 동안 저열한 생으로만 태어나거나, 태어난 생에서 처벌을 당하는 등의 나쁜 결과와 괴로움만 겪어야 합니다. 이렇게 현생과 내생의 이익 둘 모두를 파괴하기 때문에도 부처님께서 "natthi dosasamo kali 성냄과도 같은 죄악은 없다"라고 설하신 것입니다.

제4장

성냄을 다스리는 법

성냄을 다스리지 못하면 앞에서 언급한 여러 불이익, 나쁜 결과를 겪어야 합니다. 그래서 제4장에서는 성냄을 다스리는 여러 방법을 소개하겠습니다. 이 내용은 원래 원수에 대해 자애를 닦을 때 생겨나는 성냄을 제거하는 방법입니다. 하지만 일상생활이나 다른 수행 중에 성냄이 일어났을 때도 적용할 수 있습니다.

성냄이 일어났을 때 가장 먼저 취할 수 있는 방법은 참는 것입니다. 하지만 무조건 참는 것은 쉽지도 않고 바람직하지도 않습니다. 그럴 때는 부처님께서 설하신 성냄을 다스리는 방법들을 실천해 보면 좋을 것입니다.

만약 평소 사마타 수행을 하고 있다면 성냄이 일어났을 때 즉시 자신이 닦고 있는 수행주제를 떠올리면 됩니다.[54] 위빳사나 수행을 하고 있다면 즉시 심장 부근에 마음을 두고 〈불편함, 불편함〉 등으로 관찰하면 됩니다.[55] 이렇게 해도 성냄이 가라앉지 않으면 『위숫디막가』에서 제시한 아래의 방법을 사용해서 성냄을 가라앉혀야 합니다.

---

54 『부처님을 만나다』, pp.323~324 참조.
55 『부처님을 만나다』, pp.324~325 참조.

자애를 닦아라

불이 붙은 다음 끄는 것보다 불이 나지 않도록 예방하는 것이 중요합니다. 자애는 성냄과 정반대인 법입니다. 그래서 성냄이 자주 일어나지 않도록 평소에 자애를 닦는 것이 좋습니다.[56]

자애를 수행주제로 닦고 있는 수행자라면 존경하는 사람, 좋아하는 사람, 무관한 사람에게 자애를 보낸 다음 원수에게 자애를 보내면 됩니다. 원수에게 자애를 보내다가 성냄이 일어나면 앞서 자애를 보낸 세 종류의 사람을 대상으로 다시 자애를 보낸 뒤 원수를 대상으로 자애를 보내면 됩니다.

스스로 경책하라

자애를 닦는 것으로도 성냄이 사라지지 않으면 다음과 같은 부처님의 여러 훈계를 숙고해서 성냄을 가라앉혀야 합니다.

> "화를 내고 있는 그대여, 부처님께서 '비구들이여, 도적이나 강도나 악한들이 손과 발 등 신체부분을 양쪽에 손잡이가 달린 톱으로 자르더라도 그렇게 자르면서 괴롭히는 이에 대해서 화를 내면 안 된다. 화를 낸다면 나 여래의 훈계를 따르는 이라고 할 수 없다'라고 훈계하시지 않았는가?"

---

56 자애를 닦는 자세한 방법은 본서 pp.106~146 참조.

"먼저 화를 낸 이에게 보복으로 다시 화를 낸다면 그렇게 보복하여 화를 내는 것이 처음 화를 내는 것보다 더욱 저열하고 나쁘다. (무엇 때문인가 하면 처음 화를 낸 이가 화를 낸 것이 나쁜 것인 줄 알면서도 보복으로 화를 내어 그러한 나쁜 길을 따라가는 것이기 때문이다.) '화를 내는 이에게 화를 내지 않고 인욕할 수 있는 이라야 이기기 힘든 싸움에서 이길 수 있다'라고도 훈계하시지 않았는가?"

"'다른 이가 화를 내는 것을 알면서도 화를 내지 않고 고요한 마음으로 지낼 수 있다면 그러한 비구야말로 자신의 이익과 남의 이익, 두 가지 이익을 위해 실천하는 이다'라고도 훈계하시지 않았는가?"

"'원수가 좋아하고 바라는 일곱 가지가 있다. 화를 내는 이는 용모가 무너져 추하게 된다. 이것이 바로 원수가 좋아하는 한 가지이다. 화를 내는 이는 편안하게 잠을 자지 못한다. 이것도 원수가 좋아하는 한 가지이다. 화를 내는 이는 이익을 얻지 못한다. 이것도 원수가 좋아하는 한 가지이다. 화를 내는 이는 재산을 구족하지 못한다. 이것도 원수가 좋아하는 한 가지이다. 화를 내는 이에게는 명성이 사라진다. 이것도 원수가 좋아하는 한 가지이다. 화를 내는 이에게는 친구가 줄어든다. 이것도 원수가 좋아하는 한 가지이다. 화가 심한 이는 죽은 뒤 선처, 좋은 세상에 태어나지 못한다. 이것도 원수가 좋아하는 한 가지이다'라고도 훈계하시지 않았는가?"[57]

"'시체를 태울 때 쓰던 막대기는 도시에서도 사용하지 못하고 숲에서도 사용하지 못한다. 그와 마찬가지로 애착도 많고 성냄도 많은 비구는 세간에서 감각욕망을 즐기는 것과 출세간에서 실천을 구족함이라는 두 가지 이익을 얻지 못해 세간에서도 소용이 없고 출세간에서도 소용이 없다' 라고도 훈계하시지 않았는가?"

"그렇기 때문에 그대가 이렇게 화를 내고 성을 내면 부처님의 훈계를 따르지 않는 이가 될 것이다. 처음 화를 낸 이보다 더 저열한 이가 되어 승리하기 힘든 싸움에서 이기지 못하는 이가 될 것이다. 원수가 행할, 원수가 바라는 것을 스스로 행하는 이가 될 것이다. 시체를 태우던 막대기처럼 어디에도 사용되지 못하는 이가 될 것이다."

이렇게 부처님의 가르침에 따라 스스로를 경책하고서 화를 다스려야 합니다.

좋은 점을 생각하라

이렇게 숙고해도 성냄이 사라지지 않으면 원수의 나쁜 행위에 마음 기

57 이 훈계는 원수가 좋아하는 것이 생겨나지 않도록 화를 내지 말고 인욕해야 한다고 가르치신 내용이다. 본서 p.73 참조.(A7:60)

울이지 말고 원수가 지닌 몸의 좋은 행위, 말의 좋은 행위. 마음의 좋은 행위에 마음 기울여서 성냄을 사라지게 해야 합니다.

사과가 조금 썩었다고 버리지는 않습니다. 썩은 부분을 잘라내고 나머지 좋은 부분만 먹습니다. 그처럼 그 사람의 좋은 점을 생각하면서 성냄을 다스려야 합니다. 좋은 점을 찾을 수 없더라도 '안타깝구나. 내가 어찌할 수 없구나. 내 영역 밖이구나'라고 평온하게 바라보아야 합니다.[58]

스스로를 훈계하라

그렇게 숙고해도 성냄이 사라지지 않으면 아래의 내용들을 숙고해서 사라지게 해야 합니다. 이 내용들은 다른 성전이나 주석서에는 없고 『위숫디막가』에만 열 가지 게송으로 소개돼 있습니다.(Vis. i.292~293) 출가한 비구를 기준으로 한 훈계지만 수행자라면 누구나 적용해 볼 수 있을 것입니다.

1. 원수가 자기 영역으로 취하는
그대의 몸에 고통을 주더라도
왜 그대는 그의 영역이 아닌
스스로의 마음에 고통을 주려 하는가?

'원수가 괴롭힐 때는 그대의 몸만 괴롭힐 수 있다. 그대의 마음은 괴

58 『부처님을 만나다』, p.326 인용.

롭히지 못한다. 그런데도 왜 그대는 원수의 영역이 아닌 그대 자신의 마음을 스스로 괴롭히는가? 원수가 어찌하지 못하는 자기 마음의 괴로움을 원수가 좋아하도록 왜 행하는가?'라는 뜻입니다.

2. 많은 도움을 주고 눈물을 흘리던
가족과 친지들까지 버렸으면서
크나큰 불이익을 행하는
진짜 적인 화는 왜 버리지 않는가?

'은혜가 많은 가족과 친지들을 버리고 출가했으면서 크나큰 불이익을 행하는 화라는 적은 왜 버리지 못하는가?'라는 뜻입니다.

3. 그대가 지켰던 바로 그 계들,
그것들의 뿌리를 끊어버리는
그러한 화를 그대는 끌어들였으니
그대 같은 멍청이, 어찌 있으리.

'그대가 지키고 있는 계들의 뿌리, 즉 부끄러움, 두려움, 인욕, 자애, 연민을 끊어버리는 성냄을 그대는 스스로 받아들여 놓았다. 그대처럼 어리석은 자, 멍청한 자가 어디에 있겠는가? 자신이 지키는 계에 허물이 되는 성냄을 받아들였기 때문에 제일 어리석은 자다'라는 뜻입니다.

4. 다른 자가 비열한 행위를 행했다고
그대는 이렇게 불같이 화를 낸다.

그대는 왜 그것과 똑같은
그 행위를 스스로 행하려 하는가?

'다른 이가 저열한 행위를 행했다고 그대는 화를 내고 있다. 그런데 그렇게 화를 내고 있는 그대는 왜 그들과 똑같이 저열한 행위, 허물이 있는 행위를 스스로 하려고 하는가?'라는 뜻입니다.

5. 그대에게 화를 일으키기 위해
다른 이가 불쾌한 행위를 행했다고
무엇 때문에 그대는 화를 내어서
그가 바라는 것을 채워주려 하는가?

'다른 이가 그대에게 좋아할 만한 것이 아닌 행위를 행했다면 그것은 그대에게 성냄을 일으키려고 행한 것이다. 그런데 왜 그대는 화를 내어 그의 바람이 이루어지게 하는가?'라는 뜻입니다.

6. 그대가 화를 냄으로써 그에게 고통을
줄 수도 주지 않을 수도 있다.
하지만 그 화가 초래한 고통으로
그대 자신은 곧바로 힘들어질 것이다.

'그대가 화를 내는 것으로 원수에게 고통이 생겨날지 생겨나지 않을지는 확실하지 않다. 하지만 그대 자신은 곧바로 자신이 일으킨 화 때문에 고통 받고 힘들어질 것이다'라는 뜻입니다.

7. 번영 없는 화라는 길을 향해
원수들이 나아간다 하더라도
무슨 이유로 그대까지 화를 내어
그들의 뒤를 따라가려 하는가?

'원수들이 화 때문에 눈이 멀고 어리석어 이익이 없는 길, 악처로 나아간다고 하자. 무엇 때문에 그대까지 화를 내어 그 원수들의 뒤를 따라가려고 하는가?'라는 뜻입니다.

8. 원수가 성냄을 의지하고서
그대에게 해로운 행위를 했다면
바로 그 성냄만을 끊어버려라.
왜 다른 것으로 힘들어하는가?

'원수가 성냄을 의지해서 그대에게 해로운 행위를 했다면 그 성냄만 제거하도록 하라. 왜 화를 내기에 적당한 대상이 아닌 사람이나 개인에게 화를 내어 자신을 피곤하게 만드는가? 성냄이 시켜서 원수가 그대에게 허물을 범한 것이다. 그렇다면 그 성냄만 제거하면 된다. 성냄의 부림을 당한, 성냄의 하수인인 개인에게 화를 내는 것은 적당하지 않다'라는 뜻입니다.

9. 법들은 찰나만 존재할 뿐이라
그대에게 불이익을 준 그것,
그 무더기는 이미 소멸해 버렸으니

지금 여기서 누구에게 화를 내는가?

'물질·정신 법들은 찰나만 존재할 뿐 곧 사라져 버린다. 그대에게 잘못을 행했다고 생각되는 그 물질·정신 무더기들은 바로 그 찰나에 소멸해 버렸다. 잘못을 행했던 그 물질과 정신은 더 이상 존재하지 않는다. 그렇다면 그대는 원수의 상속에 있는 어떤 물질과 정신에 대해 화를 내고 있는가? 원수라고 여겨지는 물질과 정신의 연속에 이어져 지금 생겨나고 있는 새로운 물질과 정신은 그대에게 잘못을 행했던 것이 아니다. 그렇다면 그대는 어떤 물질과 정신에 대해 화를 내고 있는가? 화를 낼 물질과 정신은 더 이상 없다'라는 뜻입니다.

10. 누가 다른 이에게 고통을 주려 할 때
받는 이가 없다면 누구에게 줄 것인가?
자신도 괴로움의 원인이 되거늘
그대는 왜 그에게만 화를 내는가?

'어떤 이가 다른 이에게 고통을 주려고 한다면 고통을 주는 자, 고통을 받는 자, 둘 모두 고통의 원인이 된다. 이렇게 자신도 고통의 원인이 되는데 왜 그대는 고통을 주는 자에게만 화를 내는가? 스스로도 고통을 주는 원인이다'라는 뜻입니다.

이렇게 『위숫디막가』에 열 가지로 소개된 숙고하는 모습은 매우 심오합니다. 화가 나면 이러한 모습으로 숙고하면서 스스로를 훈계하여 성냄을 가라앉혀야 합니다.

업만이 자신의 재산임을 숙고해서 가라앉히는 모습

이 열 가지 게송으로 숙고해도 성냄이 가라앉지 않는다면 업만이 자신이 소유한 진정한 재산이라는 사실을 다음과 같이 숙고해서 가라앉혀야 합니다.

> '자애를 닦는 그대, 수행자여, 그에게 화를 내서 무엇 하겠는가? 성냄을 뿌리로 한 업은 그대의 불이익일 뿐이다. 그렇다. 업만이 그대의 재산이다. 그대는 자신이 행한 업의 좋고 나쁜 상속을 스스로 받아야 한다. 행복을 주기 위해 혹은 괴롭히기 위해 그대가 행한 업만이 그대의 친지이자 의지처이다. 스스로 행한 업의 좋은 결과와 나쁜 결과라는 상속은 그대가 받아야 한다. 성냄을 의지해서 생겨나는 업은 도와 과를 얻게 하는 것이 아니다. 천상의 행복과 인간의 행복을 얻게 하는 것도 아니다. 지옥의 고통 등을 겪게 할 뿐이다. 그대가 화를 내는 것은 다른 이를 해치고 괴롭히기 위해 숯불 덩어리나 대변을 잡는 것과 같다. 자신을 먼저 태우고 더럽힐 것이다.'

> '그대가 원수라고 생각하는 그에 대해서도 숙고해 보라. 그가 그대에게 화를 내서 무엇 하겠는가? 성냄은 그의 불이익일 뿐이다. 그에게도 그가 행한 업만이 그의 재산일 뿐이다. 그가 행한 업의 좋은 결과와 나쁜 결과는 그 자신이 받을 것이다. 성냄은 그에게 도와 과를 얻게 하는 것이 아니

다. 천상의 행복과 인간의 행복을 얻게 하는 것도 아니다. 지옥의 고통 등을 겪게 하는 원인일 뿐이다. 마치 바람을 맞으며 바람이 불어오는 방향에 있는 사람에게 먼지를 뿌리면 먼지가 자신에게 다시 돌아오듯이, 화를 낸다면 그 나쁜 결과는 자신에게만 돌아올 것이다. 이렇게 부처님께서 설하지 않으셨는가?'

'어떤 이가 잘못하지 말아야 할 참사람에게 잘못을 범한다면 그 악행은 잘못을 범한 어리석은 그에게만 돌아갈 것이다. 비유하자면 바람을 거슬러서 뿌린 미세한 먼지들은 뿌린 그 사람에게 다시 돌아가는 것과 같다.'

보살의 실천 덕목을 숙고해서 가라앉히는 모습

이렇게 숙고해도 성냄이 가라앉지 않는다면 정등각자 부처님이 되기 위해서 바라밀을 행할 때 보살이 실천한 덕목을 숙고해서 가라앉혀야 합니다.

'부처님의 제자인 그대, 수행자여, 그대의 스승이신 거룩하신 부처님께서는 보살이었을 때도, 4아승기와 10만 대겁 내내 바라밀을 쌓고 실천하셨으니 그때도, 여러 종류의 살인자나 원수들과 맞닥뜨렸지만 성냄으로 마음을 무너뜨리지 않고 참으시지 않았던가! 일체지자이시며, 천신을 포함한 세상에서 어느 누구와도 견줄 수 없는 인욕의 덕목을

갖추신 그 거룩하신 세존을 그대는 스승으로 모시고 귀의했다. 그러한 그대가 성내는 것은 적당하지 않다.'

실라와 왕의 일화 이에 대한 구체적인 일화로 『위숫디막가』에서는 「실라와 자따까Sīlava Jātaka」를 소개하고 있습니다.

실라와 왕은 왕비와 불륜을 저지른 나쁜 대신이 적국의 왕과 내통하여 삼백 요자나나 되는 왕국에 쳐들어왔을 때도 왕국을 방어하기 위해 출동한 대신들에게 무기 사용을 허락하지 않았습니다. 적에게 사로잡혀 공동묘지에 천 명의 대신과 함께 목까지 묻혔을 때도 조금도 화를 내지 않았습니다. 자칼 무리가 시체인 줄 알고 뜯어먹으려고 땅을 파헤치자 실라와 왕은 영웅적인 힘을 발휘해서 목숨을 구한 뒤 야차의 신통으로 자기 궁전에 들어갔습니다. 그때 적왕이 침상에서 잠자고 있는 것을 보았지만 화를 내지 않고 심지어 적왕을 친구의 위치에 두고 "현자라면 바라는 것을 기원하며 노력해야 한다네/ 싫증내고 물러나며 실망하면 안 된다네/ 다른 이를 해치지 않고 다시 왕의 지위에 오르길 바랐다네/ 그러한 바람대로 된 것을 지금 나는 본다네"라고 말했습니다.(J51)

칸띠와디 선인의 일화 옛날 깔라부Kalābu라는 왕이 바라나시Bārāṇasī 성을 다스리고 있을 때 보살은 8억 냥의 재산을 가진 부유한 바라문 가문에서 태어났습니다. 부모가 돌아가신 후 보살은 남은 재산과 필수품들을 보며 '부모님은 재산을 모으기만 했을 뿐 가져가지는 못했다. 나는 모두 가져가리라'라고 숙고하고서 적당한 이들에게 적당한 물건들을 보시했습니다.

그 후 보살은 출가하여 선인이 됐고 히마완따 숲에서 과일만 먹으며 지냈습니다. 숲에는 소금이 없어서 영양이 충분하지 못했습니다. 그래서 소금과 식초를 구하고자 마을로 내려오곤 했습니다. 그러다가 바라나시 성까지 이르러 탁발을 하고 있었습니다. 그 모습을 본 어떤 장군에게 보살을 존경하는 마음이 생겨 공양을 보시했고 왕실 정원에서 지내도록 청했습니다. 보살 선인은 장군의 청을 받아들이고 그때부터 왕실 정원에서 지냈습니다. 선인은 주로 인욕khanti에 대해 설했기 때문에 '칸띠와디Khantivādī 선인'이라고 불렸습니다.

그러던 어느 날, 깔라부 왕이 유희를 즐기기 위해 왕비와 후궁, 시녀들을 거느리고 왕실 정원으로 나갔습니다. 왕은 길상석 위에서 자신이 총애하던 여인의 다리를 베개 삼고 누워 궁실 무희와 연주자들의 춤과 노래를 즐겼습니다. 시간이 조금 지나 왕이 잠에 들자 무희와 연주자들은 공연을 멈추고 정원 여기저기를 둘러보았습니다. 그러다가 정원 한편에서 선인을 발견하고는 가까이 다가가 예경을 드리고 법문까지 청해 들었습니다.

그때 왕의 머리를 받쳐주고 있던 여인이 자세를 고치자 왕이 잠에서 깨어났습니다. 주위에 궁녀들이 보이지 않자 왕은 "모두 어디로 갔는가?"라고 물었습니다. 여인은 사실대로 모두 선인에게 갔다고 말했습니다. 그 말에 왕은 질투와 인색으로 성냄이 심하게 생겨나서 "간교한 선인에게 본때를 보여 주리라"라며 긴 칼을 빼들고 서둘러 그쪽으로 갔습니다. 왕의 총애를 받던 한 후궁이 칼을 빼앗으며 왕을 진정시키려고 했으나 왕은 성냄을 가라앉히지 못했습니다. 성난 왕이 보살에게 물었습니다.

"그대에게는 어떤 가르침이 있는가?"

"인욕이라는 가르침khantivāda이 있습니다."

"'인욕khanti'이란 무엇인가?"

"비방하고 위협하는 이, 때리고 괴롭히는 이에게 화를 내지 않는 것을 인욕이라 합니다."

"그렇다면 그대에게 인욕이라는 것이 있는지 없는지 시험해 보겠다."

왕은 이렇게 말하고서 망나니에게 다음과 같이 명령했습니다.

"이 나쁜 선인을 잡아서 땅에 내리쳐라. 가슴, 등, 양 옆구리, 이렇게 네 곳을 가시가 박힌 몽둥이로 2천 번 내리쳐라."

망나니는 왕의 명령대로 선인을 내리쳤습니다. 그 정도로 맞으면 대부분은 죽을 것입니다. 하지만 선인은 인욕 덕목 때문인지 그대로 죽지는 않았습니다. 하지만 2천 번을 맞은 선인의 몸은 겉피부, 속피부가 다 찢어졌습니다. 살이 터져 피로 뒤범벅이 됐습니다. 얼마나 아플지 상상조차 할 수 없을 정도입니다. 하지만 선인은 자신을 내리치도록 명령한 왕에게도, 직접 내리쳤던 망나니에 대해서도 화를 내지 않았습니다. 아무런 허물을 범하지 않았습니다. 사실 왕의 행위는 선인에게 전혀 허물이 없는데도 괴롭히는 것이어서 화를 낼 만합니다. 허물을 범할 만합니다. 하지만 선인은 화를 내지 않고 참았습니다. 이것은 자애를 닦는 수행자들에게 모범이 될 만합니다.

선인이 죽지 않자 왕이 다시 물었습니다.

"그대에게는 어떤 가르침이 있는가?"

"나에게는 인욕이라는 가르침이 있습니다. 왕은 인욕이 나의 피부에 있다고 생각합니까? 인욕이라는 것은 나의 심장에 깃들어 있습니다."

그러자 깔라부 왕은 선인의 두 팔과 두 다리를 차례대로 자르게 시켰습니다. 두 귀와 코까지 자르도록 명령했습니다. 망나니는 왕이 시키는 대로 잔인하게 잘랐습니다. 차례대로 하나씩 자를 때마다 왕은 "그대에게는 어떤 가르침이 있는가?"라고 거듭 물었고, 선인은 "나에게는 인욕이라는 가르침이 있습니다. 인욕은 제 심장에 깃들어 있습니다"라고 그대로 대답했습니다.

결국 왕은 "간교한 자 같으니. 그대의 인욕으로 스스로 몸을 일으켜 앉아라"라고 말하고는 선인의 가슴을 발로 찬 뒤 그 자리를 떠났습니다. 왕이 정원 입구에 다다랐을 때 땅이 갈라져 왕을 삼켜 버렸습니다. 주석서에 따르면 무간지옥의 불이 솟구쳐 깔라부 왕을 지옥으로 끌고 갔다고 합니다.

그 뒤, 선인을 초청했던 장군이 선인에게 와서 "화를 내시려거든 잘못을 범한 왕에게만 내십시오. 다른 사람들에게는 화를 내지 마십시오"라고 요청했습니다. 그때 보살은 다음과 같이 대답했습니다.

Yo me hatthe ca pāde ca,
Kaṇṇanāsañca chedayi;
Ciraṁ jīvatu so rājā,
Na hi kujjhanti mādisā. (J.i.99)

해석

나의 팔과 또한 다리와
귀와 코를 자르게 했네.
그 왕이 오랫동안 살아가기를.
실로 나 같은 이, 화를 내지 않는다네.

대역

(Senapāti장군이여,) yo어떤 이가; 그 깔라부 왕이 me나

의 hatthe ca팔과 pāde ca다리와 kaṇṇanāsañca귀와 코를 chedayi자르게 했소. so rājā그 왕이 ciraṁ jīvatu오래 살기를. hi맞소; 화를 내지 않고 이렇게 자애를 닦을 수 있는 이유는 mādisā나와 같은; 나와 같은 참사람들은 na kujjhanti화를 내지 않기 때문이오; 화를 내는 습관, 전통이 없기 때문에 훌륭한 서원을 기원하며 자애를 닦을 수 있는 것이오.

'부처님의 가르침을 받아 지녀 자애를 닦고 있는 그대 수행자여, 그대에게 허물을 범한 원수가 깔라부 왕만큼 나쁜 것은 아니지 않는가? 스승이신 부처님께서는 과거 칸띠와디 선인이었을 때 깔라부 왕의 매우 저열하고 나쁜 악행에도 화를 내지 않고 참으셨다. 그처럼 그대도 화를 내지 않고 참아야 하지 않겠는가?'

담마빨라 왕자의 일화 옛날 마하빠따빠Mahāpatāpa라는 왕이 바라나시 성을 다스리고 있을 때 보살은 담마빨라Dhammapāla라는 왕자로 태어났습니다. 담마빨라 왕자가 7개월이 됐을 때 짠다데위Candādevī 왕비는 왕자를 목욕시킨 후 향수와 좋은 옷으로 장엄하고서 애지중지 돌보고 있었습니다. 그렇게 왕자를 돌보느라 왕이 처소에 온 줄도 모르고 미처 인사를 하지 못했습니다.

그러자 마하빠따빠 왕은 '이 여자가 왕자를 의지해서 콧대가 높아졌구나. 왕자가 자라면 나는 전혀 신경조차 쓰지 않겠구나'라는 생각이 들어 얼굴을 찌푸린 채 자신의 처소로 돌아갔습니다. 그리고는 망나니를 불러 왕비의 처소에 가서 왕자를 데려오라고 명령했습니다. 왕비도 왕의 표정이 일그러지는 것을 보고는 화가 났다는 사실을 알고 왕자를 가슴에 품고 울고 있었습니다.

그러는 중에 망나니가 왕의 명령에 따라 왕비의 품에서 왕자를 억지로 빼앗아 데려갔고 왕비는 울면서 왕의 면전까지 따라갔습니다. 왕은 "왕자를 평평한 나무 위에 올려놓고 팔을 잘라라"라고 명령했습니다. 왕비가 "왕자에게는 아무 잘못이 없습니다. 제가 잘못했으니 제 팔을 자르십시오"라고 울면서 간청했지만 왕은 고집스럽게 그대로 시켰습니다. 왕실 망나니도 왕의 명령에 따라 일곱 달밖에 되지 않은 어린 왕자의 팔을 도끼로 잔인하게 잘랐습니다. 날카로운 칼로 미세한 대나무 줄기를 자르듯이 두 팔이 댕강 잘려 나갔습니다. 하지만 왕자는 울지도 않고 가만히 참고 있었습니다. 이 모습을 주석서에서 다음과 같이 설명하고 있습니다.

> So dvīsu hatthesu chijjamānesu neva rodi na paridevi, khantiñca mettañca purecārikaṁ katvā adhivāsesi.
>
> (JA.iii.166)

대역

So그는; 그 담마빨라 어린 왕자는 dvīsu hatthesu chijjamānesu두 팔이 잘리자; 팔이 잘리는 중에 neva rodi울지도 않았고 na paridevi통곡하지도 않았다. khantiñca인욕과 mettañca자애를; 다른 이에게 행복하기를 바라는 자애를 purecārikaṁ katvā앞세우고서 adhivāsesi견디고 있었다.

왕비는 팔이 잘린 왕자를 가슴에 품고서 어루만지며 울고 있었습니다. 그 뒤 왕은 왕자의 두 다리도 자르게 시켰습니다. 왕비가 계속 간청했지만 소용이 없었습니다. 왕은 고집스럽게 왕자의 머리까지 자르도록 명령했습니다. 망나니는 왕의 명령에 따라 왕자의 머리까지 잘랐습니다. 왕은 그렇게 죽은 왕자의 몸을 위로 들어 올려서 칼끝으로 찔러 '칼꽃asimālā'이라는 것까지 하도록 시켰습니다. '이 정도로 어리석고 잔인한 아버지가 있을 것인가'라고 믿지 못할 수도 있을 것입니다. 하지만 성냄의 노예가 된 범부 중에는 이 정도로 어리석은 이가 있을 수 있습니다. 그렇기 때문에 담마빨라 왕자의 아버지인 마하빠따빠 왕의 잔인하고 나쁜 모습을 설명해 놓은 것입니다. 왕자가 죽는 모습을 본 왕비는 너무 상심한 나머지 그 자리에서 죽어버렸습니다. 왕은 자신의 왕좌에서 떨어진 후 바닥이 뚫리면서 땅에 삼켜져 무간지옥에 떨어졌습니다.

담마빨라 왕자는 신체 여러 부위가 잘리면서도 화를 내거나 잘못을 범하는 일 없이 잘 참으면서 죽었습니다. 담마빨라 왕자를 본보기로 삼아 자애수행을 닦고 있는 수행자라면 화를 내거나 허물을 범하지 말고 참을 수 있어야 합니다.

코끼리, 원숭이, 용이 인욕하는 모습 보살이 찻단따Chaddanta라는 코끼리 왕이었을 때는 독이 발린 화살을 쏘아 자신을 죽인 사냥꾼에게조차 화를 내지 않고 참았습니다.(J514)

마하까삐Mahākapi라는 큰 원숭이였을 때는 절벽에 떨어져서 올라오지 못하고 곤경에 처한 이를 구해준 뒤 힘들어서 근처에서 잠시 잠이 들었습니다. 그런데 도움을 받은 사람은 자신을 구해준 은혜를 저버리고 원숭이를 바위로 쳐서 죽이려고 했습니다. 하지만 원숭이는 화를 내지도, 허물을 범하지도 않고 그 사람이 위험이 없는 곳, 사람들이 사는 안전한 곳에 도착할 때까지 길을 안내해 주었습니다.(J407)

부리닷따Bhūridatta 용왕과 짬뻬야Campeyya 용왕이었을 때는 포살계를 수지하고 실천하던 중에 뱀 마술꾼에게 붙잡혀 괴롭힘을 당하기도 하고, 여러 마을과 도시로 끌려다니며 그가 시키는 대로 묘기도 부려야 했습니다. 사실 이 용왕들은 매우 강한 독을 가졌기 때문에 그들이 성난 눈으로 보거나 연기를 뿜어내는 것만으로도 사람들을 재로 만들어 죽게 할 수 있었습니다. 하지만 용왕들은 뱀 마술꾼에게 허물을 범하지 않고 참았습니다.(J543, J506)

보살의 바라밀행은 아니지만 부처님의 성제자들이 숙고하는 모습도 본받을 만합니다. 그중 뿐나Puṇṇa 존자가 숙고하는 모습을 소개하겠습니다.

뿐나 존자가 숙고하고 인내하는 모습 수나빠란따Sunāparanta 국 출신인 뿐나 존자는 부처님께 간략하게 법을 설해 주시도록 청했습니다. 그래서 부처님께서는 뿐나 존자에게 다음과 같이 설하셨습니다.

"뿐나여, 눈으로 볼 수 있는 바라고 좋아할 만한 것, 아낄 만한 것, 사랑스러운 것들이 있다. 그러한 형색들은 바라는 것과도 관련된다. 애착할 만한 것이기도 하다. 그러한 형색들을 좋아하고 받아들이면, 칭찬할 정도로 마음에 들어 하면, 거머쥐고 가지면 즐김nandī이 생겨난다. 뿐나여, 즐김이 생겨나기 때문에 괴로움이 생겨난다고 나는 설한다."

(소리, 냄새, 맛, 감촉, 성품법 대상에 대해서도 마찬가지로 설하셨습니다.)

"뿐나여, 괴로움이 소멸되는 모습은 다음과 같다. 눈으로 볼 수 있는 바라고 좋아할 만한 것, 아낄 만한 것, 사랑스러운 것들, 그러한 형색들을 좋아하지 않고 받아들이지 않는다면, 칭찬할 정도로 마음에 들어하지 않는다면, 거머쥐지 않고 가지지 않는다면 즐김nandī은 소멸한다.(생겨날 기회가 없다는 뜻입니다.) 뿐나여, 즐김이 소멸하기 때문에 괴로움의 소멸이 성취된다고 나는 설한다."

(소리, 냄새, 맛, 감촉, 성품법 대상에 대해서도 마찬가지로 설하셨습니다.)

"뿐나여, 나 여래는 그대에게 이렇게 간략한 가르침으로 훈계했다. 이 간략한 훈계를 받아 지니고서 그대는 어느 지역에서 지내려 하는가?"

"부처님, 잠부디빠의 서쪽 끝에 수나빠란따 지역이 있습니다. 저는 그곳에서 지내려 합니다."

"뿐나여, 수나빠란따 지역 사람들은 거칠고 잔인하다. 그들이 그대에게 욕하고 비방하면 그대는 어떻게 하겠는가?"

"만약 수나빠란따 지역 사람들이 저에게 욕하고 비방하면 부처님, 저는 '수나빠란따 지역 사람들은 그래도 괜찮구나. 비방하고 욕하기만 하는구나. 손으로 때리지 않으니 그래도 괜찮구나'라고 마음 기울이겠습니다."

"만약 손으로 때린다면 어떻게 마음 기울이겠는가?"

"'수나빠란따 지역 사람들은 손으로만 때리지 돌멩이로 내려치지 않으니 그래도 괜찮구나'라고 마음 기울이겠습니다."

"만약 돌멩이로 내려친다면 어떻게 마음 기울이겠는가?"

"'수나빠란따 지역 사람들은 그래도 몽둥이로 때리지 않으니 괜찮구나'라고 마음 기울이겠습니다."

"만약 몽둥이로 때린다면 어떻게 마음 기울이겠는가?"

"'수나빠란따 지역 사람들은 그래도 칼로 베지는 않으니 괜찮구나'라고 마음 기울이겠습니다."

"만약 칼로 벤다면 어떻게 마음 기울이겠는가?"

"'수나빠란따 지역 사람들은 칼로 베기만 하지 그래도 칼로 찔러 죽이지는 않으니 괜찮구나'라고 마음 기울이겠습니다."

"만약 칼로 찔러 죽인다면 어떻게 마음 기울이겠는가?"

"'부처님의 제자 중 일부 비구들은 물질인 몸과 목숨을 혐오해서 스스로 목숨을 끊으려고 도구를 찾는 경우가 있다고 들었다. 그런데 지금 나는 그들처럼 도구를 구하지 않아도 되는구나'라고 마음 기울이겠습니다."

그렇게 뿐나 존자는 수나빠란따 지역으로 가서 수행했고, 그 안거 중에 아라한이 됐다고 합니다.

부처님의 제자인 뿐나 존자가 마음 기울이는 모습을 숙고한다면 수행자도 성냄을 가라앉힐 수 있을 것입니다.(M145)

무시윤회를 반조하라

시작을 알 수 없는 윤회를 반조하는 것을 통해서도 성냄을 가라앉힐 수 있습니다. 『상윳따 니까야』「마뚜숫따Mātusutta(어머니 경)」 등에서 부처님께서는 이 세상의 모든 중생이 과거 여러 생에 나의 어머니가 아니었던 적이 없고, 아버지가 아니었던 적이 없고, 아들이 아니었던 적이 없고, 딸이 아니었던 적이 없고, 일가친척이 아니었던 적이 없다고 설하셨습니다.(S15:14~19)[59] 그래서 '지금 나를 화나게 하는 저 사람이 전생에 나의 어머니로서 출산의 고통을 겪으며 낳아 주고 길러 주었는데 어떻게 내가 화를 낼 수 있겠는가. 전생에 나의 아버지로서 먹을 것을 구해 주고 보호해 주었는데 어떻게 내가 화를 낼 수 있겠는가' 등으로 반조하면 성냄을 다스릴 수 있을 것입니다.

자애의 이익을 숙고하라

무시윤회를 반조해도 성냄이 가라앉지 않는다면 자애의 이익 열한 가지를 숙고해야 합니다. 자애의 이익 열한 가지는 제6장에서 자세하게 설명하겠습니다.

'자애를 닦는 그대, 수행자여, 성냄을 가라앉히지 못하면 그 자애의 이익들을 얻지 못하고 놓쳐 버릴 것이다'라고 숙고해서 성냄을 가라앉혀야 합니다.

요소로 분석하라

자애의 이익을 숙고해서도 성냄이 가라앉지 않으면 요소로 나누어 숙고해야 합니다.

59 각묵스님 옮김, 『상윳따 니까야』 제2권, pp.459~462 참조.

'자애를 닦는 그대, 수행자여, 그대가 그 사람에게 화를 내고 있는데, 그 사람의 무엇에 대해 화를 내고 있는가? 그의 상속에서 머리카락에 화를 내는가? … 소변에 화를 내는가?'

'머리카락 등에 있는 땅 요소에 화를 내는가? 물 요소에 화를 내는가? 불 요소에 화를 내는가? 바람 요소에 화를 내는가?'

'다섯 무더기, 열두 가지 감각장소, 열여덟 가지 요소를 의지해서 그대의 원수를 '누구'라고 부른다. 그렇게 그가 의지하는 무더기 중 무엇에 화를 내는가? 물질에 화를 내는가? 느낌에 화를 내는가? 인식에 화를 내는가? 형성들에 화를 내는가? 의식에 화를 내는가? 그렇지 않으면 눈 감각장소라는 눈에 화를 내는가? 형색 감각장소라는 형색에 화를 내는가? … 맘 감각장소[60]라는 마음에 화를 내는가? 법 감각장소라는 성품법 대상에 화를 내는가? 그렇지 않으면 눈 요소라는 눈에 화를 내는가? 형색 요소라는 형색에 화를 내는가? 눈 의식 요소라는 보아서 아는 마음에 화를 내는가? … 맘 요소[61]라는 전향하는 마음과 받아들이는 마음에 화를 내는가? 법 요소라는 성품법 대상에 화를 내는가? 맘 의식 요소라는 생각해서 아는 마음에 화를 내는가?'

60 맘 감각장소의 의미는 본서 부록 pp.337~338 참조.
61 맘 요소의 의미는 본서 부록 p.338 참조.

이렇게 요소로 나누어 보아야 합니다. 이렇게 요소로 나누어 보면 바늘 끝에 겨자씨가 그대로 머물 자리가 없는 것처럼, 하늘에 화가가 그림을 그릴 자리가 없는 것처럼 성냄이 깃들 자리가 없어집니다.

베풀어라

요소로 나누어서 숙고해도 성냄이 가라앉지 않으면 베풀어야 합니다. 보시해야 합니다. 자신의 물건을, 자신이 싫어하는 이에게 주어야 하고, 그에게서 물건을 받아야 합니다. 싫어하는 이의 생계 계가 청정하지 못하다면 자신의 물건만 주어야 합니다. 그렇게 주고 베풀면 그에 대한 원한이 즉시 사라집니다. 과거생에서부터 계속된 원수지간일지라도 성냄이 가라앉습니다.

찟딸라Cittala 산에 삔다빠띠까Piṇḍapātika 장로가 거주하고 있었습니다. 그런데 삔다빠띠까 장로에게 원한이 깊었던 한 장로가 세 번이나 자리를 양보해 달라고 강요했습니다. 승가 소유의 승원에서는 법랍이 높은 장로에게 법랍이 낮은 스님이 자리를 양보해야 하는 의무가 있습니다. 그 의무를 핑계로 장로가 삔다빠띠까 장로를 괴롭히는 성품입니다. 그 원한을 없애기 위해 삔다빠띠까 장로는 "이것은 금화 8냥에 해당하는 발우입니다, 스님. 저의 모친이 보시한 것입니다. 율법에 맞게 얻은 것입니다. 모친에게 선업 공덕이 생겨나도록 받아서 사용해 주십시오"라고 청하면서 발우를 보시했고, 그러자 보시 받은 그 장로에게서 원한이 즉시 사라졌습니다. 이 일화를 언급하며 『위숫디막가』에서는 보시의 덕목을 다음과 같이 칭송했습니다.

Adantadamanaṁ dānaṁ,

Dānaṁ sabbatthasādhakaṁ;

Dānena piyavācāya,

Unnamanti namanti ca. (Vis.i.299)

해석

보시는 조어調御되지 않은 이를 조어하고

보시는 모든 이익을 이루게 한다.

보시와 그리고 상냥한 말씨로

또한 높아지고 또한 숙인다.

대역

Dānaṁ보시는; 베푸는 보시는 adantadamanaṁ조어되지 않은 이, 거친 이들도 조어한다. dānaṁ보시는 sabbattha-sādhakaṁ모든 이익을 이루게 한다. 《『디가 니까야 주석서』에는 "adānaṁ dantadūsakaṁ"이라고 표현돼 있다.(DA.iii.227) 이 표현에 따르면 "보시하기에 적당한 이에게 보시하지 않으면 잘 조어되고 존경받는 이를 무너지게 한다"라고 해석해야 한다.》 dānena보시와 piyavācāya상냥한 말씨로 unnamanti ca높아지고; 보시하는 이나 상냥하게 말하는 이는 높고 거룩하게 되고 namanti ca숙인다; 보시를 받는 이와 상냥한 말을 듣는 이는 보시하는 이와 상냥한 말을 하는 이를 좋아하고 존경한다.

제3부

자애수행

제5장
자애를 닦는 방법

제6장
자애의 이익

제5장
자애를 닦는 방법

제1부에서는 자애의 의미를, 제2부에서는 자애의 적인 성냄의 의미를 살펴봤습니다. 제3부에서는 자애수행과 관련해 자애를 닦는 방법과 자애의 이익을 알아보겠습니다.

자애수행의 의미

자애수행이란 자애를 닦는 것, 자애를 보내는 것, 자애를 펼치는 것을 말합니다. 엄밀하게 말해서 자애는 말이나 몸으로 하는 것이 아니라 마음으로 하는 행위입니다.[62] 그래서 '자애mettā'라는 단어와 '생겨나게 하다, 늘어나게 하다'는 의미를 지닌 '수행bhāvanā'이라는 단어를 결합해서 '자애를 거듭 생겨나게 하고 증장되게 하는 것'을 '자애수행mettābhāvanā'이라고 표현합니다. 자애수행은 수행주제 40가지에도 포함됩니다. '자애수행을 한다', '자애를 닦는다'라고 하면 어떤 존재가 행복하기를 바라는 마음이 거듭 생겨나도록 반복해서 마음을 보내는 것을 말합니다.

62 자애의 마음이 확장돼 앞에서 언급한 말의 자애와 몸의 자애가 생겨난다. 본서 pp.16~18 참조.

일반적으로는 '자애를 보낸다'라고 표현하지만 실제로 자신의 마음이 자애를 보내는 대상에 도달하는 것이 아닙니다. 『담마빠다』의 "dūraṅgamaṁ 먼 곳으로 가는 (마음)"이라는(Dhp.37) 단어에 대한 주석에 "마음은 털끝만큼도 움직이지 않는다. 아무리 먼 대상이라도 즉시 그 대상을 취할 수 있다. 알 수 있다는 뜻이다"라고(DhpA.i.193) 설명됐듯이 그 존재를 대상으로 행복하기를 바라는 마음을 계속 일으키는 것을 말합니다.

『위방가』에서는 "자애와 함께하는 마음으로 한 방향에 펼쳐서pharitvā 지낸다"라고 표현했습니다. 여기서 "펼쳐서pharitvā"라는 단어는 "닿아서phusitvā, 대상으로 해서ārammaṇaṁ katvā"라는 뜻이라고 『위숫디막가』에서 설명했습니다.(Vis.i.301) 『맛지마 니까야 주석서』에서는 "'펼쳐서'란 열중하고서adhimuccitvā"라는 뜻이라고 설명했습니다.(MA.ii.6) 두 설명 모두 자애를 보내려는 존재를 대상으로 거듭 마음을 일으키는 것을 말합니다.

자애수행의 준비

『위숫디막가』에 땅 두루채움을 닦기 전에 갖춰야 할 내용이 자세하게 설명돼 있는데 이 내용은 땅 두루채움뿐만 아니라 자애수행을 포함한 다른 수행주제에도 공통으로 적용됩니다.

자애수행을 하려는 수행자는 우선 계를 청정하게 해야 합니다. 정사를 위해 신경 쓸 일 등 걱정거리palibodha가 있으면 그 걱정거리를 없애야 합니다. 그리고 자신의 수행주제인 자애수행을 정확하게 지도해 줄 수 있는 선우kalyāṇamitta, 수행지도 스승에게서 자애를 닦는 방법

을 배워야 합니다.[63]

또한 수행하기에 적당한 장소에서 지내야 합니다. 용모 등을 깨끗이 하고 사소한 걱정거리도 제거해야 합니다. 공양을 마친 후에는 잠시 휴식을 취해 식곤증을 가라앉혀야 합니다. 식곤증이 없어졌다면 조용한 곳으로 가서 편안하게 앉아야 합니다.

가부좌를 하는 모습 '편안하게 앉는다'라는 것은 움직이거나 자세를 바꾸지 않고 오랫동안 앉을 수 있는 자세를 말합니다. 제일 좋은 자세는 가부좌를 하는 것입니다. 가부좌를 하는 방법에는 세 종류가 있습니다. 첫 번째는 불상과 같이 결가부좌로 앉는 방법입니다. 두 번째는 일반적인 가부좌로 앉는 방법입니다. 한 다리 위에 다른 다리를 올리거나 그렇지 않으면 두 다리를 서로 겹쳐서 앉는 방법입니다. 하지만 혈관이나 힘줄이 눌리지 않도록 다리를 서로 겹치지 않고 앉는 것이 일반적으로 편안합니다. 세 번째는 양쪽 다리를 한 방향으로 굽혀서 앉는 방법입니다. 이 자세는 미얀마 여성들이 공손하게 앉는 인어자세를 말합니다. 이 중 편안한 자세로 앉으면 됩니다. 처음 수행할 때는 그렇게 자세를 취하는 것이 좋고 나중에는 상황에 따라 무릎을 꿇거나 다리를 펴고[64] 앉으면 됩니다.

네 가지 자세 모두에서 수행할 수 있다 걸어가면서도 수행할 수 있습니다. 서 있으면서도 수행할 수 있습니다. 누워 있으면서도 수행할 수 있습니다. 그렇게 수행할 수 있는 모습은 제8장에서 언급할 「자

---

63 지금까지는 『위숫디막가』를 요약한 것이고 이후의 내용은 마하시 사야도의 설명이다.
64 다리가 불상 쪽으로 향하지 않도록 주의해야 한다.

애경」의 구절을 통해서도 분명하게 알 수 있습니다.

서서나 걷거나 또는 앉아서나
누워서나 언제나 깨어있는 한
자애의 새김을 굳건히 해야 하네.
여기서는 이것이 거룩한 삶이라네. (Khp.11)[65]

이 내용은 자애수행을 할 때만 해당하는 것이 아닙니다. 새김확립 위빳사나 수행을 할 때도 네 가지 자세 모두에서 관찰해야 한다는 내용을 부처님께서는 "gacchanto vā gacchāmīti pajānāti(갈 때는 간다고 안다)" 등으로 분명하게 설하셨습니다. (D.ii.232/D22)

따라서 처음 수행을 시작할 때는 앉아서 하지만 나중에는 네 가지 자세 모두를 통해 적당하게 자애수행을 할 수 있습니다. 중요한 것은 하루에 네 시간에서 여섯 시간 정도만 잠을 자고, 나머지 시간에는 자애를 끊임없이 닦도록 노력해야 한다는 것입니다. 취침시간이 되어 자리에 눕더라도 잠들기 전까지는 누운 자세로 끊임없이 수행해야 합니다.

성냄의 허물과 인욕의 이익을 숙고해야 한다

자애수행으로 성냄을 버리고 인욕을 얻어야 하기 때문에 먼저 성냄의 허물과 인욕의 이익을 반조해야 합니다. 이것은 수행하기 전에 미리 숙고하는 것으로 충분합니다. 숙고하면 이익이 있기 때문에 하는

65 본서 pp.309~311 참조.

것이지 반드시 숙고해야 하는 것은 아닙니다. 강한 믿음saddhā과 열의chanda를 가지고 수행하면 원하는 이익을 얻을 수 있습니다. 하지만 어떤 일을 하려면 먼저 제거해야 할 것도 있고 갖춰야 할 것도 있습니다. 제거해야 할 것은 그것의 허물을 보아야 제거할 수 있습니다. 방 안에 널려 있는 쓰레기도 아무 쓸모없는 것이라고 허물을 보아야 버릴 수 있습니다. 그러지 않고 그 쓰레기들을 가치 있는 것으로 여겨서 버리지 않고 그대로 둔다면 방이 더러운 채 지낼 것입니다. 그와 마찬가지로 성냄의 허물을 보지 못하면 성냄을 제거하지 않고 그대로 둘 것입니다.

예를 들어 한 사람이든, 여러 사람이든, 자신에게 허물을 범한 사람들에게 화가 났을 때, 그들에 대한 화를 풀지 않고 지내는 것은 성냄을 그대로 친구로 두는 것입니다. 그렇게 성냄이 생겨난 이에게 다른 이들이 화내지 말도록, 화를 가라앉히도록 달래면서 말하면 그는 좋아하지 않습니다. 화를 내는 것이 오히려 기분이 풀리는 것처럼 생각되기도 합니다. 화를 가라앉히도록 달래주는 이들에게 도리어 화를 내기도 합니다. 이것은 맹독을 가진 독사를 주머니 안에 넣어 두는 것처럼 성냄의 허물을 보지 못해 성냄을 그대로 두는 것과 같습니다. 그래서 성냄을 제거하도록 성냄의 허물을 먼저 숙고하는 것입니다.

성냄의 여러 허물에 대해서는 제3장에서 설명했습니다. 앞에서 언급한 「찬나숫따」를 다시 살펴보겠습니다.

> "성내는 이는 성냄에 제압당하고 얼이 빠져서 자신을 해치도록 생각하기도 하고 타인을 해치도록 생각하기도 하고 둘 모두를 해치도록 생각하기도 한다. … 정신적으로

고통과 근심도 겪는다. … 몸으로 악행을 행한다. 말로 악행을 행한다. 마음으로 악행을 행한다."(Vis.i.286; A.i.217/A3:71)

이 가르침을 바탕으로 다음과 같이 숙고할 수 있습니다.

'성냄이 생겨나면 마음도 불편해지고 몸도 피곤해진다. 더 심해지면 거친 말을 퍼붓고, 다른 이를 해치거나 죽이기도 한다. 그렇게 적당하지 않은 말을 하거나 행동을 하기 때문에 나중에 후회를 한다. 형벌을 받아서 괴로움을 겪는다. 사악도에 떨어져 큰 괴로움을 겪는다. 사람으로 태어나도 수명이 짧거나 병이 많거나 용모가 추하다. 이렇게 나를 힘들게 한다. 또한 내가 거칠게 내뱉은 말에 상대방도 괴로움을 겪는다. 나의 거친 행동에 상대방이 다치거나 죽을 수도 있다. 이렇게 남도 힘들게 한다.'

이와 비슷한 방법으로 앞에서 소개한 성냄의 여러 허물을 숙고하면 됩니다.

인욕의 이익

성냄의 허물을 숙고한 뒤 그 반대법인 인욕의 이익을 숙고해야 합니다. 여기서 인욕khanti은 자애와 마찬가지로 법체로는 성냄없음adosa, 즉 성냄의 반대법입니다. 하지만 인욕은 다른 이에게 화를 내거나 허물을 범하지 않고 참는 것만으로도 생겨날 수 있습니다. 반면에 자애는 그렇게 단지 참는 정도가 아니라 다른 이가 행복하기를 바라는 성품까지 있어야 생겨납니다.

부처님께서는 인욕의 이익에 대해 『앙굿따라 니까야』 「악칸띠숫따Akkhantisutta(참지못함 경)」에서 많은 사람이 좋아하고, 원수가 적고, 말과 행동에서 실수가 적고, 헤매지 않으면서 죽고, 죽은 뒤 선처나 천상에 태어나는 등 다섯 가지 이익을 생겨나게 한다고 설하셨습니다.(A5:215) 혹은 많은 사람이 좋아하고, 거칠지 않고, 후회하지 않고, 헤매지 않으면서 죽고, 죽은 뒤 선처나 천상에 태어나는 등 다섯 가지 이익을 생겨나게 한다고 설하셨습니다.(A5:216)

사람들이 좋아하고 원수적고 허물없어
불매(不昧)죽음 사후선처 인욕의 다섯이익들

『위숫디막가』에서는 다음의 구절들을 인용했습니다.

Khantī paramaṁ tapo titikkhā.

(D.ii.90; Dhp.184; Vis.i.287)

대역

Titikkhā인내라는; 인내하고 참는 것이라는[66] khantī인욕이; 화를 내지 않고 참는 것이 paramaṁ tapo수승한 난행難行이다; 제일 수승한 실천행이다.

---

66 마 'khanti'는 '수순의 이해anulomika khanti'라는 표현에서는 지혜를 뜻하지만 이 게송에서는 '인내titikkhā'라는 단어를 통해 '인욕'을 뜻한다고 알 수 있다.

이렇게 “인내라는 인욕이 제일 수승한 실천행이다”라는 가르침을 통해서도 인욕의 이익을 알 수 있다고 설명했습니다.

Khantibalaṁ balānīkaṁ, tamahaṁ brūmi brāhmaṇaṁ.

(Dhp.399; Sn.628)

대역

Khantibalaṁ인욕의 힘이 있어서 balānīkaṁ강력한 군대를 가진 taṁ그를 ahaṁ나 여래는 brāhmaṇaṁ바라문이라고; 거룩한 이라고 brūmi말한다.

“인욕의 힘이라는 강력한 군대를 가진 이를 바라문이라고 말한다”라는 가르침을 통해서도 인욕의 이익을 알 수 있다고 설명했습니다. 이 구절을 통해 “성냄으로부터 보호해 줄 수 있는 인욕의 힘은 적군으로부터 보호해 줄 수 있는 군대와 같다”라는 사실을 알 수 있습니다.

Sadatthaparamā atthā, khantyā bhiyyo na vijjati.

(S.i.223)

대역

Atthā이익들은; 번영과 이익이라는 그 모든 것은 sadattha-paramā자신의 이익을 최고로 한다; 모든 이익 중에서 자신의 이익이 최상이다. 《tesu그중에; 그러한 최상의 이익들 중에》 khantyā인욕보다 bhiyyo더 뛰어난 것은; 더 뛰어난 이익은 na vijjati없다.

"이익들 중 자신의 이익이 최상인데, 그중에서도 인욕보다 더 뛰어난 것은 없다"라는 제석천왕의 말을 통해서도 인욕의 이익을 알 수 있다고 설명했습니다.

지금까지 인용한 여러 가르침을 통해 인욕은 제일 수승한 실천임을 알 수 있습니다. '위험으로부터 보호해 줄 수 있는 군대와 같은 것이며 자신의 이익과 번영 중 최상의 이익과 번영이다' 등으로 인욕의 이익과 유익함을 숙고해야 합니다. 무엇 때문에 인욕이 제일 수승할까요? 화를 낼 만한 상황에서도 화를 내지 않고, 원한을 가질 만한 상황에서도 원한을 가지지 않고 평온하게 참는 이를 많은 이가 좋아하고 존경합니다. 칭송합니다. 할 수 있는 만큼 돌봐주고 도와줍니다. 보통의 친구 관계에서 매우 친한 관계로 발전합니다. 참는 이는 누구도 싫어하지 않습니다. 이것이 분명한 이익들입니다.

반면에 참지 못하고서 반박하며 말대꾸하면 서로 논쟁하게 됩니다. 다툼과 원한이 생겨납니다. 평생 서로 연락도 하지 않고 말도 하지 않게 돼 결국 관계가 끊어집니다. 도움이 절실히 필요할 때라도 도움을 받지 못합니다. 어떤 이는 죽을 때까지 상대방에게 불이익이 되는 행동을 행하기도 합니다. 그러한 여러 불이익은 어디에서 생겨났을까요? 참아야 할 상황에서 참지 못했기 때문입니다. 만약 한쪽이 잘못 말하고 잘못 행동하더라도 다른 한쪽이 용서하고 참는다면 다툼이나 원한이 생겨나지 않습니다. 그래서 인욕은 매우 좋습니다. 매우 도움이 됩니다. 자신의 측면에서 돌이켜 숙고해 보면 참았기 때문에 얻는 이익들이 매우 많을 것입니다. 그래서 부처님께서 훈계 계목ovāda pātimokkha에서 다음과 같이 설하셨습니다.

Khantī paramaṁ tapo titikkhā,

Nibbānaṁ paramaṁ vadanti buddhā. (Dhp.184)

대역

Titikkhā인내라는; 인내하고 참는 것이라는 khantī인욕이; 화를 내지 않고 참는 것이 paramaṁ tapo수승한 난행이다; 제일 수승한 실천행이다. nibbānaṁ열반을 paramaṁ 수승하다고; 제일 거룩하다고 buddhā부처님들께서는 vadanti말한다.

마음을 제압하여 참는 실천이 수승한 실천이고, 열반을 수승한 것이라고 부처님들께서 말씀하셨습니다. 이 구절에 따르면 보통으로 거룩한 정도가 아닙니다. "parama", 즉 "수승하다, 제일 거룩하다"라고까지 말씀하셨습니다. 무엇 때문일까요? 선업이라는 모든 실천행은 참아야 성취할 수 있기 때문입니다. 참지 못하면 성취할 수 없습니다. 베풀고 보시할 때도 참고서 행하는 것입니다. 크게 보시할 때는 크게 참고서 보시합니다. 계를 닦는 경우에는 더욱 분명합니다. 행하고 싶은 악행들을 행하지 않고 참고서 계를 지켜야 합니다. 수행의 경우는 그보다 더욱 분명합니다. 몸의 피곤함과 괴로움을 참고서 마음 기울이고 관찰해야 삼매와 통찰지가 생겨납니다. 몸이 조금 아프고 저린 것을 참지 못해서 자주 자세를 바꾸면 삼매가 생겨나기 힘듭니다. 위빳사나 지혜도 생겨나기 어렵습니다. 참고서 관찰하고 새겨야 선정삼매를 얻을 수 있습니다. 위빳사나 지혜와 도의 지혜라는 특별한 지혜도 얻을 수 있습니다. 그래서 참는 것, 인욕을 "parama", "수승하다, 제일 거룩하다"라고 말하는 것입니다. 그렇게 부를 수 있기 때문에 앞서

"paramaṁ tapo수승한 난행이다; 제일 수승한 실천행이다"라고 대역했던 것입니다.

여기서 "참아야 열반에 이른다"라는 옛 현자들의 말씀도 매우 합당합니다. 십바라밀을 쌓고 실천할 때도 인욕이 포함돼야 합니다. 십바라밀 중 결의[67], 정진, 통찰지[68]라는 세 가지는 열반을 실현하는 데 특히 가까운 바라밀입니다. 열반을 실현하겠다고 결의하고서, 그렇게 결의한 대로 물러나지 않고 노력하는 정진을 갖추고, 그리고 위빳사나 통찰지와 성스러운 도 통찰지도 갖춰야 열반을 실현합니다. 그렇게 열반을 실현하는 데는 인욕을 갖춰야 합니다. 그렇게 참고 노력하면 마지막에는 모든 것을 이겨낼 수 있는 아라한이 됩니다. 그 아라한을 부처님께서는 "balānīka강력한 군대를 가진 brāhmaṇaṁ바라문이라고; 모든 악행을 물리친 거룩한 이"라고 말씀하셨습니다. 이 가르침을 통해 인욕이라는 실천은 아라한이 될 때까지 필요한 거룩한 실천이라고 말할 수 있습니다. 자애를 계발하는 데 있어서 인욕의 실천은 더욱 중요합니다. 다른 이에게 화를 내지 않고 참을 수 있어야 자애가 계발됩니다. 화를 내면 자애가 계발되지 않습니다. 그래서 부처님께서는 자애를 닦기 전에 미리 인욕의 이익을 숙고하라고 지도하신 것입니다.

선업이 생겨나도록 자애를 닦는 모습

67 『부처님을 만나다』 등 편역자의 이전 책에서는 바라밀로서 'adhiṭṭhāna'를 '결정'이라고 표현했으나 본서에서는 '결의'라고 표현했다.

68 『부처님을 만나다』 등 편역자의 이전 책에서는 바라밀로서 'paññā'를 '지혜'라고 표현했으나 본서에서는 '통찰지'라고 표현했다.

성냄의 허물과 인욕의 이익을 숙고한 뒤 『위숫디막가』에서는 허물이 있는 성냄을 없애기 위해, 이익이 많은 인욕과 함께하도록 자애를 닦아야 한다고 설명했습니다.

자애를 닦는 데는 두 종류가 있습니다.

①바라밀이 되도록, 선업이 생겨나도록 닦는 것
②선정삼매가 생겨나도록 닦는 것

먼저 바라밀이 되도록, 선업이 생겨나도록 자애를 닦는 모습을 설명하겠습니다.

자애수행mettābhāvanā은 보이고 들리고 생각 속에 드러나는 모든 사람, 혹은 중생을 대상으로 닦을 수 있습니다. 닦는 방법에 대해서는 여러 성전과 주석서에서 "sukhī hotu. 행복한 이가 되기를, 행복하기를"(D.i.101), "sukhitā hontu. 행복한 이들이 되기를, 행복하기를"(Kh.8), "sabbasattā bhavantu sukhitatthā. 모든 중생이 행복한 마음이 있기를, 행복하기를"이라고(Sn.145) 설명했습니다. 그래서 간단하게는 '행복하기를, 행복하기를'이라고 닦으면 됩니다.

자신이 머무는 곳에 앉아 있거나 가고 오고 일을 하면서 어떤 사람이나 중생들을 보거나 혹은 그 사람이나 중생들의 소리를 들으면 '행복하기를, 행복하기를'이라고 마음 기울이며 자애를 닦아야 합니다. 사람이나 중생이라면 누구나 행복하기를 바랍니다. 그렇게 행복하기를 바라는 사람들이나 중생들을 대상으로 '행복하기를, 행복하기를'이라고 마음 기울이며 자애를 닦는 것은 많은 이의 바람과 일치하기 때문에 매우 적합합니다. 그렇게 마음 기울이며 자애를 닦는 것이 바로 '마음의 자애'입니다. "sabbe sattā averā hontu. 모든 중생이 원한에서 벗어나기를" 등으로 소리를 내며 자애를 닦는 것은 입으로 독송하며 닦는 것이기 때문에 '말의 자애'라고 부릅니다. "행복하기를, 행복하기를"이라고 소리 내며 닦는 것도 '말의 자애'입니다.

여기서 특별히 주의할 점 하나가 있습니다. 마음과 말로 '행복하기를, 행복하기를'이라고 자애를 닦는다면 몸으로도 다른 이에게 괴로움을 주지 않고 행복하게 해 주어야 합니다. 그러지 않고 다른 이에게 괴로움을 주고 있으면서 '행복하기를, 행복하기를'이라고 자애를 닦는다면 아무런 의미가 없습니다. '자애가 성취되지 못한다'라고 알아야 합니다. 그와 마찬가지로 다른 이가 듣기에 좋지 않은 말을 하면서 마음이나 말로 '행복하기를'이라고 자애를 닦는 것도 전혀 의미가 없습니다. 자애가 성취되지 못합니다. 자애가 바르게 생겨나지 않는다고 알아야 합니다. 다른 이가 듣기에 좋고 부드러운 말, 이익이 있는 말을 할 수 있을 정도로 닦아야 진정한 자애입니다. 마찬가지로 몸으로도 다른 이에게 불이익이 되도록 행하지 않고 할 수 있는 만큼 이익이 되도록 해 줄 수 있을 정도로 닦아야 진정한 자애입니다. 예를 들어 좁은 길에서 마주친 사람에 대해서 '행복하기를, 행복하기를'이라고 진정으로 자애를 보내고 있다면, 그리고 상대방도 공경할 만한 사람이라면 자신이 길을 비켜야 합니다. 그렇게 행해야 공경apacāyana 선업도 생겨납니다. '행복하기를'이라는 자애와도 일치합니다.

진정으로 자애를 닦는다면 무거운 짐을 짊어지고 오는 이를 봤을 때 할 수 있는 만큼 도와줘야 합니다. 일에 관해서 잘 이해하지 못하는 이가 있으면 이해하도록 가르쳐 주는 것도 진정한 자애입니다. 자신에게 다가오는 이에게 '행복하기를, 행복하기를'이라고 마음으로 자애를 닦는 것은 물론이고 말도 부드럽게 해야 합니다. 처음 만났을 때부터 밝은 표정으로 인사해야 합니다. 몸으로도 할 수 있는 만큼 도와줘야 합니다. 이러한 것들이 진정한 자애입니다. 입으로 좋은 말을 하는 것은 말의 자애이고 몸으로 도와주면서 행하는 것은 몸의 자애입니다.

자애를 닦는 528가지 방법

'자애를 닦는 528가지 방법'이란 『빠띠삼비다막가』 성전에서 자애선정을 얻은 이들이 닦는 모습을 설명해 놓은 것입니다. 하지만 요즘은 바라밀을 쌓는 정도로, 선업을 행하는 정도로 이 528가지 방법을 통해 독송하면서 자애를 닦기도 합니다. 독송하는 성전 내용은 여러 곳에 소개돼 있어 알고 있는 분들이 많을 것입니다. 여기서는 강조하는 의미에서 다시 설명하겠습니다. 먼저 성전을 인용해 보겠습니다.

> Sabbe sattā averā abyāpajjā[69] anīghā sukhī attānaṁ pariharantu. Sabbe pāṇā … sabbe bhūtā … sabbe puggalā … sabbe attabhāvapariyāpannā averā abyāpajjā anīghā sukhī attānaṁ pariharantu. (Ps.314)
>
> **대역**
>
> Sabbe sattā모든 중생이 averā hontu위험이 없기를, abyāpajjā hontu마음의 괴로움이 없기를, anīghā hontu몸의 고통이 없기를, sukhī attānaṁ pariharantu행복하게 자

69 abyāpajjhā(Te.). 마하시 사야도 원본에도 이렇게 표현됐다.

신을 이끌어 나가기를; 행복을 갖추어 자신의 무더기라는 짐을 이끌어 나가기를. sabbe pāṇā모든 생명이; 모든 숨 쉬는 것들이 … sabbe bhūtā모든 존재가; 모든 분명하게 있는 것들이 … sabbe puggalā모든 개인이 … sabbe attabhāvapariyāpannā몸을 가진 모든 이가; 무더기라는 자기가 있는 이들이 averā hontu위험이 없기를, abyāpajjā hontu마음의 괴로움이 없기를, anīghā hontu 몸의 고통이 없기를, sukhī attānaṁ pariharantu행복하게 자신을 이끌어 나가기를; 행복을 갖추어 자신의 무더기라는 짐을 이끌어 나가기를.

이 구절에서 "모든 중생, 모든 생명, 모든 존재, 모든 개인, 몸을 가진 모든 이"라는 다섯 구절은 한계나 경계를 두지 않고 취한 모든 중생을 말합니다. 그래서 '모든 중생'이라고 말하는 것과 '모든 생명', '모든 존재', '모든 개인', '몸을 가진 모든 이'라고 말하는 것은 동일합니다. 이 다섯 구절은 한계 없는 모든 중생과 관련되기 때문에 '비지정자애 anodhisamettā'라고 부릅니다.

Sabbā itthiyo averā abyāpajjā anīghā sukhī attānaṁ pariharantu. Sabbe purisā … sabbe ariyā … sabbe anariyā … sabbe devā … sabbe manussā … sabbe vinipātikā averā abyāpajjā anīghā sukhī attānaṁ pariharantu. (Ps.314)

대역

Sabbā itthiyo모든 여성이 averā hontu위험이 없기를, abyāpajjā hontu마음의 괴로움이 없기를, anīghā hontu 몸의 고통이 없기를, sukhī attānaṁ pariharantu행복하게 자신을 이끌어 나가기를; 행복을 갖추어 자신의 무더기라는 짐을 이끌어 나가기를. sabbe purisā모든 남성이 … sabbe ariyā모든 성자가 … sabbe anariyā모든 범부가 … sabbe devā모든 천신이 … sabbe manussā모든 사람이 … sabbe vinipātikā모든 악처 중생이 averā hontu위험이 없기를, abyāpajjā hontu마음의 괴로움이 없기를, anīghā hontu몸의 고통이 없기를, sukhī attānaṁ pariharantu행복하게 자신을 이끌어 나가기를; 행복을 갖추어 자신의 무더기라는 짐을 이끌어 나가기를.

이어서 여성과 남성이 한 쌍, 성자와 범부가 한 쌍, 천신과 사람과 악처 중생이라는 세 종류가 한 무리, 이렇게 모두 일곱 종류로 중생을 나누었습니다. 그렇게 각각 나누어 한계가 있기 때문에 이 일곱 구절을 통해 닦는 자애를 '지정자애odhisamettā'라고 부릅니다.

비지정자애 대상 다섯 가지와 지정자애 대상 일곱 가지를 합한 열두 대상에 대해 각각 "위험이 없기를, 마음의 괴로움이 없기를, 몸의 고통이 없기를, 행복하게 자신을 이끌어 나가기를"이라는 네 구절을 연결해서 자애를 닦아야 합니다.

여기서 "행복하게 자신을 이끌어 나가기를"이라는 구절은 매우 중요합니다. 중생들에게는 외부의 위험도 있고, 자신 내부의 위험도 있습니다. 괴로운 느낌이라는 위험도 있습니다. 먹고 입고 지내고 건강을 위해 여러 가지를 갖추는 것도 중요합니다. 그렇게 여러 위험도 없고, 원하는 것도 모두 갖추면서, 몸과 마음 모두 행복하게 자신의 무더기라는 짐을 짊어지고 이끌어 갈 수 있으면 세상의 시각으로는 제일 좋다고 말할 수 있습니다. 그래서 '행복하게 자신의 무더기라는 짐을 짊어지고 이끌어 갈 수 있기를'이라고 깊은 의미를 담아 자애를 닦아야 합니다.

"모든 중생이" 등의 비지정자애 다섯 대상과 "위험이 없기를" 등의 네 문장을 연결해서 비지정자애로 자애를 닦는 방법이 20가지입니다. 그리고 "모든 여성이" 등의 지정자애 일곱 대상과 "위험이 없기를" 등의 네 문장을 연결해서 지정자애로 자애를 닦는 방법이 28가지입니다. 그리고 비지정자애 20가지와 지정자애 28가지를 합한 48가지는 아직 방향을 구분하지 않고 자애를 닦는 것이기 때문에 '방향 비지정자애 disā anodhisamettā'라고 부릅니다.

이어서 방향을 지정해서 닦는 방법입니다.

> Sabbe puratthimāya disāya sattā averā abyāpajjā anīghā sukhī attānaṁ pariharantu. Sabbe pacchimāya disāya sattā … sabbe uttarāya disāya sattā … sabbe dakkhiṇāya disāya sattā … sabbe puratthimāya anudisāya sattā … sabbe pacchimāya anudisāya sattā … sabbe uttarāya anudisāya sattā … sabbe dakkhiṇāya anudisāya sattā … sabbe heṭṭhimāya disāya sattā … sabbe uparimāya disāya sattā averā abyāpajjā anīghā

sukhī attānaṁ pariharantu. Sabbe puratthimāya disāya pāṇā … bhūtā … puggalā … attabhāvapariyāpannā … sabbā itthiyo … sabbe purisā … sabbe ariyā … sabbe anariyā … sabbe devā … sabbe manussā … sabbe vinipātikā averā abyāpajjā anīghā sukhī attānaṁ pariharantu. Sabbe pacchimāya disāya vinipātikā … sabbe uttarāya disāya vinipātikā … sabbe dakkhiṇāya disāya vinipātikā … sabbe puratthimāya anudisāya vinipātikā … sabbe pacchimāya anudisāya vinipātikā … sabbe uttarāya anudisāya vinipātikā … sabbe dakkhiṇāya anudisāya vinipātikā … sabbe heṭṭhimāya disāya vinipātikā … sabbe uparimāya disāya vinipātikā averā abyāpajjā anīghā sukhī attānaṁ pariharantūti. (Ps.314)

대역

Puratthimāya disāya동쪽 방향에 있는 sabbe sattā모든 중생이 averā hontu위험이 없기를, abyāpajjā hontu마음의 괴로움이 없기를, anīghā hontu몸의 고통이 없기를, sukhī attānaṁ pariharantu행복하게 자신을 이끌어 나가기를; 행복을 갖추어 자신의 무더기라는 짐을 이끌어 나가기를. pacchimāya disāya서쪽 방향에 있는 sabbe sattā모든 중생이 … uttarāya disāya북쪽 방향에 있는 … dakkhiṇāya disāya남쪽 방향에 있는 … puratthimāya anudisāya남동쪽 방향에 있는 … pacchimāya anudisāya

북서쪽 방향에 있는 … uttarāya anudisāya북동쪽 방향에 있는 … dakkhiṇāya anudisāya남서쪽 방향에 있는 … heṭṭhimāya disāya아래 방향에 있는 … uparimāya disāya위 방향에 있는 … puratthimāya disāya동쪽 방향에 있는 sabbe pāṇā모든 생명이; 모든 숨 쉬는 것들이 … sabbe bhūtā모든 존재가; 모든 분명하게 있는 것들이 … sabbe puggalā모든 개인이 … sabbe attabhāvapariyāpannā 몸을 가진 모든 이가; 무더기라는 자기가 있는 이들이 … sabbā itthiyo모든 여성이 … sabbe purisā모든 남성이 … sabbe ariyā모든 성자가 … sabbe anariyā모든 범부가 … sabbe devā모든 천신이 … sabbe manussā모든 사람이 … sabbe vinipātikā모든 악처 중생이 averā hontu위험이 없기를, abyāpajjā hontu마음의 괴로움이 없기를, anīghā hontu몸의 고통이 없기를, sukhī attānaṁ pariharantu 행복하게 자신을 이끌어 나가기를; 행복을 갖추어 자신의 무더기라는 짐을 이끌어 나가기를. pacchimāya disāya서쪽 방향에 있는 … uttarāya disāya북쪽 방향에 있는 … dakkhiṇāya disāya남쪽 방향에 있는 … puratthimāya anudisāya남동쪽 방향에 있는 … pacchimāya anudisāya 북서쪽 방향에 있는 … uttarāya anudisāya북동쪽 방향에 있는 … dakkhiṇāya anudisāya남서쪽 방향에 있는 … heṭṭhimāya disāya아래 방향에 있는 … uparimāya disāya위 방향에 있는 sabbe vinipātikā모든 악처 중생이 averā hontu위험이 없기를, abyāpajjā hontu마음의 괴

로움이 없기를, anīghā hontu몸의 고통이 없기를, sukhī attānaṁ pariharantu행복하게 자신을 이끌어 나가기를; 행복을 갖추어 자신의 무더기라는 짐을 이끌어 나가기를.

방향을 지정하는 방법에 따라 "동쪽 방향에 있는 모든 중생이 위험이 없기를" 등으로 자애를 닦는 방법에 48가지가 있습니다. 그와 마찬가지로 서쪽, 북쪽, 남쪽, 남동쪽, 북서쪽, 북동쪽, 남서쪽, 아래, 위 방향에 있는 중생들을 지정해서 자애를 닦는 방법도 각각 48가지가 있습니다. 이렇게 열 방향에 각각 48가지 방법이 있기 때문에 모두 480가지가 됩니다. 이 480가지 방법은 방향을 지정해서 자애를 닦는 것이기 때문에 '방향 지정자애disā odhisamettā'라고 부릅니다. 이 480가지 방향 지정자애와 48가지 방향 비지정자애를 합하면 자애를 닦는 방법은 모두 528가지가 됩니다. 이 528가지 방법을 통해 독송하면서 자애를 닦으면 됩니다.[70]

(1-1)[1] 모든 중생이 위험으로부터 벗어나기를.
(1-2)[2] 마음의 고통으로부터 벗어나기를.
(1-3)[3] 몸의 고통으로부터 벗어나기를.
(1-4)[4] 몸과 마음 행복하게 잘 지내기를.[71]

(2-1)[5] 모든 생명이 위험으로부터 벗어나기를.

---

70 한국마하시선원, 『법회의식집』, p.13 참조.

71 "몸과 마음 행복하게 자신의 무더기라는 짐을 잘 이끌어 나가기를"이라는 표현을 자애를 닦기 쉽게 바꿨다.

(2-2)[6] 마음의 고통으로부터 벗어나기를.
(2-3)[7] 몸의 고통으로부터 벗어나기를.
(2-4)[8] 몸과 마음 행복하게 잘 지내기를.

이렇게 자애를 닦을 때 '위험으로부터 벗어나기를'이라고 독송하고 나면 그렇게 마음 기울이는 마음과 독송하는 소리가 즉시 사라져 버립니다. 그렇게 사라져 버리는 정신과 물질도 관찰해야 합니다. 그렇게 관찰하면 자애라는 사마타와 함께 위빳사나도 닦는 것입니다. 사마타와 위빳사나를 쌍으로 닦는 것입니다. 그것을 '쌍 관찰법yuganandha vipassanā'이라고 부릅니다. 이렇게 쌍 관찰법으로 천천히 독송하며 자애를 닦으면 됩니다.

(3-1)[9] 모든 존재가 위험으로부터 벗어나기를.
(3-2)[10] 마음의 고통으로부터 벗어나기를.
(3-3)[11] 몸의 고통으로부터 벗어나기를.
(3-4)[12] 몸과 마음 행복하게 잘 지내기를.

(4-1)[13] 모든 개인이 위험으로부터 벗어나기를.
(4-2)[14] 마음의 고통으로부터 벗어나기를.
(4-3)[15] 몸의 고통으로부터 벗어나기를.
(4-4)[16] 몸과 마음 행복하게 잘 지내기를.

(5-1)[17] 몸을 가진 모든 이가 위험으로부터 벗어나기를.
(5-2)[18] 마음의 고통으로부터 벗어나기를.

(5-3)[19] 몸의 고통으로부터 벗어나기를.

(5-4)[20] 몸과 마음 행복하게 잘 지내기를.

이상이 비지정자애 20가지입니다.

(6-1)[21] 모든 여성이 위험으로부터 벗어나기를.

(6-2)[22] 마음의 고통으로부터 벗어나기를.

(6-3)[23] 몸의 고통으로부터 벗어나기를.

(6-4)[24] 몸과 마음 행복하게 잘 지내기를.

'여성'이라는 표현은 사람을 대표로 말한 것입니다. 천상의 천녀, 축생의 암컷, 야차녀, 여성 아수라까야, 지옥의 여성들도 포함됩니다.[72]

(7-1)[25] 모든 남성이 위험으로부터 벗어나기를.

(7-2)[26] 마음의 고통으로부터 벗어나기를.

(7-3)[27] 몸의 고통으로부터 벗어나기를.

(7-4)[28] 몸과 마음 행복하게 잘 지내기를.

'남성'이라는 표현도 사람을 대표로 말한 것입니다. 천상의 천자, 축생의 수컷, 야차, 남성 아수라까야, 지옥의 남성들도 포함됩니다.[73]

(8-1)[29] 모든 성자가 위험으로부터 벗어나기를.

(8-2)[30] 마음의 고통으로부터 벗어나기를.

---

72 *Mahāsi Sayadaw*, 『*Brahmavihāra tayataw*(거룩한 머묾 법문)』, p.25 참조.

73 『*Brahmavihāra tayataw*(거룩한 머묾 법문)』, p.25 참조.

(8-3)[31] 몸의 고통으로부터 벗어나기를.

(8-4)[32] 몸과 마음 행복하게 잘 지내기를.

(9-1)[33] 모든 범부가 위험으로부터 벗어나기를.

(9-2)[34] 마음의 고통으로부터 벗어나기를.

(9-3)[35] 몸의 고통으로부터 벗어나기를.

(9-4)[36] 몸과 마음 행복하게 잘 지내기를.

(10-1)[37] 모든 천신이 위험으로부터 벗어나기를.

(10-2)[38] 마음의 고통으로부터 벗어나기를.

(10-3)[39] 몸의 고통으로부터 벗어나기를.

(10-4)[40] 몸과 마음 행복하게 잘 지내기를.

(11-1)[41] 모든 인간이 위험으로부터 벗어나기를.

(11-2)[42] 마음의 고통으로부터 벗어나기를.

(11-3)[43] 몸의 고통으로부터 벗어나기를.

(11-4)[44] 몸과 마음 행복하게 잘 지내기를.

(12-1)[45] 악처에 떨어진 모든 이가 위험으로부터 벗어나기를.

(12-2)[46] 마음의 고통으로부터 벗어나기를.

(12-3)[47] 몸의 고통으로부터 벗어나기를.

(12-4)[48] 몸과 마음 행복하게 잘 지내기를.

이상이 지정자애 28가지입니다.

비지정자애 20가지와 지정자애 28가지를 합해서 지금까지 48가지 방향 비지정자애가 끝났습니다. 이제 동쪽 방향을 시작으로 한 방향에 48가지씩 자애를 닦는 모습을 설명하겠습니다. 이렇게 자애를 닦는 방법은 불자라면 누구나 받아들일 만합니다. 또한 하기 쉬워서 배움이 적은 이들도 쉽게 이해할 수 있습니다.

①동쪽(동, 1-1~12-4)

(동, 1-1~1-4) 동쪽 방향의 모든 중생이 위험으로부터 벗어나기를. 마음의 고통으로부터 벗어나기를. 몸의 고통으로부터 벗어나기를. 몸과 마음 행복하게 잘 지내기를.

(동, 2-1~2-4) 동쪽 방향의 모든 생명이 위험으로부터 벗어나기를. 마음의 고통으로부터 벗어나기를. 몸의 고통으로부터 벗어나기를. 몸과 마음 행복하게 잘 지내기를.

(동, 3-1~3-4) 동쪽 방향의 모든 존재가 위험으로부터 벗어나기를. 마음의 고통으로부터 벗어나기를. 몸의 고통으로부터 벗어나기를. 몸과 마음 행복하게 잘 지내기를.

(동, 4-1~4-4) 동쪽 방향의 모든 개인이 위험으로부터 벗어나기를. 마음의 고통으로부터 벗어나기를. 몸의 고통으로부터 벗어나기를. 몸과 마음 행복하게 잘 지내기를.

(동, 5-1~5-4) 동쪽 방향의 몸을 가진 모든 이가 위험으로부터 벗어나기를. 마음의 고통으로부터 벗어나기를. 몸의 고통으로부터 벗어나기를. 몸과 마음 행복하게 잘 지내기를.

(동, 6-1~6-4) 동쪽 방향의 모든 여성이 위험으로부터 벗어나기를. 마음의 고통으로부터 벗어나기를. 몸의 고통으로부터 벗어나기를.

몸과 마음 행복하게 잘 지내기를.

(동, 7-1~7-4) 동쪽 방향의 모든 남성이 위험으로부터 벗어나기를. 마음의 고통으로부터 벗어나기를. 몸의 고통으로부터 벗어나기를. 몸과 마음 행복하게 잘 지내기를.

(동, 8-1~8-4) 동쪽 방향의 모든 성자가 위험으로부터 벗어나기를. 마음의 고통으로부터 벗어나기를. 몸의 고통으로부터 벗어나기를. 몸과 마음 행복하게 잘 지내기를.

(동, 9-1~9-4) 동쪽 방향의 모든 범부가 위험으로부터 벗어나기를. 마음의 고통으로부터 벗어나기를. 몸의 고통으로부터 벗어나기를. 몸과 마음 행복하게 잘 지내기를.

(동, 10-1~10-4) 동쪽 방향의 모든 천신이 위험으로부터 벗어나기를. 마음의 고통으로부터 벗어나기를. 몸의 고통으로부터 벗어나기를. 몸과 마음 행복하게 잘 지내기를.

(동, 11-1~11-4) 동쪽 방향의 모든 인간이 위험으로부터 벗어나기를. 마음의 고통으로부터 벗어나기를. 몸의 고통으로부터 벗어나기를. 몸과 마음 행복하게 잘 지내기를.

(동, 12-1~12-4) 동쪽 방향의 악처에 떨어진 모든 이가 위험으로부터 벗어나기를. 마음의 고통으로부터 벗어나기를. 몸의 고통으로부터 벗어나기를. 몸과 마음 행복하게 잘 지내기를.

나머지 아홉 방향에 대해서도 같은 방법으로 독송하며 자애를 닦으면 됩니다. 여기서는 처음 한 부분과 마지막 한 부분 정도만 소개하겠습니다.

②**서쪽**(서, 1-1~12-4)

서쪽 방향의 모든 중생이 위험으로부터 벗어나기를. 마음의 고통으로부터 벗어나기를. 몸의 고통으로부터 벗어나기를. 몸과 마음 행복하게 잘 지내기를. … 서쪽 방향의 악처에 떨어진 모든 이가 위험으로부터 벗어나기를. 마음의 고통으로부터 벗어나기를. 몸의 고통으로부터 벗어나기를. 몸과 마음 행복하게 잘 지내기를.

③**북쪽**(북, 1-1~12-4)

북쪽 방향의 모든 중생이 위험으로부터 벗어나기를. 마음의 고통으로부터 벗어나기를. 몸의 고통으로부터 벗어나기를. 몸과 마음 행복하게 잘 지내기를. … 북쪽 방향의 악처에 떨어진 모든 이가 위험으로부터 벗어나기를. 마음의 고통으로부터 벗어나기를. 몸의 고통으로부터 벗어나기를. 몸과 마음 행복하게 잘 지내기를.

④**남쪽**(남, 1-1~12-4)

남쪽 방향의 모든 중생이 위험으로부터 벗어나기를. 마음의 고통으로부터 벗어나기를. 몸의 고통으로부터 벗어나기를. 몸과 마음 행복하게 잘 지내기를. … 남쪽 방향의 악처에 떨어진 모든 이가 위험으로부터 벗어나기를. 마음의 고통으로부터 벗어나기를. 몸의 고통으로부터 벗어나기를. 몸과 마음 행복하게 잘 지내기를.

⑤**남동쪽**(남동, 1-1~12-4)

남동쪽 방향의 모든 중생이 위험으로부터 벗어나기를. 마음의 고통으로부터 벗어나기를. 몸의 고통으로부터 벗어나기를. 몸과 마음 행복하게 잘 지내기를. … 남동쪽 방향의 악처에 떨어진 모든 이가 위험으로부터 벗어나기를. 마음의 고통으로부터 벗어나기를. 몸의 고통으로부터 벗어나기를. 몸과 마음 행복하게 잘 지내기를.

⑥**북서쪽**(북서, 1-1~12-4)

북서쪽 방향의 모든 중생이 위험으로부터 벗어나기를. 마음의 고통으로부터 벗어나기를. 몸의 고통으로부터 벗어나기를. 몸과 마음 행복하게 잘 지내기를. … 북서쪽 방향의 악처에 떨어진 모든 이가 위험으로부터 벗어나기를. 마음의 고통으로부터 벗어나기를. 몸의 고통으로부터 벗어나기를. 몸과 마음 행복하게 잘 지내기를.

⑦**북동쪽**(북동, 1-1~12-4)

북동쪽 방향의 모든 중생이 위험으로부터 벗어나기를. 마음의 고통으로부터 벗어나기를. 몸의 고통으로부터 벗어나기를. 몸과 마음 행복하게 잘 지내기를. … 북동쪽 방향의 악처에 떨어진 모든 이가 위험으로부터 벗어나기를. 마음의 고통으로부터 벗어나기를. 몸의 고통으로부터 벗어나기를. 몸과 마음 행복하게 잘 지내기를.

⑧**남서쪽**(남서, 1-1~12-4)

남서쪽 방향의 모든 중생이 위험으로부터 벗어나기를. 마음의 고통으로부터 벗어나기를. 몸의 고통으로부터 벗어나기를. 몸과 마음 행복하게 잘 지내기를. … 남서쪽 방향의 악처에 떨어진 모든 이가 위험으로부터 벗어나기를. 마음의 고통으로부터 벗어나기를. 몸의 고통으로부터 벗어나기를. 몸과 마음 행복하게 잘 지내기를.

⑨ 아래(아래, 1-1~12-4)

아래 방향의 모든 중생이 위험으로부터 벗어나기를. 마음의 고통으로부터 벗어나기를. 몸의 고통으로부터 벗어나기를. 몸과 마음 행복하게 잘 지내기를. … 아래 방향의 악처에 떨어진 모든 이가 위험으로부터 벗어나기를. 마음의 고통으로부터 벗어나기를. 몸의 고통으로부터 벗어나기를. 몸과 마음 행복하게 잘 지내기를.

"아래 방향에 성자들, 천신들, 사람들이 어떻게 있을 수 있는가?"라거나, 그와 마찬가지로 "위의 방향에 사람들, 악처 중생들이 어떻게 있을 수 있는가?"라고 질문할 수 있습니다. 그 질문에 대해서는 아래와 같이 대답해야 합니다. 집이나 정사 등 위층에서 자애를 닦고 있으면 아래층이나 그 아래층과 같은 높이의 장소에 성자, 천신, 사람이 있을 수 있습니다. 산 정상 등 높은 곳에서 자애를 보내고 있으면 산 아래 등 낮은 지역에 천신이나 사람 등이 있을 수 있습니다. 낮은 위치인 땅에서 자애를 닦는다 하더라도 그보다 낮은 해수면에 사람이나 천신, 성자 천신이 있을 수 있습니다. 해수면에서 자애를 닦을 때도 바다 안에 여러 이유와 조건으로 천신들, 성자 천신들이 있을 수 있습니다.[74]

⑩ 위(위, 1-1~12-4)

위 방향의 모든 중생이 위험으로부터 벗어나기를. 마음의 고통으로부터 벗어나기를. 몸의 고통으로부터 벗어나기를. 몸과 마음 행복하게 잘 지내기를. … 위 방향의 악처에 떨어진 모든 이가 위험으로부

74 『*Brahmavihāra tayataw*(거룩한 머묾 법문)』, p.29 참조.

터 벗어나기를. 마음의 고통으로부터 벗어나기를. 몸의 고통으로부터 벗어나기를. 몸과 마음 행복하게 잘 지내기를.

마찬가지로 땅에서 자애를 닦고 있으면 그보다 높은 동산이나 산 위, 집이나 정사의 위층에 사람이 있을 수도 있고, 벌레나 새 등의 축생이 있을 수도 있습니다. 『상윳따 니까야(니다나왁가 상윳따)』에 너무 아파서 비명을 지르고 울면서 하늘로 치달리는 아귀들이 있다는 내용이 있습니다.(S19) 이 일화는 위의 방향에 악처 중생들이 있을 수 있다는 확실한 증거입니다. 날아다니는 벌레나 새 등의 축생들이 위의 방향에 있다는 사실은 보통의 눈으로도 볼 수 있습니다.[75]

선정삼매가 생겨나도록 자애를 닦는 모습

자애를 닦는 모습 두 가지 중 먼저 바라밀이 되도록, 선업이 생겨나도록 닦는 모습을 설명했습니다. 이제 『위숫디막가』의 설명에 따라 선정삼매가 생겨나도록 자애를 닦는 모습을 설명하겠습니다. 선정삼매를 위한 자애를 닦을 때도 준비하는 모습은 동일합니다. 편안하게 앉은 뒤 성냄의 허물과 인욕의 이익을 먼저 반조해야 합니다. 이 내용은 앞에서 이미 설명했습니다.[76] 여기서는 편안하게 앉는 모습을 조금 더 보충해서 설명하겠습니다.

---

75 『*Brahmavihāra tayataw*(거룩한 머뭄 법문)』, p.29 참조.
76 본서 pp.109~116 참조.

편안하게 앉는 모습

부처님께서는 수행하기 위한 장소를 다음과 같이 지정하셨습니다.

> Araññagato vā rukkhamūlagato vā suññāgāragato vā nisīdati pallaṅkaṁ ābhujitvā ujuṁ kāyaṁ paṇidhāya parimukhaṁ satiṁ upaṭṭhapetvā. (D.ii.231)
>
> 대역
>
> Araññagato vā숲으로 가거나 rukkhamūlagato vā나무 아래로 가거나 suññāgāragato vā한적한 곳으로 가거나; 다른 사람들이 없는 조용한 절이나 집, 건물로 가서 pallaṅkaṁ ābhujitvā결가부좌를 하고 ujuṁ kāyaṁ paṇidhāya몸을; 몸의 윗부분을 곧추세우고 parimukhaṁ satiṁ upaṭṭhapetvā면전을 향해; 수행주제를 향해 새김을 확립하고서; 생겨나게 하고서 nisīdati앉는다.

먼저 "숲으로 가거나 나무 아래로 가거나 한적한 곳으로 가서 앉는다"라고 설하셨습니다. 숲에 가서 수행하도록 먼저 지정하셨습니다. 그렇게 숲으로 갈 수 없더라도 나무 아래로 가서 수행하도록 지정하셨습니다. 나무 아래로도 갈 수 없다면 다른 사람이 없는 정사나 집, 건물에서 수행하도록 지정하셨습니다. 정사나 집, 건물도 'suñña', 다른 이들이 없는 한적한 곳이라는 표현에 따라 다른 이들이 전혀 없으면 제일 좋을 것입니다. 하지만 다른 이가 있더라도 그가 한적한 곳을 원하는 수행자라면, 그리고 성性도 동일하다면 비록 다른 이가 있어도 그

장소는 적당하다고 말해야 합니다.

이어서 앉는 모습을 "결가부좌를 하고"라고 설하셨습니다. 이렇게 앉는 모습은 앞에서 자세하게 설명했습니다.[77] 덧붙여 "몸의 윗부분을 곧추세우고"라고 설하셨습니다. 허리를 굽힌 채 느슨하게 앉으면 정진의 힘이 줄어듭니다. 그래서 허리부터 상반신을 똑바로 세워서 앉아야 합니다.

이렇게 앉아 있을 때도 다른 것을 생각하면 안 됩니다. 자신이 관찰할 대상 쪽으로 마음을 향해야 한다는 사실을 "면전parimukha·面前, 즉 수행주제를 향해 새김을 확립하고서, 생겨나게 하고서"라고 설하셨습니다.[78] 지금 설명할 자애 수행주제의 경우에는 자애를 닦기에 적당한 대상으로 마음을 향해야 합니다. 그래서 자애를 보낼 대상 중 자애를 처음에 보내면 안 되는 이, 자애를 절대로 보내면 안 되는 이, 이러한 두 종류의 대상을 미리 알아 두어야 합니다.

자애를 처음에 보내면 안 되는 이들

자애를 처음에 보내면 안 되는 이들에는 ①좋아하지 않고 싫어하는 이appiya, ②너무 좋아하는 이atippiya, ③좋아하지도 않고 싫어하지도 않는 이, ④원수, 이렇게 네 종류가 있습니다.

자신이 싫어하는 이를 좋아하는 이라고 생각해서 '행복하기를'이라고 마음을 기울이기는 어렵습니다. 싫어하는 이를 좋아하는 이의 위치에 두는 것은 마음을 피곤하게 합니다.

---

77 본서 p.108 참조.

78 마하시 사야도 지음, 비구 일창 담마간다 옮김, 『마하사띠빳타나숫따 대역』, p.69 참조.

아들이나 딸, 형제, 자매, 제자, 이렇게 매우 좋아하는 이들을 보통인 사람으로 생각하고 자애를 보내는 것도 어렵습니다. 왜냐하면 그렇게 매우 좋아하는 이가 조금이라도 고통이나 괴로움을 겪는다는 사실을 알면 슬픔이 생겨나서 울 수도 있기 때문입니다.

좋아하지도 않고 싫어하지도 않는 이, 자신과 그리 친하지 않은 그저 그런 이, 낯선 이를 좋아하는 이나 중시해야 하는 이의 위치에 놓고 자애를 보내는 것도 어렵습니다. 낯선 사람을 대상으로 '행복하기를'이라고 기꺼이, 끊임없이 마음을 기울이기란 쉽지 않습니다.

원수에 대해서는 자애를 보내는 것은 고사하고 마음에 떠올리는 것만으로도 그의 허물이 드러나 화가 납니다. 이러한 이유로 이 네 종류의 개인에 대해서는 처음부터 자애를 보내면 안 됩니다.

자애를 절대로 보내면 안 되는 이들

자애를 절대로 보내면 안 되는 이들에는 ①성性이 다른 이, ②이미 죽은 이가 있습니다.

먼저 남성이 여성을 대상으로, 여성이 남성을 대상으로 자애를 닦으면 집착하는 애착rāga이 생겨나기 마련입니다. 한 대신의 아들이 그가 귀의하던 장로께 "누구를 대상으로 자애를 닦아야 합니까?"라고 물었을 때 장로는 "좋아하는 이를 대상으로 자애를 닦아야 합니다"라고 말해 주었습니다. 어느 날 저녁, 그는 여덟 가지 구성요소가 있는 포살계를 수지하고서 방문을 닫고 침상 위에 앉아 자신이 매우 사랑하는 아내를 대상으로 자애를 닦고 있었습니다. 그렇게 자애를 닦던 중 애착이 심하게 생겨나서 아내에게 가려고 노력했습니다. 그런데 애착이 들끓어서 방문의 위치도 기억하지 못해 벽에 부딪혔고, 벽을 뚫으려고 손과 발로 쳤습니다. 『위숫디막가』의 "sabbarattiṁ밤새 bhittiyuddhamakāsi벽과 씨름하며 쳤다"라는 표현에 따르면(Vis.i.288) 한 번만 친 것이 아닌 듯합니다. 이러한 모습을 두고 『위숫디막가 마하띠까』에서는 자애를 가장하고 애착이 들어온 것, 애착이 속인 것이라고 설명했습니다.(Pm.i.350) 이렇게 애착이 생겨나기 때문에 이성을 대상으로 따로 자애를 닦아서는 안 됩니다. 그렇지만 바라밀이 생겨나도록, 선업이 생겨나도록 네다섯 번 정도로 자애를 보내는 것은 가능합니다.

죽은 이를 대상으로 자애를 닦으면 몰입삼매는 물론이고 근접삼매조차 얻지 못하기 때문에 죽은 이를 대상으로 자애를 닦아서는 안 됩니다.

한 젊은 스님이 자신의 스승을 대상으로 자애를 닦고 있었습니다. 하지만 이전에는 능숙하게 입정하던 자애선정에 계속 도달하지 못했습니다. 그때 장로 한 분의 지도에 따라 살펴보다가 자신의 스승이 입적했다는 사실을 알게 됐습니다. 젊은 스님은 다른 이를 대상으로 자애를 닦았고, 그때서야 비로소 자애선정에 도달했습니다. 그래서 죽은 이를 대상으로는 절대로 자애를 닦으면 안 됩니다.

먼저 자애를 보내야 하는 이

제일 먼저 자신을 대상으로 '내가 행복하기를. 괴로움이 없기를'이라고 자애를 보내야 합니다. 또는 '내가 위험이 없기를. 마음의 고통이 없기를. 몸의 고통이 없기를. 몸과 마음 행복하게 잘 지내기를'이라고 자애를 보내야 합니다.[79] 이렇게 자신을 대상으로 자애를 닦는 것은 선업을 얻기 위해서도, 삼매를 얻기 위해서도 아닙니다. 아주 오랜 시간 '내가 행복하기를, 행복하기를'이라고 마음 기울이며 자애를 닦더라도 몰입삼매는 생겨나지 않습니다. '다른 이들도 자신처럼 행복하기를 바란다'라고 비교해서 분명하게 알도록 자신을 대상으로 먼저 자애를 보내는 것입니다.

'내가 행복하기를'이라고 자신을 대상으로 자애를 닦으면 '내가 행복하기를 바라는 것처럼, 괴롭지 않기를 바라는 것처럼, 살아 있기를 바라는 것처럼, 죽지 않기를 바라는 것처럼 다른 중생들도 행복하기를 바란다. 괴롭지 않기를 바란다. 살아 있기를 바란다. 죽지 않기를 바란다'라고 본보기로 분명하게 알 수 있습니다. 그래서 자신을 대상으로 먼저 자애를 닦아야 한다고 『위숫디막가』에서 설명했습니다. 『위숫디막가』에서는 이어서 자신이 자신에게 제일 사랑스러운 존재라고 부처님께서 설하신 게송을 다음과 같이 소개했습니다.

Sabbā disā anuparigamma cetasā,
Nevajjhagā piyataramattanā kvaci;
Evaṁ piyo puthu attā paresaṁ,
Tasmā na hiṁse paramattakāmo. (S3:8)

해석

마음으로 모든 곳 둘러보아도

79 Avero homi위험이 없기를. abyāpajjo homi마음의 괴로움이 없기를. anīgho homi몸의 고통이 없기를. sukhī attānaṁ pariharami행복하게 자신을 이끌어 나가기를; 행복을 갖추어 자신의 무더기라는 짐을 이끌어 나가기를; 몸과 마음 행복하게 잘 지내기를.

어디에도 자신보다 사랑스런 이 없다네.
남들도 이와 같이 자신을 사랑하니
자신을 위한다면 남 해쳐선 안 된다네.

대역

Sabbā disā모든 방향을; 시방을 cetasā마음으로; 생각으로 anuparigamma거듭 따라가더라도; 돌아다니며 둘러보아도 kvaci어디에서도; 어느 한 곳에서도 attanā자신보다 piyataraṁ더 사랑스러운 이를 neva ajjhagā얻을 수 없다네; 만날 수 없다네. evaṁ이렇게 자신을 사랑하는 것과 마찬가지로 paresaṁ자신을 제외한 다른 이들도 puthu attā 각각의 자신을[80] piyo사랑한다; 제일 사랑한다. tasmā그러니; 중생들마다 스스로를 제일 사랑하기 때문에 attakāmo 자신의 이익과 번영을 원하는 이라면; 자신을 사랑하는 이라면 paraṁ다른 이를 na hiṁse해쳐서는 안 된다네; 괴롭히지 말고 자애를 닦아야 한다네.

이렇게 본보기와 근거로 먼저 자기 자신에게 자애를 닦은 다음 좋아하고 존경하고 존중하는 스승님, 할아버지나 아버지, 여성들이라면 할머니나 어머니 등을 시작으로 자애를 닦아야 합니다. 닦는 모습은 다음과 같습니다.

'스승님이 행복하기를. 고통에서 벗어나기를.'

80 "paresaṁ자신을 제외한 다른 puthu많은 중생도 attā자신을"이라고 대역하기도 한다.

(남성의 경우)

'할아버지가 … 아버지가 행복하기를. 고통에서 벗어나기를.'

(여성의 경우)

'할머니가 … 어머니가 행복하기를. 고통에서 벗어나기를.'

이렇게 3초 정도 한 번, 한 번 자애를 닦아야 합니다. 스승이 아니더라도, 혹은 할아버지나 아버지, 할머니나 어머니 등이 아니더라도 좋아하고 존경하고 존중하는 이라면 누구든 관계없이 '○○가 행복하기를. 행복하기를'이라고 그의 이름을 넣어서 자애를 닦을 수 있습니다.

자애를 보내는 대상 쪽으로 마음을 향해서 '○○가 행복하기를. 행복하기를'이라고 몇백 번, 몇천 번, 몇만 번, 몇십만 번 계속해서 닦아야 합니다. 선정삼매를 얻으려는 목적이라면 밤에 자는 시간만 쉬고 밤낮으로 끊임없이 닦아야 합니다. 그렇게 닦다 보면 다른 곳으로 생각이 달아나는 경우도 있을 것입니다. 그러한 생각들은 대부분 장애 nīvaraṇa라는 불선법들입니다.

다른 생각으로 달아난 것을 알아차리자마자 더 이상 그 생각에 마음을 기울이지 말고 이전에 자애를 보내던 대상에게만 마음을 기울여 자애를 끊임없이 닦아야 합니다. 삼매의 힘이 좋으면 다른 곳으로 달아나는 마음이 점점 줄어듭니다. 삼매의 힘이 구족되면 다른 곳으로 마음이 전혀 달아나지 않고 자애를 보내는 대상에만 마음이 머물게 됩니다. 이것은 장애가 사라진 근접삼매가 생겨난 것입니다.

자애선정을 얻는 모습

근접삼매의 힘이 강해지면 꿈속에서 보이는 대상에 빠져 있듯이 마음이 자애를 보내는 대상에 몰입되고 유지됩니다. 하지만 처음에는 마음 한 찰나 정도만 유지됩니다. 그 뒤에 계속 닦아 나가면 1분, 2분, 3~5분, 10분, 30분, 1시간 등으로 길게 지속됩니다.

그러한 상태에 이르면 주변에 보이거나 들리는 보통의 대상들이 있어도 그쪽으로 마음이 달아나지 않고 자애를 보내는 대상에만 행복하기를 바라는 모습으로 머물게 됩니다. 이렇게 마음의 고요함인 하나됨ekaggatā이 분명해집니다. 행복하고 고양된 희열pīti도 분명해집니다. 마음의 즐거움인 행복함sukha도 분명해집니다. 자애를 보내는 대상 쪽으로 향하는 사유vitakka와 대상을 숙고하는 고찰vicāra도 강하게 생겨나면서 분명해집니다. 온몸이 가벼워서 지내기에 매우 편안한 성품도 분명해집니다. 그렇게 분명한 사유, 고찰, 희열, 행복, 하나됨이라는 다섯 가지가 초선정의 구성요소이고, 이 구성요소들을 합해서 '초선정'이라고 부릅니다. 그래서 『위숫디막가』에서 "evarūpe ca puggale kāmaṁ appanā sampajjati(이러한 개인에 대해서라야 몰입이 성취된다)"라고 이렇게 개인을 대상으로 자애를 닦으면서 몰입삼매를 얻는다는 내용을 언급한 것입니다.(Vis.i.289)

초선정은 대상을 생각하는 사유, 숙고하는 고찰이라는 요소가 포함돼 있어 힘이 아주 좋지는 않습니다. 선정에 입정해 있을 때 거친 소리가 귀에 부딪히면 선정에서 나와 그 소리 쪽으로 마음이 달아날 수도 있습니다. 그래서 더욱 집중된 선정 마음이 생겨나도록, 마음 기울이던 그 개인을 생각하는 사유와 계속 숙고하는 고찰을 버리고서 이전보다 더 좋은 희열과 행복과 함께 마음의 하나됨이 생겨납니다. 이것이 제2선정입니다. 제2선정에서는 기쁘고 고양된 희열이 제일 분명합니다. 제2선정의 기쁘고 고양된 희열을 원하지 않는다면, 이전에 자애를 보내던 대상을 향해 그대로 이어서 자애를 닦으면 됩니다. 삼매의 힘이 좋아지면 희열이 포함되지 않고 매우 훌륭한 마음의 행복과 함께 마음의 하나됨이 분명하게 생겨납니다. 이것이 제3선정입니다. 자애를 닦아서 얻을 수 있는 선정 중에서 제일 높은 단계입니다.

방금 설명한 세 가지 선정을 얻은 뒤에든, 얻기 전에든, 모든 중생에게 고르게 자애를 닦고자 한다면 먼저 매우 좋아하는 이를 대상으로 '○○가 행복하기를' 등으로 자애를 닦아야 합니다. 자애선정을 얻기 전에 닦는 것보다 자애선정을 얻은 뒤에 닦는 것이 더욱 좋습니다. 깨끗한 자애가 생겨나기 더욱 쉽기 때문입니다. 이렇게 매우 좋아하는 이를 대상으로 자애선정을 얻었을 때 좋아하지도 않고 싫어하지도 않는 중간인 이를 대상으로 자애를 닦아야 합니다. 중간인 이에 대해 자애선정을 얻었다면 '원수가 있을 경우' 그 원수에 대해서도 자애를 닦아야 합니다. 그렇게 자애를 보내는 대상을 한 종류씩, 한 종류씩 바꾸고 옮기면서 자애를 닦을 때는 이전의 한 종류, 한 종류에 대해 자애를 보내는 것이 능숙해진 이후에야 다른 한 종류에 대해 자애를 보내야 합니다.(Vis.i.289)

여기서 '자애를 보내는 것이 능숙해진 이후에야'라는 것은 '최소한 근접삼매 정도는 얻은 뒤에'라는 의미라고 알아야 합니다. 제일 좋은 것은 선정을 얻은 뒤에 다른 종류로 옮겨서 자애를 닦는 것입니다. 위에서 "원수에 대해 자애를 닦아야 한다"라는 내용은 원수가 있는 수행자에게만 해당됩니다. 그래서 위에서 설명할 때 '원수가 있을 경우'라고 먼저 조건을 말해 둔 것입니다. 원수가 없는 수행자라면 중간인 이에게 자애를 보낸 뒤 이어서 원수에게 자애를 보내기 위해 애쓸 필요가 없습니다.

원수가 있는 수행자의 경우, 원수를 대상으로 자애를 보내면 원수가 자신에게 잘못한 것이 떠올라서 화가 날 수도 있습니다. 그때는 이전에 어떤 개인을 대상으로 얻은 자애선정에 입정한 뒤 그 선정에서 출정한 다음 원수에 대해 자애를 다시 보냄으로써 성냄을 가라앉혀야 합니다. 이 내용에 대해 "mettaṁ samāpajjitvā vuṭṭhahitvā(자애에 입정한 뒤 출정해서)"라고(Vis.i.290) 『위숫디막가』에서 설해 놓았기 때문에 원수가 아닌 다른 개인에 대해 자애선정을 얻은 뒤라는 사실이 분명합니다. 그래서 앞의 한 종류의 개인에 대해 선정을 얻은 뒤에 다음 한 종류의 개인에 대해 자애를 닦는 것이 제일 좋다고 말했습니다. 만약 이와 같이 노력해도 성냄이 제거되지 않으면 제4장의 '성냄을 다스리는 법'을 통해 성냄을 제거해야 합니다.[81]

경계 허물기가 생겨나는 모습

성냄을 제거하는 어떠한 방법을 통해 원수에 대한 성냄이 가라앉았을 때 존경하고 존중하고 좋아하는 이, 매우 좋아하는 이, 좋아하지도 싫어하지도 않는 중간인 이에 대해 자애의 마음이 생겨나듯이 원수에 대해서도 자애의 마음이 끊임없이 생겨나게 됩니다. 그때 자애를 닦는 수행자는 거듭 자애를 계발하면서 자신, 좋아하는 이, 중간인 이, 원수

81 본서 pp.80~104 참조.

라는 네 명에 대해 동등하고 평등하게 행복하기를 바라는 마음을 생겨나게 하면서 '경계 허물기sīmāsambheda', 즉 사람들을 구분하고 나누는 경계를 무너뜨려야 합니다.(Vis.i.299)

경계를 허무는 모습은 다음과 같습니다. 자애를 닦고 있는 자신, 좋아하는 이, 중간인 이, 원수, 이렇게 네 명이 어느 곳에서 같이 지낸다고 합시다. 그렇게 지내던 중 갑자기 강도가 들이닥쳐 목에서 피를 뽑아 제사를 지내야 하니 한 사람을 자신에게 달라고 합니다. 그때 네 명 중 누구를 데려가라고 허락하는 마음이 생긴다면 아직 경계 허물기가 성취되지 않은 것입니다. 자신을 데려가라고 생각하는 것도 아직 경계 허물기가 성취되지 않은 것입니다. 왜냐하면 데려가라고 허락한 이의 이익과 번영을 바라지 않는 것이 되기 때문입니다.

네 명 중 어느 누구도 강도에게 주는 것이 적당하지 않다고 생각할 때, 자신에 대해서든 다른 세 명에 대해서든 동등하고 고르게 행복하기를 바라는 자애의 마음이 생겨나고 있을 때, 그때서야 비로소 경계 허물기가 생겨난 것입니다. 이때는 자신과 다른 사람을 구분해서 나누지 못합니다. 좋아하는 이, 싫어하는 이, 중간인 이, 이들 사이도 구분해서 나누지 못합니다. 행복하게 되기를 바라는 대상으로서 한 종류이기만 합니다. 이때야말로 서로 다른 것으로 구분했던 경계sīmā가 허물어진 것입니다.

자애선정에 도달하는 모습

이렇게 경계를 허문 뒤 고르게 행복하기를 바라는 자애의 마음이 생겨나면 자애를 닦는 수행자는 표상을 얻습니다. 근접삼매도 얻습니다.

근접삼매를 얻은 뒤 그렇게 얻은 표상을 의지해서 계속 닦고 여러 번 익혀 나가면 머지않아 몰입삼매에 도달한다고 『위숫디막가』에 설명돼 있습니다.(Vis.i.300) '몰입삼매'란 앞에서 언급한 초선정부터 제3선정까지를 말합니다. 선정을 얻었다면 자애선정의 힘으로 앞에서 말한 자애를 닦는 528가지 방법으로[82] 차례대로 끊임없이 닦아 나갈 수 있습니다.

---

82 본서 p.119 참조.

제6장

자애의 이익

자애를 닦는 528가지 방법은 엄밀하게 말하면 자애선정을 얻은 이가 대상을 펼치면서 선정에 입정하는 모습입니다. 하지만 선정을 얻지 못한 이라 하더라도 앞에서 설명한 방법대로 대상을 펼쳐서 자애를 닦을 수 있습니다. 특별한 바라밀이 있는 이라면 그렇게 자애를 닦다가 자애선정도 얻을 수 있습니다. 선정을 얻지 못한다 하더라도 자애를 닦았기 때문에 다음과 같은 많은 이익을 얻을 수 있습니다.

손가락 한 번 튕기는 순간만큼이라도

Accharāsaṅghātamattampi ce, bhikkhave, bhikkhu mettācittaṁ āsevati(A1:6:3); bhāveti(A1:6:4); manasi karoti(A1:6:5); ayaṁ vuccati, bhikkhave – 'bhikkhu arittajjhāno viharati satthusāsanakaro ovādapatikaro, amoghaṁ raṭṭhapiṇḍaṁ bhuñjati'. Ko pana vādo ye naṁ bahulīkaronti. (A1:6:3~5)

대역

Bhikkhave비구들이여, bhikkhu비구가 mettācittaṁ자애

의 마음을; 다른 이가 행복하기를 바라는 마음을 accharāsaṅghātamattampi손가락 한 번 튕기는 순간만큼이라도 ce āsevati만약 의지한다면(A1:6:3); ce bhāveti닦는다면(A1:6:4); ce manasi karoti마음 기울인다면(A1:6:5), bhikkhave비구들이여, ayaṁ bhikkhu이 비구를 두고; 손가락 한 번 튕기는 순간만큼이라도 자애의 마음을 의지하고 닦고 마음 기울이는 이 비구를 두고 arittajjhāno viharati선정이 비지 않게 지내는 이라고; 관조하는 선정을 없게 하지 않는 이라고, satthusāsanakaro ovādapatikaro스승이신 거룩하신 부처님의 교법을 행하고 훈계를 거듭 행하는 이라고, raṭṭhapiṇḍaṁ백성들의 공양을; 백성들이 보시하는 공양을 amoghaṁ bhuñjati헛되지 않게 공양하는 이라고 vuccati말한다. ye어떤 이들이; 어떤 비구들이 bahulīkaronti많이 행한다면; 자애의 마음을 많이 닦는다면 naṁ=te그들에 대해서야; 그 비구들에 대해서야 ko pana vādo말해 무엇 하겠는가; '선정이 비지 않게 지내는 이'라는 등으로 말할 필요가 있겠는가?

이러한 부처님의 가르침대로 자애는 조금만 닦아도 그 이익이 매우 많습니다. "손가락 한 번 튕기는 순간 정도로 짧은 시간이라도 자애의 마음을 의지하면 '선정이 없지 않은 이'라고 말할 수 있다"라고 설하셨습니다. 부처님의 훈계를 따라 실천하는 이라고 설하셨습니다. 보시자가 올린 공양을 수용하더라도 헛되지 않고 이익을 많게 하면서 공양하는 것이라고 설하셨습니다.

어떻게 보시자들에게 이익을 많이 생겨나게 할까요? 비구들의 경우 음식의 공양물을 다음과 같이 숙고하고 수용해야 합니다. (D.i.12)

이와같은 공양음식 행락도취 매력장식
위해서가 아니라네 사대로된 이내몸의
지탱유지 피곤덜고 청정범행 돕기위해
옛고통을 물리치고 새고통은 안생기게
건강하고 허물없이 편안위해 수용하네

이렇게 숙고하지 않고 공양을 수용하면 빚 수용iṇa paribhoga,[83] 다시 말해 빚을 지고서 먹는 것이 됩니다. 무엇 때문에 빚 수용이라고 말할까요? 네 가지 계[84]를 모두 갖춘 비구라야 수용하기에 적당한 공양을 그 비구는 필수품관련 계paccayasannissitasīla를 갖추지 못한 채 수용했기 때문에 "나중에 그 계를 갖추겠습니다. 공양은 지금 수용하게 해 주십시오"라고 말하면서 빚을 지면서 사용하는 것과 같기 때문입니다. 네 가지 계를 모두 갖춘 비구라면 보시하는 신도들에게 보시의 이익을 충분히 얻게 해 줍니다. 필수품관련 계를 갖추지 못한 비구에게 보시를 한 신도들은 보시 받는 이들이 계를 갖추지 못했기 때문에 보시를 해도 얻을 수 있는 이익이 얼마 되지 않습니다. 그래서 보시한 이들도 이익을 충분히 얻지 못한 채 나중에 빚을 갚아야 하는 것과 비슷합니다. 그래서 공양 등의 네 가지 필수품을 지혜로 숙고하지 않고 수용하면 '그 비구에게 빚 수용이 생겨났다'라고 여러 주석서에서 설명해

83 빚 수용을 비롯한 수용 네 가지는 본서 부록 p.330 참조.
84 계목단속 계, 감각기능단속 계, 생계청정 계, 필수품관련 계.

놓았습니다.

손가락 한 번 튕기는 순간만큼이라도 자애를 닦는 비구라면 빚 수용이 생겨나지 않을 뿐만 아니라 아라한들이 수용하는 것처럼 주인으로서 수용하는 것도 됩니다. 빚이 없이 수용하는 무채 수용도 됩니다. 상속자dāyāda로서 수용하는 것도 됩니다. 여러 주석서에서 다음과 같이 그 이익을 설명해 놓았습니다.

> Accharāsaṅghātamattampi mettaṁ āsevantassa bhikkhuno dinnadānaṁ mahaṭṭhiyaṁ hoti mahapphalaṁ.
>
> (AA.i.53)

> **대역**
>
> Accharāsaṅghātamattampi손가락 한 번 튕기는 순간만큼이라도 mettaṁ āsevantassa bhikkhuno자애를 의지하는 비구에게 dinnadānaṁ베푼 보시는; 베푼 보시 공덕은 mahaṭṭhiyaṁ hoti mahapphalaṁ많은 이익, 많은 결과가 있다.

수부띠 존자가 자애를 닦는 모습

자애에 마음 기울이는 것으로 보시자에게 이익이 특별히 많이 생겨나게 하는 모습은 앞에서도 언급했던[85] 수부띠Subhūti 존자의 경우를 통해 알 수 있습니다. 아라한이었던 수부띠 존자는 탁발할 때 집 앞에

85 본서 pp.32~33 참조.

서 잠시 기다리는 동안에도 자애선정에 입정했고, 자애선정에서 출정한 뒤에 공양을 받았다고 합니다. 그것은 공양을 올린 보시자들에게 이익이 많이 생겨나도록 하기 위해서입니다. 그렇게 이익이 많이 생겨나도록 자애선정에 입정한 뒤 보시를 받는 습관이 있었기 때문에 부처님께서는 수부띠 존자를 '공양을 받을 만한 이들 중에서 으뜸'이라는 제일칭호로 칭송하셨습니다. 요즘 여러 보시행사에서 출가자들이 「자애경」을 독송하는 것은 보시자들이 보시의 이익을 많이 얻도록 하기 위해서입니다. 그래서 출가자라면 「자애경」을 독송하며 신도들을 섭수할 때[86] 자애를 닦으면서 신중하게 독송해야 합니다.

출가자뿐만 아니라 재가자들에게도 자애를 닦는 것은 매우 많은 이익이 있습니다. 그러니 법문을 들을 때나 평소에 많이 머무는 장소에서도 기회가 있을 때마다 자애를 닦아야 합니다. 최소한 예불을 드린 뒤에 잠시라도 자애를 닦아야 합니다. 조건이 갖춰진다면 이렇게 잠시 자애를 닦는 것으로도 짧은 시간 내에 자애선정을 얻을 수 있습니다. 그 대표적인 예가 다난자니Dhanañjāni라는 바라문입니다.

다난자니와 자애선정

다난자니 바라문은 병으로 죽음이 임박했을 때 사리뿟따Sāriputta 존자를 초청했습니다. 사리뿟따 존자는 바라문의 상태를 물은 뒤 먼저 "지옥과 축생 중 어느 곳이 더 좋습니까?" 등으로 물었고 다난자니 바라문은 "지옥보다 축생이 더 좋습니다" 등으로 대답했습니다. 이와 마

---

86 섭수의 의미는 본서 부록 p.339 참조.

찬가지로 축생과 아귀, 아귀와 인간, 인간과 사대왕천 등으로 타화자재천까지 문답을 이어나갔고 마지막으로 타화자재천과 범천 세상 중 어느 곳이 더 좋은지 물었습니다. 그때 다난자니 바라문은 '범천 세상'이라는 말을 듣고 마음이 고양돼 "사리뿟따 존자여, 범천 세상이라고 하셨습니까?"라고 되물었습니다. 사리뿟따 존자는 다난자니 바라문이 범천 세상에 마음을 향하고자 한다는 사실을 알고서 "범천 세상에 도달하게 할 수 있는 길을 설명하겠습니다"라고 말한 뒤 다음과 같이 설했습니다.

> Idha, dhanañjāni, bhikkhu mettāsahagatena cetasā ekaṁ disaṁ pharitvā viharati, tathā dutiyaṁ, tathā tatiyaṁ, tathā catutthaṁ; iti uddhamadho tiriyaṁ sabbadhi sabbattatāya sabbāvantaṁ lokaṁ mettāsahagatena cetasā vipulena mahaggatena appamāṇena averena abyābajjhena pharitvā viharati. Ayaṁ kho, dhanañjāni, brahmānaṁ sahabyatāya maggo.
>
> (M.ii.405/M97)

대역

Dhanañjāni다난자니여; 다난자니 바라문이여, idha bhikkhu여기 비구가; 이 부처님의 가르침에서 비구가 mettāsahagatena cetasā자애와 함께하는 마음으로; 행복하기를 바라는 자애와 함께 생겨나는 마음으로; 행복하기를 바라는 마음으로 ekaṁ disaṁ한쪽 방향에; 한쪽 방향에 있는 중생들에게 pharitvā viharati펼쳐서 지내고, tathā dutiyaṁ그와 마찬가지로 두 번째 방향에 펼쳐서 지내고, tathā tatiyaṁ그와 마찬가지로 세 번째 방향에 펼쳐서 지내고, tathā catutthaṁ그와 마차가지로 네 번째 방향에 펼쳐서 지낸다면, iti이렇게; 이러한 방법으로 uddhaṁ위에; 위에 있는 모든 중생에게, adho아래에; 아래에 있는 모든 중생에게, tiriyaṁ옆에; 네 방향에 있는 모든 중생에게 sabbadhi모든 곳에서 sabbattatāya모두를 자신처럼 여기고; 모든 중생을 자신과 같다고 두고; 모든 마음으로; 마음마다, 마음마다 sabbāvantaṁ lokaṁ모두를 포함한 세상을; 모든 중생을 포함한 세상을 mettāsahagatena cetasā 자애와 함께하는 마음으로; 행복하기를 바라는 마음으로, vipulena풍만하게; 풍만한 마음으로, mahaggatena고귀하게; 고귀한 선정 마음으로, appamāṇena무량하게; 무량한 마음으로, averena원한 없이; 원한이 없는 마음으로, abyābajjhena분노 없이; 분노가 없는 마음으로 pharitvā viharati펼치면서 지냅니다. dhanañjāni다난자니여; 다난자니 바라문이여, ayaṁ이것이; 자애의 마음으로 펼치면서 지내는 것이 brahmānaṁ sahabyatāya범천의 일원이 되는; 범천이 되는 maggo길입니다.

이 가르침의 요지는 "시방에 있는 모든 중생에게 자애의 마음을 펼치고 있는 것, 자애의 마음을 보내고 있는 것이 범천 세상에 태어나는 실천길입니다"라는 것입니다. 연민karuṇā과 같이 기쁨함muditā과 평온upekkhā의 마음을 펼치는 모습도 같은 방법으로 설했습니다. 그렇게 설한 뒤 사리뿟따 존자는 돌아갔고, 다난자니 바라문은 얼마 지나지 않아 숨을 거둔 뒤 범천 세상에 태어났습니다. 사리뿟따 존자는 다난자니 바라문에게 설했던 내용들을 부처님께 말씀드렸습니다. 그러자 부처님께서는 사리뿟따 존자에게 "거룩한 머묾brahmavihāra 선정보다 더 거룩한 성스러운 도와 과를 얻도록 행하고 실천할 수 있었는데 다난자니 바라문에게 'hīne brahmaloke', 열반과 비교해 보면 저열한 범천 세상에 머물게 한 뒤 돌아왔는가?"라고 나무라셨습니다. 부처님의 말씀에 사리뿟따 존자는 신통으로 바로 범천 세상으로 가서 다난자니 범천에게 법을 다시 설했고, 그때부터 사구게 게송 하나를 설하더라도 네 가지 진리를 꼭 포함해서 설했습니다.(MA.iii.293)

이 일화를 통해 다난자니 바라문은 죽음에 임박해서 자애 등을 닦아 선정을 얻었고, 그 선정 선업으로 범천 세상에 태어났다는 사실, 그래서 죽어갈 때 의지할 만한 것을 잘 얻었다는 사실을 알 수 있습니다.

옥카숫따

『상윳따 니까야』「옥카숫따Okkhāsutta(가마솥 경)」에서는 자애수행의 이익이 큰 모습을 부처님께서 다음과 같이 설하셨습니다.

> "백 개의 큰 밥솥으로 아침에 한 번, 점심에 한 번, 저녁에 한 번 대접하는 보시보다 단 한 찰나의 자애 마음을 아침에 한 번, 점심에 한 번, 저녁에 한 번 소젖을 한 번 짜는 정도, 아니면 향수를 한 번 맡는 정도로 생겨나게 한다면 그것이 더욱 이익이 크다."(S20:4)

이 내용을 쉽게 기억하도록 게송으로 표현했습니다.

하루세번 백솥으로 대접하는 보시보다
하루세번 잠시자애 이익이 훨씬크다네

밥 한 솥이 10인분이라고 하면 '백 개의 큰 밥솥'이라고 했으니 천 명이 먹을 분량입니다. '아침에 한 번, 점심에 한 번, 저녁에 한 번'이라고 했으니 3천 인분은 될 것입니다. 그렇게 많은 양의 음식을 보시하는 것보다 소젖을 한 번 짜는 시간 정도 하루에 세 번 자애를 닦는 것이 더욱 이익이 크다고 부처님께서 말씀하셨기 때문에 자애를 닦는 것은 매우 노력해 볼 만합니다. 돈도 전혀 들지 않고, 시간도 오래 걸리지 않고, 피곤하지도 않으면서 이익이 매우 큰 자애 선업을 얻을 수 있기 때문에 매우 만족할 만한 수행입니다.

화합하게 하는 자애

자애는 '여섯 가지 화합하게 하는 법'에도 포함됩니다. 이 법들을 갖추면 동료들에게 호감을 주고 공경을 불러오고 도움을 주고 분쟁을 없애고 화합하고 단결하게 합니다. 이러한 이익을 주는 '여섯 가지 화합하게 하는 법'이란 몸의 자애를 실천하는 것, 말의 자애를 실천하는 것, 마음의 자애를 실천하는 것, 나눔을 실천하는 것, 성자처럼 계를 지키는 것, 성자의 지혜를 갖추는 것입니다.(M48)[87] 이 여섯 가지 중 몸과

87 대림스님 옮김, 『맛지마 니까야』 제2권, pp.366~367; 『부처님을 만나다』, pp.346~348 참조.

말과 마음의 자애가 분명히 포함돼 있습니다. 대중이 화합하는 데 있어 몸과 말과 마음의 자애는 매우 중요합니다.

자애의 이익 열한 가지

『앙굿따라 니까야』「멧따숫따」에는 자애의 이익 열한 가지가 다음과 같이 설해져 있습니다.

> Mettāya, bhikkhave, cetovimuttiyā āsevitāya bhāvitāya bahulīkatāya yānīkatāya vatthukatāya anuṭṭhitāya paricitāya susamāraddhāya ekādasānisaṁsā pāṭikaṅkhā. Katame ekādasa? Sukhaṁ supati, sukhaṁ paṭibujjhati, na pāpakaṁ supinaṁ passati, manussānaṁ piyo hoti, amanussānaṁ piyo hoti, devatā rakkhanti, nāssa aggi vā visaṁ vā satthaṁ vā kamati, tuvaṭaṁ cittaṁ samādhiyati, mukhavaṇṇo vippasīdati, asammūḷho kālaṁ karoti, uttari appaṭivijjhanto brahmalokūpago hoti.
>
> (A.iii.542/A11:16)

대역

Bhikkhave비구들이여, āsevitāya의지하고 bhāvitāya닦고 bahulīkatāya많이 행하고 yānīkatāya탈것으로 삼고; 가기 위해 미리 준비된 탈것으로 삼고 vatthukatāya기초로 삼고 anuṭṭhitāya굳건하게 하고; 확고하도록 익히고 paricitāya체화體化하고; 능숙하도록 익히고 susamāraddhāya

잘 노력한 mettāya cetovimuttiyā자애 마음해탈의; 분노 등 장애로부터 해탈한 자애 마음의《'자애mettā'라고 일반적으로 말하면 일반적인 자애 마음을 취해야 하고 '마음해탈cetovimutti'이라고 하면 선정 마음을 취해야 한다고 주석서에 설명해 놓았다.》 ekādasānisaṁsā11가지 이익을 pāṭikaṅkhā기대할 수 있다; 확실하게 얻을 것이라고 바랄 만하다. 기억할 만하다. katame ekādasa어떠한 11가지인가? ①sukhaṁ supati편안하게 잠든다. ②sukhaṁ paṭibujjhati편안하게 깨어난다. ③na pāpakaṁ supinaṁ passati악몽을 꾸지 않는다. ④manussānaṁ piyo hoti사람들이 좋아한다. ⑤amanussānaṁ piyo hoti비인간들이 좋아한다. ⑥devatā rakkhanti천신들이 보호한다. ⑦nāssa aggi vā visaṁ vā satthaṁ vā kamati불이나 독이나 무기가 해치지 못한다. ⑧tuvaṭaṁ cittaṁ samādhiyati마음이 쉽게 삼매에 든다. ⑨mukhavaṇṇo vippasīdati안색이 맑다. ⑩asammūḷho kālaṁ karoti혼미하지 않은 상태로 죽는다. ⑪uttari appaṭivijjhanto brahmalokūpago hoti 더 높은 경지를 통찰하지 못하더라도 범천 세상에 태어난다.

이 내용을 다음과 같이 게송으로 표현했습니다.

오매(寤寐)편안 악몽안꿔 인천(人天)좋아 천신보호

불독무기 못해치고 삼매(三昧)빨리 얼굴맑아
임종불매(不昧) 사후(死後)범천 자애이익 열한가지

자애의 첫 번째 이익은 편안하게 잠드는 것입니다. 자애수행을 하지 않는 이들은 자는 동안 몸을 오른쪽으로 돌렸다가 왼쪽으로 돌렸다가, 바로 누웠다가 옆으로 누웠다가, 팔다리를 굽혔다가 펴는 등 자세를 이리저리 바꾸면서 편히 잠자지 못합니다. 코를 골기도 합니다. 그러나 자애수행이라는 무기가 있는 이들은 몸이 동요하지 않고 고요하고 편안하게 잠듭니다. 잠자는 동안에도 마치 선정증득에 입정해 있는 것처럼 행복합니다.

자애의 두 번째 이익은 편안하게 깨어나는 것입니다. 어떤 이들은 잠에서 깰 때 잠투정을 부리거나 얼굴을 찌푸리거나 발이나 손을 흔들기도 합니다. 이리저리 구르면서 깨기도 합니다. 그러나 자애를 닦은 뒤 잠든 이들은 그러한 여러 불편함 없이 마치 연꽃이 피어나듯이 선명하고 편안하게 깹니다.

자애의 첫 번째, 두 번째 이익을 게송으로 "**오매**寤寐**편안**'이라고 표현했습니다.[88]

자애의 세 번째 이익은 악몽을 꾸지 않는 것입니다. 어떤 이들은 높은 곳에서 떨어지는 꿈, 나쁜 사람들이 괴롭히는 꿈, 사나운 개와 맞닥뜨리는 꿈 등 나쁜 꿈을 꿉니다. 자애를 닦는 이들은 그렇게 두려워

88 일반적으로 사용하는 한자어를 써서 '오매'라고 순서를 바꾸었다.

할 만한 악몽을 꾸지 않습니다. 부처님 탑에 예경을 올리는 꿈, 법문을 듣는 꿈, 좋은 친구와 만나는 꿈, 법을 설하는 꿈, 선업을 행하는 꿈 등 좋은 꿈을 꿉니다. 그 이익을 게송으로 "**악몽안꿔**"라고 표현했습니다.[89]

자애의 네 번째 이익은 사람들이 좋아하는 것입니다. 무엇 때문에 자애를 닦는 이들을 사람들이 좋아할까요? 좋아할 만한 덕목을 갖추고 있기 때문입니다. '행복하기를, 행복하기를'이라고 자애를 진정으로 닦고 있는 이는 마음으로 항상 다른 이들이 행복하기를 바랍니다. 괴롭지 않기를 바랍니다. 그래서 다른 이의 몸과 마음을 해치는 말이나 행동을 하지 않습니다. 가능한 한 다른 이들이 행복하도록 도와줍니다. 그래서 주위 사람들은 그러한 이의 허물은 경험하지 못하고 칭찬할 만한 덕목만 경험합니다. 다른 이가 그에게 불이익이 되는 말이나 행위를 하더라도 그는 똑같이 되갚아주려 하지 않습니다. 묵묵히 참아냅니다. 허물을 범한 이들도 나중에 이해하게 되면 그렇게 참으면서 자애를 닦고 있는 이를 존경하고 좋아합니다. 그러한 여러 사정을 알게 된 주위 사람들도 존경하고 좋아합니다. 이처럼 다른 이에게 불이익이 되는 것을 말하거나 행하지 않고, 이익이 되는 것만 할 수 있는 만큼 말하고 행하면서 자애를 진정으로 열심히 닦고 인욕하는 이를 많은 사람이 좋아하고 존경합니다.

자애의 다섯 번째 이익은 사람이 아닌 존재들이 좋아하는 것입니다.

---

89 저본에는 '좋은 꿈을 꾼다'라고 표현했다.

여기서 '사람이 아닌 존재'란 천신을 말합니다. 이러한 네 번째, 다섯 번째 이익을 **"인천**人天**좋아"**라고 표현했습니다. 『위숫디막가』에 천신들이 좋아하는 모습이 다음과 같이 설명돼 있습니다.

위사카 존자의 일화 한때 빠딸리뿟따Pāṭaliputta 성에 위사카Visākha 장자가 살고 있었습니다. 장자는 "스리랑카에는 탑과 불상들이 마치 화환처럼 많이 있다. 비구 승가가 많아서 섬 전체가 가사색으로 빛난다. 원하는 곳에서 잘 수 있고 지낼 수 있다. 기후가 적당하다. 정사가 많다. 출가자든 재가자든 모두 훌륭하다. 법문을 듣기에 좋다"라는 소문을 들었습니다. 당시 스리랑카에는 불법이 매우 융성했기 때문에 이러한 이야기가 전해진 것입니다.

장자는 '스리랑카로 건너가 출가하리라'라고 마음먹고 자신의 재산을 모두 아내와 자식들에게 넘겨주었습니다. 그리고 자신은 여행비용으로 은 한 냥 정도만 가지고 집을 나왔습니다. 당시에는 교통 사정이 별로 좋지 않았기 때문에 작은 배로 바다를 건너야 했고, 그 배를 타려면 꼬박 한 달을 항구에서 기다려야 했습니다.

장사에 능숙했던 장자는 배를 기다리면서 한 곳의 물건을 다른 곳에 내다 팔기 시작했습니다. 그렇게 한 달 동안 여법하게 장사를 해서 천 냥을 모았습니다.(Vis.i.305) 여기서 '여법한 장사dhammikavaṇijjā'란 올바른 물건을 적당한 가격에 사서 적당한 가격에 파는 것을 말합니다. 원래 물건값이 한 냥이면 1전이나 2전 정도[90] 이익을 남기고 파는 것이 당시의 관례였습니다.[91]

90 한 냥의 1/100에 해당하는 금액 단위로 '전'이라고 표현했다.
91 각각의 시대와 상품에 따라 적당한 정도가 다를 수 있다.

여법한 장사로 생계를 유지하는 것도 올바른 생계sammā ājīva입니다. 하지만 위사카 장자가 한 달 동안 물건을 사고판 것은 생계를 유지하기 위한 것은 아니었습니다. 나중에 그 돈을 버렸다는 사실로 미루어 시간이 남아서 습관적으로 장사를 한 것 같습니다.

그렇게 한 달이 지나고 위사카 장자는 드디어 스리랑카에 도착해 마하위하라Mahāvihāra 정사에서 출가를 청했습니다. 수계식에 참석하기 위해 금강계단戒壇으로 가던 중 갑자기 그의 허리춤에서 천 냥이 든 주머니가 바닥으로 떨어지자 스님들이 물었습니다.

"이것은 무엇입니까?"

"천 냥입니다."

"출가하면 금전을 다룰 수 없습니다. 그러니 지금 이 돈을 모두 처리하십시오."

위사카 장자는 "위사카의 출가 행사에 모인 이들이 빈손으로 돌아가지 않기를"이라고 말하면서 천 냥을 모두 금강계단 위에 뿌리고 출가했습니다.

그렇게 스님이 된 위사카 존자는 5안거까지 사문의 의무와 두 가지 계본dvemātikā을 익혔습니다. 5안거를 지낸 후에는 자신에게 적당한 수행주제를 선택해서 한 정사에 4개월씩 머물면서 실천했습니다. 그러다가 어느 숲에 이르러서는 자신의 덕목을 숙고하고 다음 게송을 읊었습니다.

Yāvatā upasampanno, yāvatā idha āgato;
Etthantare khalitaṁ natthi, aho lābhā te mārisa.

(Vis.i.305)

해석

구족계를 받은 때부터
여기에 올 때까지
그동안 결점이란 없었으니
보게나, 그대의 큰 이익이라네.

대역

Yāvatā upasampanno구족계를 받은 때부터 yāvatā idha āgato여기에 올 때까지; 이 숲에 올 때까지 etthantare이 사이에 khalitaṁ결점이라고는; 사문의 실천과 의무에 잘못된 점이라고는 natthi없었다. mārisa그대여; 그대 위사카여, te그대의; 그대가 lābhā이익은; 얻은 것은; 사문의 실천은 aho훌륭하구나; 오, 놀랍고 좋구나.

'여기'란 지내던 숲을 말합니다. '결점'이란 사문으로서 실천과 의무에 잘못된 점을 말합니다. '그대'라는 것은 스스로를 두고 한 말입니다. '이익'이란 사문의 실천을 말합니다. '보게나, 그대의 큰 이익이라네'란 '그대가 얻은 사문의 실천이라는 이익이 매우 훌륭하고 좋구나'라는 뜻입니다.

위사카 존자는 스리랑카 남쪽 끝에 있는 찟딸라Cittala 산 정사를 향해 갔습니다. 도중에 갈림길이 많아서 어느 길로 가야 할지 생각하느라 자주 멈춰야 했습니다. 그때마다 산을 지키는 산신이 나타나 손을 펼치면서 "이 길입니다"라고 장로에게 길을 알려주었습니다. 마침내 존자는 찟딸라 산 정사에 도착했고, 그곳에서도 4개월 동안 수행했습니다. 4개월째 되는 날 새벽, '날이 밝으면 다른 곳으로 떠나야겠구나'

라고 생각하며 존자가 자리에 누웠을 때 마닐라 나무에 사는 목신이 경행대 입구 계단에 앉아 울기 시작했습니다. 존자가 물었습니다.

"울고 있는 그대는 누구입니까?"

"저는 마닐라 나무에 사는 목신입니다."

"무엇 때문에 울고 있습니까?"

"존자께서 여기를 떠나려고 하셔서 울고 있습니다."

"내가 여기에서 지내면 그대들에게 어떤 덕목과 이익이 생깁니까?"

"존자께서 이 숲에서 지내시기 때문에 저희 천신들은 서로 자애를 가집니다. 이제 존자께서 여기를 떠나시면 다시 이전처럼 거칠게 말하며 서로 다툴 것입니다."

"내가 여기서 지내는 것으로 그대들이 편안하게 화합하며 지낼 수 있다면 그것은 좋은 일입니다."

위사카 존자는 이렇게 말하고 다시 4개월을 그곳에서 지냈습니다. 4개월이 지난 후 다시 떠나려고 했지만 이번에도 목신이 울면서 말렸습니다. 이렇게 해서 위사카 존자는 그 찟딸라 산 정사에서만 계속 지냈고 마침내 그곳에서 완전열반에 들었습니다. 이 일화를 통해 자애를 닦는 이를 천신들이 좋아하고 존경한다는 사실을 알 수 있습니다.(Vis. i.305~306)

자애의 여섯 번째 이익은 천신들이 보호하는 것입니다. 비유하면 하나밖에 없는 자식을 부모가 보호하듯이 천신들이 보호합니다. 그렇게 천신들의 보호를 받으면 여러 위험이나 장애 없이 좋은 이익과 행복을 얻을 것입니다. 이 이익을 게송으로 "**천신보호**"라고 표현했습니다.

자애의 일곱 번째 이익은 불, 독, 무기가 해치지 못하는 것입니다. 자애를 닦는 이를 불로 태울 수도 없고, 독으로 위해를 끼칠 수도 없고, 칼·창·화살 등의 무기로도 해칠 수 없다는 뜻입니다. 요즘 시대에는 총이나 폭탄 등의 무기들까지 포함될 것입니다. 따라서 그러한 위험이나 장애가 다가오면 자애를 중시하며 특별히 닦아야 합니다. 이 이익에 대해서도 『위숫디막가』에서 "웃따라Uttarā라는 청신녀가 뜨거운 버터기름에 해를 입지 않았듯이, 『상윳따 니까야』 수지자인 쭐라시와Cūḷasiva 장로가 독에 해를 입지 않았듯이[92], 상낏짜Saṁkicca 사미가 무기에 해를 입지 않았듯이, 암소가 창에 찔리지 않았듯이" 등으로 예를 들어 설명해 놓았습니다.

암소의 일화 암소 한 마리가 갓 태어난 송아지에게 젖을 먹이고 있을 때 한 사냥꾼이 그 암소를 향해 창을 던졌습니다. 창끝이 몸에 닿았는데도 마치 야자수 잎처럼 접혀서 암소는 아무런 상처도 입지 않았습니다. 이것은 근접삼매나 몰입삼매 선정 때문이 아니었습니다. 오로지 새끼를 사랑하는 마음 때문이었습니다. 자애는 이 정도로 위력이 있습니다.

웃따라 청신녀의 일화 라자가하 성에 뿐나Puṇṇa라는 이가 살았습니다. 그는 수마나Sumana라는 장자를 의지해서 일하며 먹고 사는 가난한 사람이었습니다. 어느 날 뿐나는 밭을 갈다가 멸진증득

92 독에 중독되지 않았던 쭐라시와 장로의 일화는 주석서나 복주서에 자세한 설명을 찾아볼 수 없다. 『*Brahmavihāra tayataw*(거룩한 머묾 법문)』, p.197 참조.

nirodhasamāpatti에서[93] 출정한 사리뿟따 존자에게 양치목과 마실 물을 보시했습니다. 그의 아내도 그날 그가 일하고 있는 곳으로 음식을 가지고 오다가 사리뿟따 존자를 만났고, 믿음이 강하게 생겨 남편을 위한 음식을 사리뿟따 존자에게 보시했습니다. 그러한 선업의 결과로 뿐나가 갈던 땅 전체가 황금으로 변했고, 뿐나는 나라의 재정관이 됐습니다.[94] 뿐나는 재정관이라는 신분에 걸맞게 집을 지은 후 집 완공 길상행사에 부처님과 스님들을 초청해서 공양을 올렸습니다. 그날 부처님의 법문을 들은 뿐나와 그의 아내, 딸 웃따라는 모두 수다원이 됐습니다.

시간이 얼마 지나지 않아 이전에 주인이었던 수마나 장자가 뿐나의 딸 웃따라를 자신의 아들과 결혼시키자고 청했습니다. 그러나 수마나 장자의 가족은 다른 종교를 믿었기 때문에 뿐나는 "그대의 아들은 사견을 가졌습니다. 내 딸은 삼보 없이는 지내지 못합니다. 그러니 결혼에 동의할 수 없습니다"라면서 청혼을 받아들이지 않았습니다. 하지만 "수마나 장자와 이전에 잘 지내지 않았소. 그러니 계속 잘 지내는 것이 좋을 것이오"라고 주위에서 설득하는 바람에 결국 딸 웃따라를 수마나 장자의 아들과 결혼시켰습니다.

웃따라는 음력 6월 보름날 남편의 집으로 가서 살게 됐습니다. 하지만 그날부터 비구 승가와 비구니를 친견할 기회를 얻지 못했습니다. 보시할 기회도, 법문을 들을 기회도 얻지 못했습니다. 그렇게 지낸 지 두 달 반이 지나서 웃따라는 친정아버지 뿐나에게 소식을 보냈습니다.

"무엇 때문에 딸을 이렇게 감옥에 가두셨나요? 낙인 찍힌 노예로 지

93 멸진증득의 의미는 본서 부록 pp.338~339 참조.

94 현생에 즉시 과보를 주는 조건에 관해서는 본서 부록 pp.330~331 참조.

내는 것이 더 좋겠어요. 이렇게 사견을 가진 집안에 보내는 것은 옳지 않아요. 여기에 온 이후로 비구 승가를 친견하지도 못하고, 공덕을 쌓을 기회가 한 번도 없었어요."

그러자 뿐나는 '딸이 곤경에 처했구나'라고 탄식하며 딸에게 1만 5천 냥을 보냈습니다. 당시 그 성에는 하루에 천 냥을 받고 남성들을 접대하는 시리마Sirimā라는 유명한 여인이 있었습니다. 그 1만 5천 냥으로 시리마를 사서 보름 동안 웃따라의 남편을 시중들게 하고, 그동안 웃따라는 자유롭게 선업을 행하도록 보낸 것이었습니다.

웃따라는 아버지 뿐나가 시키는 대로 했고, 시리마도 동의했습니다. 웃따라는 시리마를 남편에게 데리고 가서 "보름 동안 이 여인이 당신의 시중을 들 거예요. 저는 그동안 승가를 모시고 선업을 행할 것입니다"라고 말했습니다. 남편도 아름다운 시리마를 보고서 허락했습니다.

그날부터 웃따라는 부처님과 승가를 매일 초청해 공양을 올렸고 법문도 들었습니다. 승가를 위해 음식을 준비하는 것도 "이렇게 요리하세요. 저렇게 하세요"라고 직접 관장했습니다. 6일째 되던 날 웃따라의 남편은 창문에서 부엌 쪽으로 멀리 내다보다가 요리하는 것을 관장하는 웃따라를 보게 됐습니다. 웃따라의 얼굴이 땀과 먼지, 숯검정으로 뒤범벅된 것을 보고 남편은 "오, 어리석은 여자가 이렇게 큰집에서 영화를 누리지 못하는구나. 까까머리 사문들을 시봉하면서 흡족한 마음으로 저렇게 일을 하는구나"라고 웃으면서 말한 뒤 창가를 떠났습니다.

그 모습을 본 시리마는 누구를 보고 미소짓는지 궁금해서 같은 창문을 통해 밖을 내다보았고, 웃따라가 눈에 들어왔습니다. 그러자 시리마는 '장자가 이 여인과 정분이 난 것 같구나'라고 생각했습니다. 자신은 돈을 받고 보름 정도만 지내는 처지라는 사실을 망각하고 스스로

안주인이라는 마음이 일어난 것입니다. 그렇게 웃따라에 대해 질투와 원한이 생겨나서 그녀를 괴롭히려고 부엌으로 내려왔습니다. 시리마는 뜨거운 버터기름을 국자로 떠서 웃따라 쪽으로 다가갔습니다. 하지만 웃따라는 그런 시리마를 보고 다음과 같이 자애를 보냈습니다.

'내 친구 시리마는 나에게 큰 도움을 주었다. 시리마의 은혜가 너무 커서 오히려 철위산이 좁을 정도다. 그녀가 흡족하게 남편의 시중을 들어주어 내가 보시하고 법문을 들을 기회를 얻었다. 만약 내가 그녀에게 화를 낸다면 저 뜨거운 버터기름이 나를 태울 것이고, 화를 내지 않으면 뜨겁지 않게 되리라.'

이렇게 자애를 보내면서 진실의 서원을 했습니다. 그러자 시리마가 웃따라에게 부은 뜨거운 버터기름이 마치 물처럼 시원하게 돼 버렸습니다.

시리마는 '이 기름은 식은 것 같구나'라고 생각하고서 다시 한 국자를 떠 가지고 왔습니다. 그때 웃따라 곁에 있던 하녀들이 "가라. 이 나쁜 여인 같으니. 감히 우리 주인마님에게 뜨거운 기름을 부으려 하다니"라고 시리마를 위협하면서 주먹으로 때리고 발로 차서 쓰러뜨렸습니다. 웃따라는 그러지 말라고 간신히 주위 사람들을 말린 뒤 왜 그런 행동을 했는지 물으며 따뜻한 물로 목욕시키고, 백 번 거른 기름을 상처에 발라 주었습니다.

그제야 시리마는 자신이 돈을 받고 일하고 있는 처지라는 사실을 기억하고서 용서를 구했습니다. 웃따라는 출세간의 아버지인 부처님께 용서를 구하라고 일러 주었습니다. 웃따라가 준비해 준 대로 시리마는 부처님을 비롯한 승가에게 공양을 올린 뒤 부처님께 용서를 구했습니다. 그러자 부처님께서는 다음의 게송을 읊으셨습니다.

Akkodhena jine kodhaṁ, asādhuṁ sādhunā jine;

Jine kadariyaṁ dānena, saccenālikavādinaṁ.

(Dhp.223)

해석

화는 화없음으로 이길 수 있고

훌륭하지 않음은 훌륭함으로 이긴다네.

인색은 보시로 이길 수 있고

거짓은 진실로 이길 수 있다네.

대역

Kodhaṁ화를; 화내는 이를 akkodhena화없음으로; 인욕으로; 자애로 jine이길 수 있다. asādhuṁ훌륭하지 않음을; 훌륭하지 않은 이를 sādhunā훌륭함으로; 선행으로 jine이길 수 있다. kadariyaṁ인색을; 인색한 이를 dānena보시로 jine이길 수 있다. alikavādinaṁ거짓말을; 거짓말을 하는 이를 saccena진실로 jine이길 수 있다.

이 게송에서 '화'는 화 자체를 뜻할 수도 있고 '화를 내는 이'를 뜻할 수도 있습니다. 나머지 단어들도 마찬가지입니다. '화없음'은 인욕, 혹은 자애를 뜻합니다. '훌륭하지 않음'은 악행, '훌륭함'은 선행을 말합니다.

이 게송은 부처님께서 제시하신 '승리법'입니다. 승리법에는 옳은 승리법과 옳지 않은 승리법이라는 두 가지가 있습니다. '옳은 승리법'이란 열반을 얻게 하는 법입니다. '옳지 않은 승리법'이란 사악도에 떨어지게 하는 법입니다. 다른 이와 경쟁이 붙으면 범부들은 누구나 이기고 싶어합니다. 하지만 대부분 잘못된 방법으로 승리를 쟁취하기 때문에 윤회하는 내내 사악도에 계속 떨어집니다. 부처님께서 열반을 얻게 하는 승리법을 위의 게송에서 네 가지로 설하셨습니다.

①화를 내는 자를 자애로 이겨라.

②행실이 저열한 자를 훌륭한 실천으로 이겨라.

③인색한 자를 베풂으로 이겨라.

④거짓말을 하는 자를 진실인 말로 이겨라.

옳은 승리법으로 이긴다면 열반에 빨리 도달할 것입니다. 옳은 승리법으로 이긴다면 승리한 이는 행복하고, 패배한 이에게는 경각심이 생겨나 두 사람 모두에게 선법만 늘어날 것입니다.

그러지 않고

⑤화를 내는 자를 원한āghāta으로 이긴다면,

⑥행실이 저열한 자를 나쁜 실천으로 이긴다면,

⑦인색한 자를 박함으로 이긴다면,

⑧거짓말을 하는 자를 진실이 아닌 말로 이긴다면,

승리한 이도 원수가 많아지고 패배한 이도 분통이 터져서 두 사람 모두 불선업으로 끝날 것입니다.

이 내용을 게송으로 표현했습니다.

성냄없음 성냄이겨 훌륭함이 나쁨이겨
보시베풂 인색이겨 진실말이 거짓이겨

부처님의 법문을 들은 시리마는 함께 공양을 올린 500명의 여인과 함께 수다원이 됐습니다. 이 일화에서 말하고자 하는 바는 뜨거운 버터기름을 뒤집어쓰고도 자애수행의 힘으로 웃따라는 아무런 해도 입

지 않았다는 사실입니다.(Dhp.223 일화)

상낏짜 사미의 일화 부처님 당시, 사리뿟따 존자에게 출가한 상낏짜 사미가 있었습니다. 상낏짜 사미는 출가하려고 삭발하는 바로 그 순간에 머리털, 몸털, 손발톱, 이빨, 피부라는 다섯 신체부분의 혐오스러움을 숙고하는 수행을 닦아 네 가지 분석지와 함께 아라한과를 증득해 아라한이 된 사미였습니다.

어느 날 30명의 비구가 숲으로 가서 수행하려고 부처님께 수행주제를 받았습니다. 부처님께서는 그들에게 닥칠 위험을 보셨기 때문에 사리뿟따 존자에게도 알리고 가라고 말씀하셨습니다. 그 비구들이 사리뿟따 존자에게 왔을 때 사리뿟따 존자는 앞으로 일어날 일을 숙고해 보았고 이 비구들에게 위험이 닥칠 것이라는 사실, 상낏짜 사미를 딸려 보내야 그들이 위험으로부터 벗어날 수 있을 것이라는 사실을 내다봤습니다. 그래서 상낏짜 사미를 불러서 "이 사미와 함께 가시오"라고 딸려 보냈습니다.

비구들은 자기들이 가고자 한 숲에서 상낏짜 사미와 함께 머물면서 부처님께서 주신 수행주제로 열심히 수행하고 있었습니다. 그러던 어느 날, 도적떼 500명이 들이닥쳐 헌공의 제물로 바칠 스님 한 명을 달라고 요구했습니다. 법랍이 제일 많은 장로가 자신이 가겠다고 말했습니다. 다른 비구들도 각각 다른 이들을 위해 자신이 가겠다고 말했습니다. 그때 상낏짜 사미가 다른 이들을 위해 자기가 가야 한다고 비구들에게 말했습니다. 비구들은 사미를 보낼 수는 없다고 허락하지 않았습니다. 사리뿟따 존자가 딸려 보낸 사미이기도 했고, 아직 일곱 살밖에 되지 않은 어린 아이이기도 해서 제물로 보냈다고 하면 책망을 들을까 염려했기 때문입니다. 하지만 상낏짜 사미는 "사리뿟따 존자께서 저를 딸려 보내신 것은 바로 이 일 때문입니다. 그러니 전혀 걱정하지 마세요"라면서 도적떼를 따라 갔습니다. 30명의 비구는 모두 눈물을 흘리며 지켜보고만 있었습니다.

도적들은 자신들이 지내는 곳에 도착해서 헌공을 위한 불단지 등을 준비했습니다. 준비가 끝나자 도적의 우두머리가 상낏짜 사미를 칼로 죽이려고 가까이 다가갔습니다. 그때 상낏짜 사미는 선정증득에 입정해 있었습니다. 어떠한 선정인가는 주석서에 설명돼 있지 않습니다. 부동āneñja·不動이라고도 불리는 제4선정인 듯합니다. 『위숫디막가』에 따르면 자애선정에 입정해 있었다고 생각할 수도 있습니다. 드디어 도둑의 우두머리가 큰 칼로 사미를 내리쳤습니다. 그러자 칼이 구부러졌습니다. 다시 한 번 더 내리쳤습니다. 이번에는 칼의 밑동이 두 동강 났습니다. 이 모습을 본 도둑의 우두머리는 '보라. 의식과 의도가 없는 이 칼조차 이 존자의 덕목을 안다. 의식과 의도가 있는데도 나는 몰랐구나'라고 정신을 차리고 칼을 버린 뒤 사미의 다리 밑에 무릎을 꿇고 용서를 청하면서 예경을 올렸습니다. 그 뒤 도적 500명 모두 상낏짜 사미에게 출가를 청했습니다. 상낏짜 사미는 그들을 삭발시키고 가사를 두르게 한 뒤 사미계를 주고 숲에서 지내는 스님들에게로 돌아와 자초지종을 말했습니다. 그리고 도적이었던 제자 500명과 함께 사리뿟따 존자에게 돌아왔습니다. 사리뿟따 존자는 그들을 부처님께 데리고 갔고, 부처님께서는 다음의 게송을 설하셨습니다.

Yo ca vassasataṁ jīve, dussīlo asamāhito.
Ekāhaṁ jīvitaṁ seyyo, sīlavantassa jhāyino.(Dhp.110)

해석

또한 어떤 이가 백 년을 살지라도
계를 어기고 삼매에 안 든다면
계를 구족하고 선정에 드는 이의
단 하루의 삶이 더욱더 훌륭하네.

대역

Yo ca또한 어떤 이가 dussīlo계가 없고 asamāhito삼매도 없으면서 vassasataṁ백 년 동안 jīve산다고 하자. tato그 사람이 백 년 내내 수명을 유지하고 있는 것보다 sīlavantassa계를 잘 지키면서 jhāyino사마타 선정과 위빳사나 선정으로 관찰하고 있는 이의 ekāhaṁ단 하루 정도만 jīvitaṁ목숨을 유지하는 것이 seyyo더욱 훌륭하다.

계도없이 삼매없이 백년사는 삶보다도
지계선정 단하루가 더욱더 훌륭하다네

이 게송을 듣고 도적이었던 500명의 비구는 모두 아라한이 됐습니다.[95] 이상이 불이나 독, 창 등 무기의 위험이 해치지 못한다는 자애의 일곱 번째 이익을 보여주는 일화들입니다. 이 이익을 게송으로 "**불독무기 못해치고**"라고 표현했습니다.

자애의 여덟 번째 이익은 마음이 쉽게 삼매에 드는 것입니다. 다른

95 Mahāsi Sayadaw, 『*Tuvaṭaka thouk tayataw*(신속경 법문)』의 pp.91~95의 내용을 인용했다.

이들의 행복을 바라며 '행복하기를, 행복하기를'이라고 자애를 닦는 것은 적당할 뿐 아니라 마음 기울이기도 쉽습니다. 그래서 마음이 짧은 시간 안에 고요하게 된다는 뜻입니다. 이 이익을 게송으로 "**삼매빨리**"라고 표현했습니다.

자애의 아홉 번째 이익은 안색이 맑은 것입니다. 앞서 말한 대로 자애는 중생들이 원하는 것을 적절히 닦는 것이고, 마음 기울이기도 쉽기 때문에 자애를 닦는 이의 안색이 깨끗한 것입니다. 이 이익을 게송으로 "**얼굴맑아**"라고 표현했습니다.

자애의 열 번째 이익은 혼미하지 않은 상태로 죽는 것입니다. 이것은 매우 중요합니다. 대부분은 죽기 직전에 매우 심한 통증, 아픔, 피곤함 등이 생겨나 정신을 잘 차리지 못하고 죽습니다. 혹은 탐욕이나 성냄에 휩싸여 죽기도 합니다. 어리석음 때문에 잘못된 것을 생각하면서 죽기도 합니다. 이러한 것들이 '혼미하게 죽는 것'입니다. 혼미하게 죽으면 대부분 사악도에 떨어집니다. 하지만 일부는 정신을 잘 차리지 못하더라도 마음이 선업과 관련된 대상, 선처와 관련된 표상을 향하고 있어서 편안하게 죽음을 맞이합니다. 이런 상태로 죽으면 선처에 태어날 수도 있습니다. 이 이익을 게송으로 "**임종불매**不昧"라고 표현했습니다.

자애의 마지막 이익은 더 높은 경지를 통찰하지 못하더라도 범천 세상에 태어나는 것입니다. 자애선정만 얻고 아라한과까지 도달하지 못했다 하더라도 범천 탄생지에 태어난다는 뜻입니다. 범부라도 자애선정을 얻으면 범천 탄생지에 태어날 수 있습니다. 수다원이나 사다함도 범천 탄생지에 태어날 수 있습니다. 아나함은 정거천 탄생지에 태어납니다. 선정을 얻지 못하고 근접삼매 정도만 얻었다면 인간 세상이나 욕계 천상 세상이라는 선처에 태어날 수 있습니다. 앞에서 소개한 다난자니 바라문은 죽음에 임박해서야 자애 등을 닦았지만 선정을 얻었기 때문에 범천 탄생지에 태어났습니다. 이 내용은 매우 기억할 만합니다. 본받아서 그처럼 노력할 만합니다. 자애의 마지막 이익을 게송으로 "**사후**死後**범천**"이라고 표현했습니다. 그리고 "**자애이익 열한가지**"라고 마무리했습니다.

오매(寤寐)편안 악몽안꿔 인천(人天)좋아 천신보호
불독무기 못해치고 삼매(三昧)빨리 얼굴맑아
임종불매(不昧) 사후(死後)범천 자애이익 열한가지

자애와 위빳사나를 결합시켜 닦는 모습

자애수행을 닦은 뒤 선정을 얻은 이라면 그 자애선정을 바탕으로 위빳사나 관찰을 해서 아라한과까지도 도달할 수 있습니다. 아라한과에 도달하지 못하더라도 아나함 도와 과에 도달해 아나함이 될 수 있습니다. 관찰하는 방법은 복잡하지 않습니다. 자애선정에 입정한 뒤 선정 마음이 멈추었을 때 그 선정을 관찰하면 됩니다. 선정에 입정했다가, 그 선정을 관찰했다가, 이렇게 사마타와 위빳사나를 쌍으로 결합시켜 관찰하는 것이기 때문에 '쌍 관찰법yuganandha vipassanā'이라고 부릅니다.

위빳사나 관찰하는 모습은 위빳사나로만 관찰하는 수행자들의 방법과 동일합니다. 순수 위빳사나 수행자들은 어떤 형색이 분명하게 보이면 〈보인다〉라고 관찰합니다. 소리가 분명하게 들리면 〈들린다〉라고 관찰합니다. 닿아 알면 닿아 아는 것을 관찰합니다. 생각해서 알면 생각해서 아는 것을 관찰합니다. 그와 마찬가지입니다. 선정 마음이 생겨난 뒤에도 그 선정 마음을 관찰해 나가면 됩니다. 다른 점은, 선정을 얻은 이는 선정 마음을 관찰하고, 순수 위빳사나 수행자들은 선정 마음이 없기 때문에 자신에게 존재하는 보아 아는 마음 등을 관찰하는 것입니다. 이것만 다릅니다.

쌍 관찰법에 따라 '행복하기를'이라고 자애를 보냈다가, 그 자애 마음을 관찰했다가, 이렇게 쌍으로 결합시켜 관찰하면 됩니다. 그렇게 관찰하면서 "누가"라고 독송했을 때 독송하려는 마음과 독송하는 몸 물질이나 소리 물질, "행복하기를"이라고 독송하려고 기울이는 마음과 독송하는 몸 물질이나 소리 물질이 즉시 사라져 버리는 것을 알 수 있습니다. 그렇게 계속 알아 나가는 것은 "khayaṭṭhena aniccaṁ 다하고 사라져 버리기 때문에 무상하다"라는 설명에 따라 무상한 것을 알아 나가는 진짜 위빳사나 지혜입니다. 아래의 구절을 독송하며 마음으로도 관찰하기 바랍니다.

이 지역에 있는 모든 사람, 천신, 중생이
행복하기를, 행복하기를, 행복하기를.
이 도시에 있는 모든 사람, 천신, 중생이
행복하기를, 행복하기를, 행복하기를.
이 나라에 있는 모든 사람, 천신, 중생이

행복하기를, 행복하기를, 행복하기를.
모든 중생이
행복하기를, 행복하기를, 행복하기를.

부처님께서 직접 설하신 자애수행법과 위빳사나 관찰법, 자애의 이익과 관련된 일부 일화들, 이러한 내용들을 조금 더 보충해서 설명하고자 부처님께서 설하신 성전구절을 『앙굿따라 니까야(네 가지 모음)』 「두띠야 멧따숫따Dutiyamettāsutta(두 번째 자애경)」에서 발췌해 소개하겠습니다.

「두띠야 멧따숫따」에서 자애를 먼저 닦는 모습

Idha, bhikkhave, ekacco puggalo mettāsahagatena cetasā ekaṁ disaṁ pharitvā viharati, tathā dutiyaṁ tathā tatiyaṁ tathā catutthaṁ. Iti uddhamadho tiriyaṁ sabbadhi sabbattatāya sabbāvantaṁ lokaṁ mettāsahagatena cetasā vipulena mahaggatena appamāṇena averena abyāpajjena pharitvā viharati.

(A.i.444/A4:126)

대역

Bhikkhave비구들이여, idha여기서; 이 교법에서 ekacco puggalo일부 개인은 mettāsahagatena자애와 함께하는; 행복하기를 바라는 자애 요소와 함께 생겨나는 cetasā마음으로 ekaṁ disaṁ한 방향에; 한 방향에 있는 중생들에게

pharitvā펼쳐서 viharati지낸다. tathā dutiyaṁ그와 마찬가지로 두 번째에; 두 번째 방향에 그와 마찬가지로 펼쳐서 지낸다. tathā tatiyaṁ그와 마찬가지로 세 번째에; 세 번째 방향에 그와 마찬가지로 펼쳐서 지낸다. tathā catutthaṁ 그와 마찬가지로 네 번째에; 네 번째 방향에 그와 마찬가지로 펼쳐서 지낸다. iti이처럼; 이러한 방법으로 uddhaṁ 위에; 위의 방향에 있는 중생들에게, adho아래에; 아래 방향에 있는 중생들에게, tiriyaṁ옆에; 옆에 있는 남은 간방에 있는 중생들에게 sabbadhi모든 곳에서 sabbattatāya모두를 자기처럼 여기고; 온 마음으로 sabbāvantaṁ lokaṁ 모든 세상에; 모든 중생을 포함하는 세상에 mettāsaha-gatena cetasā자애와 함께하는 마음으로; 행복하기를 바라는 마음으로 vipulena광대하고; 광대한 마음으로 ma-haggatena고귀하고; 고귀한 마음이라는 선정 마음으로 appamāṇena무량하고; 한계가 없는 마음으로 averena원한 없이; 원한이 없는 마음으로 abyāpajjena분노 없이; 마음의 불편함이 없는 마음으로 pharitvā펼쳐서 viharati지낸다.

부처님께서는 법문을 시작하시면서 "비구들이여, 이 교법에서 일부 개인은 자애와 함께하는 마음으로 한 방향에 펼쳐서 지낸다"라고 설하셨습니다. 이 내용은 앞에서 설명했습니다. 여기서 "한 방향"이란 동서남북이라는 네 방향 중 어느 한 방향으로 취할 수 있습니다. 하지만 일반적으로 자애를 보내는 차례에 따라 동쪽 방향이라고 취하면 됩니다.

이어서 "그와 마찬가지로 두 번째 방향에 … 세 번째 방향에 … 네 번째 방향에 펼쳐서 지낸다"라고 설하셨습니다. 이것은 서쪽, 북쪽, 남쪽으로 같은 방법을 통해 자애의 마음을 펼치는 모습을 보이신 구절입니다.

그리고 "이처럼 위를 … 옆을 … 모든 곳에서, 모두를 자기처럼 여기고, 모든 세상을 자애와 함께하는 마음으로 광대하고 고귀하고 무량하고 원한 없이, 분노 없이 펼쳐서 지낸다"라고 설하셨습니다. 이 구절을 통해서는 아래 방향과 위 방향과 간방으로 자애를 펼치는 모습을 보이셨습니다. 방향의 차례는 가르침의 차례일 뿐입니다.

성전에 "mahaggatena고귀하고; 고귀한 마음이라는 선정 마음으로"라고 선정 마음으로 펼쳐야 한다고 했기 때문에 그에 따라서 시방으로 펼쳐서 자애를 닦는 것은 선정을 얻은 뒤에라야 가능하다고 할 수 있습니다. 하지만 선정을 얻지 못한 채 닦는다 하더라도 허물은 없습니다. 어느 정도는 이익이 있습니다. 어떠한 이익을 얻을 수 있을까요? 욕계 자애 선업을 얻습니다. 그리고 욕계 자애 선업 때문에 편안하게 잠자는 것, 편안하게 깨는 것, 악몽을 꾸지 않는 것, 천신이나 사람들이 좋아하는 것, 여러 위험과 장애가 없는 것 등의 이익을 얻을 수 있습니다. 또한 출가자라면 거룩한 수혜자가 되기 때문에 선행을 행한 당사자에게 큰 이익이 되는 보시 선업도 늘어나게 할 수 있고, 네 가지 필수품을 수용하는 데 있어 빚 수용iṇa paribhoga으로부터 벗어납니다. 그렇게 자애를 닦으며 죽는다면 악처에서 벗어나 선처에 태어날 수 있습니다. 이렇게 앞에서 언급한 자애의 이익 중 일부 이익을 얻을 수 있습니다.

「두띠야 멧따숫따」에서 위빳사나 수행을 하는 모습

부처님께서는 「두띠야 멧따숫따」에서 여러 방향에 펼쳐서 자애를 닦는 모습을 먼저 설하신 뒤 이어서 위빳사나 수행을 하는 모습을 설하셨습니다.

> So yadeva tattha hoti rūpagataṁ vedanāgataṁ saññā-gataṁ saṅkhāragataṁ viññāṇagataṁ te dhamme anic-cato dukkhato rogato gaṇḍato sallato aghato ābādhato parato palokato suññato anattato samanupassati. So kāyassa bhedā paraṁ maraṇā suddhāvāsānaṁ devānaṁ sahabyataṁ upapajjati. Ayaṁ, bhikkhave, upapatti asādhāraṇā puthujjanehi.(A.i.444/A4:126)

대역

So그는; 그 자애선정을 얻은 이는 tattha거기에; 그 자애선정이 생겨날 때 yadeva rūpagataṁ vedanāgataṁ saññā-gataṁ saṅkhāragataṁ viññāṇagataṁ hoti어떤 물질과 느낌과 인식과 형성과 의식만 있는데 《그때 자아라는 것은 없다는 뜻이다.》 te dhamme그 법들을; 그 물질과 느낌과 인식과 형성과 의식이라는 법들을 aniccato무상하다고; 항상하지 않다고 dukkhato괴로움이라고 rogato고질병이라고; 집요하게 괴롭히는 고질병과 같다고 gaṇḍato종기라고; 솟아나서 터진 종기와 같다고 sallato화살이라고; 박힌 화살과 같다고 aghato죄악이라고; 괴로움과 동떨어진 것이 아니라고; 악행과 같다고 ābādhato몸살이라고; 일정 기간 괴롭히는 몸살과 같다고 parato남이라고; 외부의 모르는 사람과 같다고 palokato부서진다고 suññato공하다고; 자아나 실체가 비어있다고 anattato무아라고; 자아가 아닌 성품법일 뿐이라고 samanupassati관찰한다. so그는; 그 자애선정을 무상 등으로 관찰하는 이는; 자애선정을 무상 등으로 관찰해서 아나함이 된 그는 kāyassa bhedā몸이 무너져 maraṇā죽은 paraṁ뒤에 suddhāvāsānaṁ devānaṁ정거천 탄생지 천신들의 sahabyataṁ동료로; 함께 지내는 동료 범천으로 upapajjati태어난다. bhikkhave비구들이여, ayaṁ upapatti이렇게 태어나는 것은; 이렇게 정거천에 태어나는 것은 puthujjanehi범부들과 asādhāraṇā 공유하지 않는 것이다; 관련되지 않은 특별한 점이다.

이것은 자애선정에 입정한 뒤 그 선정에서 출정했을 때 위빳사나로 관찰하는 모습을 보인 구절입니다. 무엇을 관찰한다고 설하셨습니까? 자애선정이 생겨날 때 있었던 물질과 느낌 등을 관찰합니다. 순수 위빳사나 수행자들이 보는 마음, 듣는 마음, 생각하는 마음이 생겨날 때 〈본다; 듣는다; 생각한다〉 등으로 관찰하는 것과 같은 종류입니다. 선정 마음이 생겨날 때 그 선정이 의지하는 물질도 있고, 선정 마음 때문에 생겨나는 물질도 있습니다. 그 물질들은 매우 깨끗하고 수승합니다. 그 물질들이 자신의 몸에 퍼지기 때문에 지내기에도 매우 편안합니다. 생멸의 지혜 단계에서 생겨나는 물질과 같은 종류입니다. 그렇게 의지하는 물질과 선정 때문에 생겨나는 물질을 이 성전에서는 "yadeva rūpagataṁ(어떤 물질)"이라고 표현했습니다. 선정 마음과 함께 결합해서 생겨나는 느낌 등을 "vedanāgataṁ saññāgataṁ saṅkhāragataṁ viññāṇagataṁ(느낌과 인식과 형성과 의식)"이라고 표현했습니다. 이것이 선정을 얻은 이가 선정 마음 등을 관찰하는 모습입니다. 순수 위빳사나 수행자들이 생각해서 아는 마음이 생겨나면 〈생각한다〉라고 관찰하는 것과 동일합니다.

그렇게 관찰해서 통찰지를 통해 알고 보는 모습을 "aniccato(무상하다고)" 등의 11가지로 보여 놓으셨습니다. 지혜가 특별한 이라면 그 11가지 양상을 모두 알 수 있습니다. 지혜가 둔한 이라면 모두 알기 어렵고 일부만 알 것입니다. 모두 알든 일부만 알든 중요한 것은 무상과 괴로움과 무아라는 이 세 가지 양상을 알아야 한다는 사실입니다. 그래서 여러 경전에서 부처님께서는 무상과 괴로움과 무아라는 이 세 가지만 설하셨습니다. 이 세 가지를 알면 나머지 여덟 가지도 다음과 같이 알 수 있습니다.

"palokato부서진다고" 아는 것은 "aniccato무상하다고; 항상하지 않다고" 아는 것과 동일합니다.

"rogato고질병이라고; 집요하게 괴롭히는 고질병과 같다고", "gaṇḍato종기라고; 솟아나서 터진 종기와 같다고", "sallato화살이라고; 박힌 화살과 같다고", "aghato죄악이라고; 괴로움과 동떨어진 것이 아니라고; 악행과 같다고", "ābādhato몸살이라고; 일정 기간 괴롭히는 몸살과 같다고" 아는 이 다섯 가지는 "dukkhato괴로움이라고" 아는 것과 같습니다.

"parato남이라고; 외부의 모르는 사람과 같다고", "suññato공하다고; 자아나 실체가 비어있다고" 아는 이 두 가지는 "anattato무아라고;

자아가 아닌 성품법일 뿐이라고" 아는 것과 같습니다. 그래서 무상과 괴로움과 무아로 관찰하는 모습만 여기서 설명하겠습니다.

무상, 무상의 특성, 무상 거듭관찰

"Aniccaṁ veditabbaṁ. 무상을; 무상한 법을 알아야 한다", "aniccato[96] veditabbā. 무상함을; 무상특성을; 무상하다고 알게 하는 특성을 알아야 한다",[97] "aniccānupassanā veditabbā. 무상 거듭관찰을; 무상하다고 거듭 관찰하는 지혜를 알아야 한다"라고 주석서에 설명돼 있습니다.(PsA.ii.102)[98] 이 내용을 게송으로 표현하면 다음과 같습니다.

무상한법 알아야해 무상특성 알아야해
무상하다 거듭관찰 세가지를 알아야해

먼저 무상에 대해서 "aniccanti khandhapañcakaṁ[99] 무상이란 다섯 무더기이다"라고 설명해 놓았습니다.(PsA.ii.102)

다섯더미 아닛짜 무상하다네[100]

96 PsA.ii.102에는 "aniccatā"라고 표현됐다.
97 ItA.254에는 "aniccalakkhaṇaṁ … veditabbaṁ"이라고 표현됐다.
98 PsA.ii.102에는 "aniccānupassī veditabbo 무상 거듭관찰자를 알아야 한다"도 첨가돼 있다.
99 PsA.ii.102에는 "pañcakkhandhā"라고 돼 있다.
100 마하시 사야도의 다른 문헌에서는 "**생멸모든 물질정신 무더기가 무상한법**"으로 표현됐다.

항상하지 않은 다섯 무더기란 선정 마음이 생겨날 때 있었던 물질과 정신들입니다. 그 물질과 정신들을 성전에서는 "rūpagataṁ vedanāgataṁ" 등으로 표현했습니다. 그 법들이 바로 선정에서 출정한 뒤 관찰할 때 "anicca", 무상하다고 직접적으로 알아야 할 법들입니다. 〈본다; 듣는다; 안다〉 등으로 관찰하는 수행자들이 볼 때, 들을 때, 생각해서 알 때 등에 생겨나는 물질과 정신을 무상하다고 스스로의 지혜로 직접 아는 것과 같은 종류입니다. 그렇다면 "aniccatā", 무상하다고 알게 하는 특성은 무엇일까요?

Hutvā abhāvākāro aniccalakkhaṇaṁ. (PsA.ii.119)

대역

Hutvā생겨난 뒤에; 이전에는 없었다가 생겨난 뒤에 abhāvākāro존재하지 않는 양상이; 더 이상 존재하지 않고 사라져 버리는 양상이 aniccalakkhaṇaṁ무상의 특성이다; 무상하다고 알게 하는 특성이다.[101]

이 내용을 다음과 같이 표현했습니다.

생겨나서 사라지는 특성바로 무상특성

어떠한 것이든 생겨나서는 사라져 버리면 무상한 것일 뿐입니다. 예를 들어 공터에 집을 한 채 지어 놓았다고 합시다. 그 집은 원래는 없

101 aniccaṁ khayaṭṭhena.

었다가 새로 생겨난 것입니다. 그리고 언젠가는 무너져 없어질 것입니다. 그렇게 무너져 없어지는 집은 무상하다고 말해야 합니다. 그와 마찬가지입니다. 생겨나서는 사라져 버리는 법들은 무상할 뿐입니다. 또 다른 예를 들자면 어떤 사람이 태어났습니다. 이 사람도 이전에 없었다가 새로 태어난 것입니다. 그리고 시간이 되면 죽을 것입니다. 그렇다면 그 사람도 무상하다고 말해야 합니다. 그와 마찬가지로 생겨나서는 사라져 버리는 법들은 무상할 뿐입니다. 또 다른 예를 들자면 비가 올 때 번갯불이 번쩍합니다. 그 번갯불은 처음에는 없었다가 새로 생겨난 것입니다. 생겨난 그 번갯불은 그대로 유지되지 않고 사라져 버립니다. 그렇다면 그 번갯불도 무상하다고 말해야 합니다. 번갯불을 무상하다고 말해야 하는 것은 새로 생겼다가 사라져 버리기 때문입니다. 그렇기 때문에 생겨나서는 사라져 버리는 양상을 무상의 특성이라고 말하는 것입니다.

닿아서 아는 것, 들어서 아는 것, 보아서 아는 것 등을 끊임없이 관찰하고 새기는 수행자는 삼매와 지혜의 힘이 좋아지면 새길 때마다 계속해서 새로 거듭 생겨나는 것도 경험합니다. 이것은 'udaya'라는 생겨남을 스스로의 지혜로 경험하는 것입니다. 생겨나서는 즉시 사라져 버리는 것도 경험합니다. 이것은 'vaya'라는 사라짐을 스스로의 지혜로 경험하는 것입니다. 그렇게 경험하기 때문에 '닿아서 아는 것도 무상하다. 생각해서 아는 것도 무상하다. 들어서 아는 것도 무상하다. 관찰해서 아는 것도 무상하다' 등으로 이해하게 됩니다. 이것이 바로 생겨나서는 사라져 버리는 무상의 특성을 실제로 경험해서 본 뒤 무상하다고 알고 보는 무상 거듭관찰의 지혜aniccānupassanā ñāṇa입니다. 이 내용을 다음과 같이 표현했습니다.

관찰할때 소멸함을 알고보고 경험하여
무상하다 아는것이 무상거듭 관찰지혜[102]

여기서 '안다'라는 것은 생겨나는 물질과 정신을 관찰하면서 아는 것입니다. 관찰하지 않고 들어서 아는 지혜로 숙고해서 아는 것이 아닙니다. 그래서 게송에서 "**관찰할때**"라고 분명하게 드러내 보였습니다. 왜냐하면 관찰하지 않고 숙고해서 아는 것은 실제로 생겨나서 사라지는 물질·정신의 진짜 생멸을 알지 못하기 때문입니다.

자애선정을 얻은 이는 자애선정에 입정합니다. '입정한다'라는 것은 '행복하기를, 행복하기를'이라고 마음을 기울이면서 행복하기를 바라는 자애선정 마음이 생겨나는 것입니다. 그 선정 마음은 단 1초도 지나지 않아 멈춰 버리기도 합니다. 2초나 3초, 혹은 1분, 2분, 3분 등으로 시간이 지나서 멈추기도 합니다. 그 선정 마음이 멈췄을 때 원래 생겨나던 보통의 마음들, 즉 존재요인[103] 마음들이 생겨납니다. 그것을 '선정에서 출정했다'라고 말합니다. 마치 깊은 잠에 든 뒤 깨어나는 것과 비슷한 성품입니다. '선정에서 출정했을 때 위빳사나 관찰을 하리라'라고 마음 기울인 뒤에 선정에 입정한 수행자라면 선정 마음이 멈춘 것과 동시에 관찰해서 아는 위빳사나 마음이 생겨납니다. 그 마음은, 생겨났다가 사라져 버린 선정 마음을 생성과 소멸의 두 가지로 구분해서 압니다. '선정 마음'이라고는 했지만 그것 하나만 아는 것은 아닙니다. 선정 마음과 함께 생멸해 버린 물질과 느낌, 인식, 형성들까지 알게 됩니다. '생겨나서는 사라져 버리기 때문에 무상하다' 등으로 압니다.

102 **관찰마다 무상하다 아는이가 무상거듭 관찰자**aniccānupassī.
103 존재요인의 의미는 본서 부록 p.341 참조.

이러한 방법으로 "행복하기를, 행복하기를"이라고 마음 기울여 독송하면서 자애를 닦은 뒤 위빳사나 관찰을 할 수 있습니다. "행복하기를, 행복하기를"이라고 마음 기울이며 독송하는 자애 마음과 독송하는 물질, 소리 물질이 생멸해서 무상하다는 것도 거듭 관찰해야 합니다.

모든 중생이 행복하기를.
모든 중생이 행복하기를.
모든 중생이 행복하기를.

괴로움, 괴로움의 특성, 괴로움 거듭관찰

괴로움dukkha이란 부처님께서 "yadaniccaṁ taṁ dukkhaṁ 무상한 것은 괴로움이다"라고 설하신 바와 같이(S.ii.19 등) 무상한 다섯 무더기를 말합니다. 괴로움이라고 불리는 무더기 중에서 느낌 무더기의 한 부분인 괴로운 느낌 한 가지만 받아들이기 힘든 괴로움이라고 합니다. 나머지 네 가지 무더기, 그리고 행복한 느낌과 평온한 느낌은 받아들이기 힘든 성품은 아닙니다. 하지만 무상하기 때문에 좋아하고 즐길 만한 점이 없기 때문에도 괴로움이라고 말할 수 있습니다. 받아들이기 힘든 괴로운 느낌이 생겨난 뒤 괴롭히기 때문에도 괴로움이라고 말할 수 있습니다. 이 내용을 게송으로 표현했습니다.

다섯더미 무상해 괴로움이네[104]

104 마하시 사야도의 다른 문헌에서는 "**생멸핍박 물질정신 무더기가 괴로움법**"으로 표현됐다.

다섯 무더기는 한순간도 끊임없이 생겨나서 사라지기 때문에 생멸이 그 다섯 무더기를 끊임없이 괴롭히고 있습니다. 또한 저림과 뜨거움 등으로도 그 무더기가 자주 괴롭히고 있습니다. 그렇게 다섯 무더기는 생성과 소멸로 끊임없이 괴롭힘을 당하고 있기 때문에, 그리고 스스로 괴롭히고 있기 때문에 그것은 두려워할 만한 괴로움이라고 말합니다. 그래서 끊임없이 괴롭히는 성품은 괴로움이라고 알게 하는 특성입니다.[105] 이 내용을 게송으로 표현했습니다.

생성소멸 핍박하는 특성바로 고통특성[106]

끊임없이 관찰하고 있는 수행자는 물질·정신 무더기가 한순간도 끊임없이 생멸하고 있는 것을 경험합니다. 저렸다가, 뜨거웠다가, 이러한 모습으로 받아들이기 힘들 정도로 괴롭히고 있는 것도 경험합니다. 그래서 '좋아할 만한 것이 아닌 괴로움이다. 두려워할 만한 괴로움이다'라고 스스로의 지혜로 알고 보고 이해합니다. 이것이 진짜 괴로움 거듭관찰의 지혜dukkhānupassanā ñāṇa입니다. 이 내용을 게송으로 표현했습니다.[107]

관찰할때 생멸함을 알고보고 경험하여[108]
괴롭다고 아는것이 고통거듭 관찰지혜

105 abhiṇhāsampaṭipīḷakāro dukkhalakkhaṇaṁ.

106 생성과 소멸이라는 두 가지로 끊임없이 괴롭히는 것이 괴로움의 특성이다.

107 **관찰마다 괴롭다고 아는이가 고통거듭 관찰자**dukkhānupassī.

108 다른 곳에서는 '생멸함'을 '핍박함'이라고 표현했다.

"행복하기를, 행복하기를"이라고 마음 기울여 독송하면서 자애를 닦은 뒤 생성과 소멸이라는 두 가지가 괴롭히는 모습도 거듭 관찰해야 합니다.

모든 중생이 행복하기를.
모든 중생이 행복하기를.
모든 중생이 행복하기를.

무아, 무아의 특성, 무아 거듭관찰

무아anatta란 부처님께서 "yaṁ dukkhaṁ tadanattā 괴로움인 것은 무아다"라고 설하신 바와 같이(S.ii.19) 괴로움이라는 다섯 무더기를 말합니다. 무상한 법을 '항상 지속되기를'이라고 자기 마음대로 조정할 수 없습니다. 괴로운 법을 '행복하기를'이라고 자기 마음대로 조정할 수 없습니다. 그렇게 조정할 수도 없고 자신의 내부자나 어떤 실체라고 말할 수도 없습니다. 그래서 '무아anatta', 마음대로 할 수 없는 법일 뿐입니다. 이 내용을 게송으로 표현했습니다.

다섯더미 못지배 자아아니네[109]

진정한 자아, 자기라면 자신이 바라는 대로 돼야 하지만 다섯 무더기는 자신이 바라는 대로 되지 않습니다. 관련된 조건이 있으면 생겨

109 마하시 사야도의 다른 문헌에서는 "**생멸본성 물질정신 무더기가 무아인법**"으로 표현됐다. 자신 성품대로 생멸하는 물질과 정신 무더기가 무아인 법이라는 뜻이다.

나지 않게 하려고 해도 생겨납니다. 생겨난 다음 좋은 것이어서 사라지지 않게 하려고 해도 그대로 되지 않습니다. 사라져 버립니다. 이렇게 원하는 대로 되지 않고 지배할 수 없기 때문에 내부자, 자아가 아니라고 알 수 있습니다. 그래서 "avasavattanākāro anattalakkhaṇaṁ 지배할 수 없는 양상이; 마음대로 되지 않는 양상이 무아의 특성이다; 자아가 아니라 무아라고 알게 하는 특성이다"라고 설명했습니다.(VbhA.47). 이 내용을 게송으로 표현했습니다.

마음대로 되지않는 특성바로 무아특성

끊임없이 관찰하고 있는 수행자는 물질·정신 무더기가 자신이 원하는 대로 되지 않고 관련된 조건에 따라, 각각의 성품에 따라 생멸하고 있는 것을 끊임없이 경험하게 됩니다. 그래서 '마음대로 할 수 없는 무아의 성품법일 뿐이다'라고 스스로의 지혜로 구분해서 알게 됩니다. 이것이 진짜 무아 거듭관찰의 지혜anattānupassanā ñāṇa입니다. 이 내용을 게송으로 표현했습니다.[110]

관찰할때 마음대로 되지않음 경험하여
무아라고 아는것이 무아거듭 관찰지혜[111]

무상·괴로움·무아 세 가지 모두를 게송으로 다음과 같이 표현할 수

110 **관찰마다 무아라고 아는이가 무아거듭 관찰자**anattānupassī.

111 관찰할 때마다 '마음대로 되지 않는 것을 경험하여 지배할 수 없는 법이다. 자아가 아닌 법이다'라고 아는 것이 무아 거듭관찰의 지혜다.

있습니다.

아닛짜란 무상해 생겨서는 사라져
둑카란건 괴로움 생성소멸 괴롭혀
아낫따란 무아네 실체아닌 성품법

'아닛짜anicca'란 무상한 것을 말합니다. 생겨나서는 사라져 버리는 것입니다. '둑카dukkha'란 괴로움인 것입니다. 생겼다가 사라졌다가 하면서 괴롭히는 것입니다. '아낫따anatta'란 무아인 것입니다. 실체가 아닌 성품법일 뿐입니다.

"행복하기를, 행복하기를"이라고 자애를 닦을 때도 스스로는 낮 내내, 밤 내내 계속 이어가고 싶지만 격려하고 북돋는 노력이 없으면 그렇게 되지 않습니다. 열의, 노력, 의도가 갖추어져야 그렇게 됩니다. 그래서 자기가 바라는 대로 되지 않는 무아법일 뿐입니다. "행복하기를, 행복하기를"이라고 마음 기울여 독송하면서 자애를 닦은 뒤 다섯 무더기가 무아인 모습도 거듭 관찰해야 합니다.

모든 중생이 행복하기를.
모든 중생이 행복하기를.
모든 중생이 행복하기를.

지금 언급한 대로 "행복하기를, 행복하기를"이라고 마음 기울여 독송한 뒤 무상 등이 드러나도록 관찰하는 것은 욕계 선업 자애 마음 등을 관찰하는 것입니다. 선정을 얻은 이가 자애선정 마음 등을 관찰하는 것은 고귀한 선 마음 등을 관찰하는 것입니다. 이렇게 욕계 마음, 고귀한 마음이라는 정도의 차이만 있을 뿐 자애를 관찰하는 모습은 동일합니다. 그래서 자애 선 마음 등을 관찰하면서 위빳사나 지혜가 성숙됐을 때 성스러운 도의 지혜로 물질·정신이 소멸된 열반을 실현할 수 있습니다. 직접 대상으로 할 수 있습니다. 그 도의 지혜 바로 다음에 과의 지혜로도 실현할 수 있습니다. 그렇게 실현하면 성자 중 가장 낮은 단계인 수다원이 됩니다. 자애선정을 얻은 이가 수다원이 되는 것 정도로 만족하지 않고 계속 이어서 관찰하면 사다함 도와 과, 아나함 도와 과로 열반을 실현해서 아나함까지 일반적으로 도달하게 됩니다. 아나함이 되면 욕계 애착이 완전히 사라져 버리기 때문에 욕계 탄생지에 태어날 기회가 없어집니다. 다른 탄생지 중에서도 일반적으로 정거천이라는 색계 탄생지에 태어납니다. 그래서 「두띠야 멧따숫따」 후반부에 부처님께서 다음과 같이 설하셨습니다.

「두띠야 멧따숫따」에서 자애의 이익

So kāyassa bhedā paraṁ maraṇā suddhāvāsānaṁ devānaṁ sahabyataṁ upapajjati. Ayaṁ, bhikkhave, upapatti asādhāraṇā puthujjanehi. (A.i.444/A4:126)

대역

So그는; 그 자애선정을 무상 등으로 관찰하는 이는; 자애선정을 무상 등으로 관찰해서 아나함이 된 그는 kāyassa bhedā몸이 무너져 maraṇā죽은 paraṁ뒤에 suddhāvāsānaṁ devānaṁ정거천 탄생지 천신들의 sahabyataṁ

동료로; 함께 지내는 동료 범천으로 upapajjati태어난다. bhikkhave비구들이여, ayaṁ upapatti이렇게 태어나는 것은; 이렇게 정거천에 태어나는 것은 puthujjanehi범부들과 asādhāraṇā공유하지 않는 것이다; 관련되지 않은 특별한 점이다.

여기서 "정거천에 태어난다"라고 했기 때문에 제4선정도 얻은 상태입니다. 여기서 "자애수행으로는 제3선정까지만 얻을 수 있는데 어떻게 정거천에 태어나는 것이 가능합니까?"라고 질문한다면 "자애선정을 관찰해서 아나함이 된 뒤에 평온수행으로 제4선정을 얻은 것이다"라고 대답할 수 있습니다. 아나함이라면 제4선정을 얻는 것은 그리 어렵지 않습니다. 쉽습니다. 원래 아무런 선정도 얻지 않고 위빳사나만 관찰해서 아나함이 된 이라도 제4선정까지는 쉽게 얻어 정거천 탄생지에 도달할 수 있습니다. 그래서 평온수행으로 제4선정을 얻고 정거천 탄생지에 도달한다고 알아야 합니다.

범부라면 자애선정과 평온선정을 얻어도 정거천 탄생지에 도달할 수 없습니다. 그래서 정거천 탄생지에 태어나는 것은 범부와는 관련되지 않는다고 특별히 설명해 놓았습니다. "수다원이나 사다함도 정거천 탄생지에 태어나지 못하는 것 아닙니까? 수다원이나 사다함과 관련되지 않는다는 사실은 왜 따로 설하지 않으셨습니까?"라고 질문할 수도 있습니다. 수다원이나 사다함도 정거천 탄생지에 태어나지 못하는 것은 사실입니다. 하지만 수다원이나 사다함은 쉽게 아나함이 될 수 있고 그 뒤 정거천 탄생지에 태어날 수 있습니다. 그래서 부처님께서 정거천에 태어날 가능성이 작은 범부만 관련되지 않는다고 드러내신 것입니다.

지금까지 설명한 것은 『앙굿따라 니까야(네 가지 모음)』「두띠야 멧따숫따」입니다. 「빠타마 멧따숫따Paṭhamamettāsutta(첫 번째 자애경)」에 따르면 자애선정이나 더 나아가 평온선정까지 얻은 다음 범부로서 죽을 경우, 얻은 선정에 따라 초선정 탄생지, 제2선정 탄생지, 제3선정 탄생지, 광과천 탄생지에 태어나고 그 탄생지에서 수명이 다해 죽으면 욕계 선처에 다시 태어났다가 그 뒤에는 사악도에도 떨어질 수 있습니다. 만약 부처님의 제자인 성자라면 범천 세상에서만 아라한이 돼 그곳에서 완전열반에 듭니다.

「빠타마 멧따숫따」

「빠타마 멧따숫따」에서 자애선정을 닦는 모습은 「두띠야 멧따숫따」와 동일합니다. 부처님께서는 「빠타마 멧따숫따」의 앞부분에서 자애선정을 얻은 뒤 이어서 위빳사나로 관찰하지 않고 선정을 즐기고 집착하는 모습을 설하셨습니다.

> So tadassādeti, taṁ nikāmeti, tena ca vittiṁ āpajjati. Tattha ṭhito tadadhimutto tabbahulavihārī aparihīno kālaṁ kurumāno brahmakāyikānaṁ devānaṁ sahabyataṁ upapajjati. … tabbahulavihārī aparihīno kālaṁ kurumāno ābhassarānaṁ devānaṁ sahabyataṁ upapajjati. (A.i.443/A4:125)

대역

So그는; 그 자애선정을 얻은 이는 taṁ그것을; 자애선정을 assādeti즐긴다. taṁ그것을 nikāmeti좋아한다. tena그것으로; 자애선정으로 vittiṁ ca āpajjati만족하기에도 이른다. tattha ṭhito그곳에 머물면서; 그 자애선정에 머물면서 tadadhimutto그것에 열중하면서; 자애선정에 마음 기울이고 집착하면서 tabbahulavihārī그것으로 많이 지내면서; 자애선정에 여러 번 입정하면서 aparihīno물러서지 않고서 kālaṁ kurumāno죽은 뒤에 brahmakāyikānaṁ devānaṁ범신천 범천들의; 초선정 범천들의 sahabyataṁ동료로 upapajjati태어난다. 《이것은 자애 초선정만 얻은 이가 태어나는 모습이다.》 … so그는; 제2선정을 얻은 이는 taṁ그것을; 제2선정을 assādeti즐긴다. … tabbahulavihārī그것으로 많이 지내면서; 제2선정에 여러 번 입정하면서 aparihīno물러서지 않고서 kālaṁ kurumāno죽은 뒤에 ābhassarānaṁ devānaṁ광음천 범천들의 sahabyataṁ동료로 upapajjati태어난다.

이것은 자애 제2선정을 얻은 이가 태어나는 모습을 보인 구절입니다. 소광천parittābhā과 무량광천appamāṇabhā과 광음천ābhassarā이라는[112] 제2선정천 세 탄생지 중 제일 수승한 탄생지인 광음천을 대표로 보인 것일 뿐입니다. 그 뒤에 자애 제3선정을 얻은 뒤 죽어서 소정천

112 소광천 등은 본서 부록 p.344 참조.

parittasubhā과 무량정천appamāṇasubhā과 변정천subhakiṇhā이라는 제3선정천 세 탄생지 중 제일 수승한 탄생지인 변정천에 태어나는 모습도 대표로 설하셨습니다. 그다음에 평온선정 등을 통해 얻을 수 있는 제4선정을 얻은 뒤 그 선정을 즐기다가 죽은 뒤 광과천vehapphalā 탄생지에 태어나는 모습도 설하셨습니다. 광과천은 범부가 도달하는 색계 탄생지 중에 제일 높은 탄생지입니다. 수명도 500대겁입니다. 이어서 광과천의 수명이 다한 뒤 인간 탄생지나 욕계 천상 탄생지로 다시 돌아와서 사악도에도 떨어질 수 있는 모습을 아래와 같이 설하셨습니다.

Tattha puthujjano yāvatāyukaṁ ṭhatvā yāvatakaṁ tesaṁ devānaṁ āyuppamāṇaṁ taṁ sabbaṁ khepetvā nirayampi gacchati tiracchānayonimpi gacchati pettivisayampi gacchati. (A.i.443/A4:125)

대역

Tattha거기서; 그 범천 세상에서 puthujjano범부는 yāvatāyukaṁ수명 한계만큼 ṭhatvā머물다가 yāvatakaṁ tesaṁ devānaṁ āyuppamāṇaṁ taṁ sabbaṁ그 범천들의 수명 한계가 모두 khepetvā다하면 nirayampi gacchati지옥에도 가고 tiracchānayonimpi gacchati축생의 모태에도 가고 pettivisayampi gacchati아귀의 영역에도 간다.

이 구절은 범부는 지옥과 축생과 아귀에 태어나게 하는 업과 번뇌가 아직 다하지 않았기 때문에 그러한 탄생지에도 떨어질 수 있다는 것을 보여줍니다. 범천의 생에서 죽은 뒤에 바로 사악도 탄생지에 떨어지지는 않습니다. 왜냐하면 범천에 도달하게 하는 선정을 닦았던 생에서 일어났던 근접삼매 선업은 보통 사람의 생이나 천상의 생에만 태어나게 하기 때문입니다. 반면에 선정을 얻은 뒤 성스러운 도와 과라는 특별한 법을 얻은 부처님의 진짜 제자는 번뇌가 아직 다하지 않았다면 죽은 뒤 바로 다음에 범천 탄생지에 태어납니다. 이것은 동일합니다. 다른 점은 그 태어난 범천 탄생지에서 아라한 도와 과에 도달해서 완전열반에 든다는 것입니다. 이렇게 다른 모습을 다음과 같이 이어서 설하셨습니다.

Bhagavato pana sāvako tattha yāvatāyukaṁ ṭhatvā yāvatakaṁ tesaṁ devānaṁ āyuppamāṇaṁ taṁ sabbaṁ khepetvā tasmiṁyeva bhave parinibbāyati. Ayaṁ kho, bhikkhave, viseso. (A.i.443/A4:125)

대역

Pana하지만 bhagavato sāvako세존의 제자는; 성자인 제자는《이 구절을 통해 자애선정을 바탕으로 위빳사나 관찰을 해서 수다원, 사다함, 아나함이라는 성제자가 된 사실을 밝혔다.》tattha그곳에서; 그 범천 세상에서 yāvatāyukaṁ 수명의 한계만큼 ṭhatvā머물다가 yāvatakaṁ tesaṁ devānaṁ āyuppamāṇaṁ taṁ sabbaṁ그 범천들의 수명한계가 모두 khepetvā다하면 tasmiṁyeva bhave바로 그곳에서만; 바로 그 범천의 생에서만 parinibbāyati완전열반에 든다. bhikkhave비구들이여, ayaṁ kho실로 이것이; 선정을 얻은 범부는 범천 세상에 태어나 수명이 다했을 때 욕계 선처에 다시 도달한 뒤 그곳에서 지옥이나 축생, 아귀의 생에도 태어날 수 있다는 사실과 자애선정을 얻은 성제자는 범천 세상에 태어나면 그 범천 세상에서만 아라한이 돼 완전열반에 든다는 사실이 viseso차이점이다.

지금까지 설명한 「빠타마 멧따숫따」를 통해 다음과 같은 사실을 알 수 있습니다. 자애선정을 얻은 뒤 그 선정 정도로 만족하고 즐기며 지내면 죽은 다음 바로 범천 탄생지에 도달할 수 있습니다. 하지만 위빳사나 관찰을 하지 않아서 성스러운 도와 과라는 특별한 법을 아직 얻지 못했다면 범천 탄생지에서 수명이 다해 죽었을 때 사람의 생이나 욕계 천상의 생에 다시 도달할 것입니다. 그렇게 도달한 생에서 사악도에 떨어지게 할 악행을 행한다면 그 생에서 죽은 뒤 사악도에도 다시 떨어질 것입니다. 따라서 선정을 얻은 뒤 범천 탄생지에 도달하더라도 사악도에서 벗어나지 못했다는 점에서는 다른 이들과 전혀 다르지 않습니다. 동일합니다.

반면에 자애선정을 얻은 뒤 위빳사나 관찰을 해서 최소한 수다원이 되면 죽은 뒤에 범천 탄생지에도 태어나고, 그 범천 탄생지에서 욕계 탄생지로 더 이상 돌아오지 않습니다. 그 범천 탄생지에서만 아라한이 돼 모든 고통이 적멸할 것입니다. 그러한 개인은 아나함은 아니지만 선정으로 욕계애착을 제거해서 욕계 탄생지로 돌아오지 않기 때문에 '선정 아나함jhāna anāgāmī'이라고 부릅니다. 선정을 얻은 뒤 사다함이 되더라도 마찬가지입니다. 욕계 탄생지로 돌아오지 않기 때문에 마찬가지로 '선정 아나함'이라고 부릅니다.

선정을 얻은 뒤 아나함이 된다면 「두띠야 멧따숫따」에서 설하신 대로 다섯 정거천 중 제일 아래인 무번천avihā 탄생지에 태어나 그 탄생지에서 아라한이 돼 완전열반에 들기도 합니다. 아라한이 되지 않는다면 1천 대겁의 수명이 다했을 때 무번천에서 죽은 뒤 두 번째 정거천인 무열천atappā 탄생지에 태어납니다. 그 탄생지에서 아라한이 돼 완전열반에 들기도 하고, 아라한이 되지 않는다면 2천 대겁의 수명이 다했을 때 무열천에서 죽은 뒤 세 번째 정거천인 선현천sudassā 탄생지에 태어납니다. 그 탄생지에서 아라한이 돼 완전열반에 들기도 하고, 아라한이 되지 않는다면 4천 대겁의 수명이 다했을 때 선현천에서 죽은 뒤 네 번째 정거천인 선견천sudassī 탄생지에 태어납니다. 그 탄생지에서 아라한이 돼 완전열반에 들기도 하고, 아라한이 되지 않는다면 8천 대겁의 수명이 다했을 때 선견천에서 죽은 뒤 제일 높은 정거천인 색구경천akaniṭṭhā 탄생지에 태어납니다. 색구경천에서는 확실히 아라한이 돼 1만6천 대겁의 수명이 다했을 때 완전열반에 듭니다.[113]

지금까지 자애선정을 바탕으로 위빳사나 수행을 하는 모습, 그리고 자애의 이익 열한 가지 중 마지막인 범천에 태어나는 이익과 관련해서 『앙굿따라 니까야』 성전을 통해 자세하게 설명했습니다. 자애의 이익을 밝히는 『앙굿따라 니까야』 「멧따숫따」의 "uttari appaṭivijjhanto brahmalokūpago hoti. 더 높은 경지를 통찰하지 못하더라도 범천 세상에 태어난다"라는(A.iii.542/A11:16) 구절에 대해 주석서에서는 다음과 같이 설명했습니다.

Mettāsamāpattito uttari arahattaṁ adhigantuṁ asak-

113 무번천 등은 본서 부록 p.344 참조.

konto ito cavitvā suttappabuddho viya brahmalokaṁ upapajjati. (AA.iii.346)

대역

Mettāsamāpattito자애선정증득보다 uttari더 나아가 arahattaṁ adhigantuṁ아라한과를 얻는 것이 asakkonto 불가능한 이는 ito cavitvā여기서 죽어서; 이 사람의 생에서 죽어서 suttappabuddho viya잠든 이가 깨어나는 것처럼 brahmalokaṁ upapajjati범천 세상에 태어난다.

여기서 "자애선정증득보다 더 나아가 아라한과를 얻지 못하면"이라는 구절은 "자애선정만으로도 범천 세상에 도달할 수 있다"라는 사실, 그리고 "자애선정을 바탕으로 아래의 세 가지 과 중 하나를, 혹은 둘을, 혹은 세 가지 모두를 얻어도 범천 세상에 도달할 수 있다"라는 사실을 나타냅니다. 다시 한 번 자애의 열한 가지 이익을 보인 게송을 살펴보겠습니다.

오매(寤寐)편안 악몽안꿔 인천(人天)좋아 천신보호
불독무기 못해치고 삼매(三昧)빨리 얼굴맑아
임종불매(不昧) 사후(死後)범천 자애이익 열한가지

자애를 닦으면서 위빳사나 관찰하기

자애의 이익을 얻을 수 있는 만큼 얻도록 먼저 바탕이 되는 자애를 닦아야 합니다. 그리고 그렇게 마음 기울이고 독송하면서 생겨나고 있는 물질과 정신도 따라가며 위빳사나로 관찰해야 합니다. 천천히 독송하면서 관찰해 보기 바랍니다.

이 지역에 있는 모든 사람, 천신, 중생이
행복하기를, 행복하기를, 행복하기를.
이 도시에 있는 모든 사람, 천신, 중생이
행복하기를, 행복하기를, 행복하기를.
이 나라에 있는 모든 사람, 천신, 중생이
행복하기를, 행복하기를, 행복하기를.
모든 중생이
행복하기를, 행복하기를, 행복하기를.

제4부

「자애경」

제7장
「자애경」 빠알리어와 한글 독송

제8장
「자애경」 상설

제7장

「자애경」 빠알리어와 한글 독송

멧따숫따
Mettāsutta

*빠알리어 한글 발음은 부록 참조

00-1 **얏사누바와또 약카 |**
Yassānubhāvato yakkhā,

네와 닷센띠 비사낭 ||
Neva dassenti bhīsanaṁ;

얌히 쩨와누윤잔또 |
Yamhi cevānuyuñjanto,

랏띤디와마딴디또 ||
Rattindivamatandito.

00-2 **수캉 수빠띠 숫또 짜 |**
Sukhaṁ supati sutto ca,

빠빵 낀찌 나 빳사띠 ||
Pāpaṁ kiñci na passati;

에와마디구누뻬땅 |
Evamādiguṇūpetaṁ,

빠릿땅 땅 바나마 헤 ||
Parittaṁ taṁ bhaṇāma he.

자애경

00-1 선한 이들이여, 이 경의 위력으로

야차들은 두려운 것 보이지 못합니다.

이 경을 밤낮으로 게으르지 않고

거듭 열심히 독송하며 노력하면

00-2 편안하게 잠들고 또한 잠잘 때

어떠한 악몽도 꾸지 않습니다.

이러한 여러 덕목을 구족한

이 보호경을 독송합시다.

01 까라니̄야맛타꾸살레나 ǀ
Karaṇīyamatthakusalena,

얀따산땅 빠당 아비̊사멧짜 ǁ
Yantasantaṁ padaṁ abhisamecca;

삭꼬 우주̄ 짜 수후주̄ 짜 ǀ
Sakko ujū ca suhujū ca,

수와쪼 깟사 무두 아나띠마̄니̄ ǁ
Suvaco cassa mudu anatimānī.

02 산뜻사꼬 짜 수바̊로 짜 ǀ
Santussako ca subharo ca,

압빠낏쪼 짜 살라˝후까웃띠 ǁ
Appakicco ca sallahukavutti;

산띤드리요 짜 니빠꼬 짜 ǀ
Santindriyo ca nipako ca,

압빠갑보̊ 꿀레스와나누깃도̊ ǁ
Appagabbho kulesvananugiddho.

03 나 짜 쿳다마̄짜레 낀찌 ǀ
Na ca khuddamācare kiñci,

예나 윈뉴̄ 빠레 우빠와데융˝ ǁ
Yena viññū pare upavadeyyuṁ;

수키노 와 케미노 혼뚜 ǀ
Sukhino va khemino hontu

01 행해야 한다네, 이익에 능숙하여

적정의 경지를 이루고자 한다면

유능하고 또한 정직하고 고결하며

훈계 쉽고 부드럽고 겸손해야 한다네.

02 만족할 줄 알고 공양하기 쉬우며

분주하지 않고 생활이 간소하며

감관은 고요하고 슬기로우며

불손해도 안 되고 탐착해도 안 된다네.

03 지혜로운 이가 나무랄 일은

어떠한 사소한 것, 행하면 안 된다네.

행복하고 또한 안락하기를.

삽바삿따 바완뚜 수키땃따 ||
Sabbasattā bhavantu sukhitattā.

04 예 께찌 빠나부땃티 |
Ye keci pāṇabhūtatthi,

따사 와 타와라 와나와세사 ||
Tasā vā thāvarā vanavasesā;

디가 와 예 와 마한따 |
Dīghā vā ye va mahantā

맛지마 랏사까 아누까툴라 ||
Majjhimā rassakā aṇukathūlā.

05 딧타 와 예 와 아딧타 |
Diṭṭhā vā ye va adiṭṭhā

예 와 두레 와산띠 아위두레 ||
Ye va dūre vasanti avidūre;

부따 와 삼바웨시 와 |
Bhūtā va sambhavesī va

삽바삿따 바완뚜 수키땃따 ||
Sabbasattā bhavantu sukhitattā.

06 나 빠로 빠랑 니꿉베타 |
Na paro paraṁ nikubbetha,

모든 중생이 행복하기를.

04 살아있는 생명이면 그 어떤 것이든
동요하든 혹은 확고하든 남김없이
길거나 크거나 중간이거나
짧거나 작거나 비대하거나

05 보았거나 혹은 본 적이 없거나
멀리 머물거나 가까이 머물거나
이미 있거나 앞으로 태어날
모든 중생이 행복하기를.

06 서로가 서로를 속이면 안 된다네.

나띠만녜타 깟타찌 나 깐찌 ||
Nātimaññetha katthaci na kañci

뱌로사나 빠띡가산냐 |
Byārosanā paṭighasaññā,

난냐만냐사 둑카밋체야" ||
Nāññamaññassa dukkhamiccheyya.

07 마따 야타 니양 뿟따마유사 |
Mātā yathā niyaṁ puttamāyusā

에까뿟따마누락케 ||
Ekaputtamanurakkhe;

에왐삐 삽바부떼수 |
Evampi sabbabhūtesu,

마나상 바와예 아빠리마낭 ||
Mānasaṁ bhāvaye aparimāṇaṁ.

08 멧딴짜 삽발로까스미 |
Mettañca sabbalokasmi,

마나상 바와예 아빠리마낭 ||
Mānasaṁ bhāvaye aparimāṇaṁ;

웃당 아도 짜 띠리얀짜 |
Uddhaṁ adho ca tiriyañca,

아삼바당 아웨라마사빳땅 ||
Asambādhaṁ averamasapattaṁ.

어느 곳 누구든지 얕보면 안 된다네.

분노 때문이든 증오 때문이든

서로에게 고통을 바라면 안 된다네.

07 마치 어머니가 하나밖에 없는

자식을 목숨 걸고 보호하듯이

이와 같이 또한 모든 존재 향해서

한계 없는 마음을 닦아야 한다네.

08 또한 온 세상에 자애로 가득한

한계 없는 마음을 닦아야 한다네.

위로, 아래로, 그리고 옆으로도

좁지 않게, 원한과 적이 없이.

09 띳탕 짜랑 니신노 와 ।
Tiṭṭhaṁ caraṁ nisinno va

사야노 야와땃사 위따밋도 ॥
Sayāno yāvatāssa vitamiddho

에땅 사띵 아딧테야" ।
Etaṁ satiṁ adhiṭṭheyya,

브라흐마메땅 위하라미다마후 ॥
Brahmametaṁ vihāramidhamāhu.

10 딧틴짜 아누빡감마 ।
Diṭṭhiñca anupaggamma,

실라와 닷사네나 삼빤노 ॥
Sīlavā dassanena sampanno;

까메수 위나야 게당 ।
Kāmesu vinaya gedhaṁ,

나 히 자뚝갑바세야" 뿌나레띠 ॥
Na hi jātuggabbhaseyya punareti.

멧따숫땅 닛티땅 ॥
Mettāsuttaṁ niṭṭhitaṁ.

09 서서나 걷거나 또는 앉아서나
누워서나 언제나 깨어있는 한
자애의 새김을 굳건히 해야 하네.
여기서는 이것이 거룩한 삶이라네.

10 삿된 견해에 빠지지 않고,
계행을 구족하고 지견을 갖추어
감각욕망 집착을 제거한다면
다시는 입태하지 않을 것이네.

「자애경」이 끝났습니다.

제8장

「자애경」 상설

* 「자애경」에 대한 상세한 설명은 마하시 사야도의 법문(1965년 음력 7월 28일부터 9월 3일까지 여섯 번의 법문)을 주로 참고했습니다. 마하시 사야도의 설명임을 분명하게 밝혀야 하는 경우와 마하시 사야도의 법문이 아닌 경우는 출처를 따로 밝혔습니다.

「자애경」

「멧따숫따Mettāsutta(자애경)」(Sn.143~152, 이하 「자애경」)는 많은 불자에게 익숙한 경입니다. 테라와다 불교와 관련된 거의 모든 행사에서 독송할 정도로 부처님의 가르침에서 중요한 위치를 차지합니다. 「자애경」이 포함되지 않고는 불교 행사가 이뤄지지 못할 정도입니다. 보통 출가행사 등의 길상 행사에서는 「망갈라숫따Maṅgalasutta(길상경)」를 독송하고, 여러 위험과 장애가 없도록 하기 위해서는 「라따나숫따Ratanasutta(보배경)」를 독송하는데 「자애경」은 어느 행사에서나 독송합니다.[114]

보시 받는 이가 「자애경」을 독송하면서 자애를 닦은 다음 보시물을

114 여러 보호경과 그 경을 독송하는 의미는 본서 부록 pp.326~329 참조.

받으면 보시하는 이에게 더욱 큰 이익을 줄 수 있습니다. 그래서 특히 출가자라면 「자애경」의 의미를 잘 이해해야 하고 독송도 정확하게 해야 합니다. 또한 「자애경」을 독송할 때마다 자애를 닦아야 합니다. 그렇게 자애를 닦으면 자신뿐만 아니라 보시자에게도 이익이 늘어납니다. 자애의 여러 이익에 대해서는 제6장에서 자세하게 설명했습니다.[115] 독송을 듣는 이들도 「자애경」의 의미를 잘 알고 들으면 믿음과 희열이 더욱 늘어날 것입니다. 먼저 「자애경」을 칭송하는 게송부터 설명하겠습니다.

독송 전 권청

00-1 Yassānubhāvato yakkhā,
Neva dassenti bhīsanaṁ;
Yamhi cevānuyuñjanto,
Rattindivamatandito.

00-2 Sukhaṁ supati sutto ca,
Pāpaṁ kiñci na passati;
Evamādiguṇūpetaṁ,
Parittaṁ taṁ bhaṇāma he.

해석

00-1 선한 이들이여, 이 경의 위력으로
야차들은 두려운 것 보이지 못합니다.

115 본서 pp.147~200 참조.

이 경을 밤낮으로 게으르지 않고
거듭 열심히 독송하며 노력하면
00-2 편안하게 잠들고 또한 잠잘 때
어떠한 악몽도 꾸지 않습니다.
이러한 여러 덕목을 구족한
이 보호경을 독송합시다.

대역

He오, 선한 이들이여, yassa어떤 것의; 「자애경」이라는 어떤 보호경의 anubhāvato위력으로 yakkhā야차들은; 목신들은[116] bhīsanaṁ두려운 것을; 두려워할 만한 대상을 neva dassenti보이지 못합니다; 위협하지 못합니다. ca그리고 「자애경」이라는 yamhi eva어떤 보호경에만 rattindivaṁ밤낮으로; 언제나 atandito게으르지 않고 anuyuñjanto거듭 애쓰는 이는; 독송하며 노력하는 이는 sukhaṁ편안하게 supati잠듭니다. sutto ca잠을 잘 때도 kiñci pāpaṁ어떠한 악몽도 na passati꾸지 않습니다. evamādiguṇūpetaṁ이러한 여러 덕목을 구족한 taṁ parittaṁ그 보호경을; 그 「자애경」을 mayaṁ우리들은 bhaṇāma독송합시다.

116 야차yakkha라는 단어는 제석천왕, 욕계 천신, 야차 등을 뜻하지만 「자애경」의 배경 설화에 따라 여기서는 천신, 특히 목신을 뜻한다고 취했다. 천신들이 두려운 것을 보이지 못한다고 말하면 야차가 두려운 것을 보이지 못한다는 뜻은 저절로 포함된다. *Ashin Vāseṭṭhābhivaṁsa*, 『*Pareigyi Nissaya Thik*(新 보호경 대역)』, p.359 참조.

이 두 게송은 이전의 여러 큰스님이 다듬어서 서문으로 첨가한 칭송 게입니다. 「자애경」을 독송하기 시작할 때 서로 보조를 맞추도록 알리는 내용입니다. 또한 이 게송에는 「자애경」의 덕목을 칭송하는 내용도 포함돼 있습니다. 그중 「자애경」의 위력 때문에 목신들이 두려운 대상을 보이거나 위협하지 못한다는 내용은 부처님께서 「자애경」을 설하신 계기와도 관련됩니다.

500명의 비구를 목신들이 위협하다

한때 부처님께서 사왓티Sāvatthi의 제따와나Jetavana 정사에 머물고 계셨습니다. 그때 500명의 비구가 부처님께 수행주제를 받은 뒤[117] 수행하기에 적당한 숲속 정사와 탁발 마을을 찾아다니다가 헤마와따Hemavata 산 근처의 한 숲에 도착했습니다. 그곳에는 깨끗하고 시원한 연못이 있었습니다. 비구들은 그 숲에서 하룻밤을 보내고서 아침에는 그곳에서 너무 멀지도 않고 가깝지도 않은 마을로 탁발을 나갔습니다. 그 마을에는 100가구 정도가 살았습니다. 마을 사람들은 믿음이 좋았기 때문에 500명의 비구에게 공양을 올리며 그곳에서 안거를 보내도록 청했습니다. 스님 한 분씩 지낼 수 있도록 수행거처 500개를 지어 침상, 의자, 물 항아리 등의 필수품과 함께 보시했습니다.

다음 날은 근처 다른 마을로 탁발을 나갔습니다. 그 마을 사람들도 같은 방법으로 보시하면서 안거를 보내도록 청했습니다. 비구들은 "위험이나 장애가 없으면 그렇게 하겠습니다"라고 받아들인 뒤 그 숲에서

117 기질에 따른 수행주제는 본서 부록 p.331 참조.

만 밤낮으로 끊임없이 수행하며 지냈습니다. 계를 갖춘 비구들은 덕목이 높기 때문에 그보다 덕목이 낮은 숲에 사는 목신들은 자신들의 나무궁전에서 지내지 못했습니다. 그저 아이들을 데리고 나무에서 내려와 '존자들이 언제쯤 이곳을 떠날 것인가'라고 조금 멀리서 바라보고만 있었습니다.

시간이 지나자 목신들은 '이 존자들은 안거 삼 개월 내내 이 숲에서 지낼 모양이구나. 그렇게 오래 아이들과 나무궁전 밖에서 지낼 수는 없다. 놀라게 해서 떠나게 하는 것이 좋겠다'라고 생각하고는 밤에 비구들이 수행하고 있을 때 매우 두려운 야차 모습으로 변신해서 나타났습니다. 무서운 소리도 냈습니다. 그렇게 두려운 모습을 보고 무서운 소리를 듣자 비구들의 마음이 동요했습니다. 뿐만 아니라 목신들은 나쁜 냄새까지 풍겼습니다. 주석서에서 "tena duggandhena nimmathiyamānamiva matthaluṅgaṁ ahosi. 비구들의 뇌를 그 나쁜 냄새가 뒤집고 압박했다"라고 묘사할 정도로(SnA.i.176)[118] 비구들은 심한 두통까지 앓았습니다. 얼굴도 수척해지고 마음도 고요하게 가라앉힐 수 없었습니다. 그렇지만 서로 말하지 않고 참으며 지냈습니다.

어느 날, 법랍이 제일 높은 장로가 500명의 비구에게 이러한 상황에 대해 물었습니다. 그러자 비구들은 각자 자신들이 경험한 것을 솔직히 털어놓았습니다. 장로는 "그렇다면 이 숲은 수행하기에 적당하지 않습니다. 부처님께 다시 청해서 적당한 지역으로 가서 후반부 안거를[119] 보냅

118 (마) 이 설명은 최근 서양 학자들의 말과 어느 정도 일치한다. 『*Brahmavihāra tayataw*(거룩한 머묾 법문)』, p.106 참조.

119 pacchimavāsa. 음력 6월 보름부터 전반부 안거가 시작되고 음력 9월 보름에 끝난다. 이 경우 까티나 가사를 보시 받을 자격이 있다. 음력 7월 보름부터 후반부 안거가 시작되고 음력 10월 보름에 끝난다. 이 경우는 까티나 가사를 보시 받을 자격이 없다.

시다"라고 결정했습니다.[120] 비구들은 부처님께 가서 그간의 모든 상황을 말씀드리고 자신들에게 적당한 장소를 지정해 주시길 청했습니다.

자애경을 설하시다

부처님께서는 그 비구들이 수행하기에 적당한 다른 장소를 숙고해 보셨지만 잠부디빠 전체에서 그들이 지냈던 그 숲보다 더 적당한 장소를 보지 못하셨습니다. 그래서 다시 그 숲으로 돌아가라고 말씀하셨습니다. 부처님께서는 "천신들의 위협과 여러 위험이 없기를 바란다면[121] 「자애경」을 수지하고 가라. 「자애경」은 위험으로부터 지켜 주는 보호경paritta이 될 것이고 수행주제kammaṭṭhāna도 될 것이다"라고[122] 말씀하시며 「자애경」을 설하셨습니다. 주석서에서는 이 내용을 다음과 같이 설명했습니다.

> Imañca suttaṁ māsassa aṭṭhasu dhammassavana-divasesu gaṇḍiṁ ākoṭetvā ussāretha, dhammakathaṁ

---

120 "후반부 안거를 보냅시다"라는 내용은 『숫따니빠따 주석서』에 구체적으로 언급되지 않았다. 마하시 사야도의 보충설명이다. 주석서에서는 "안거 기간 중에 유행하지 말라고 계목을 제정했는데 왜 유행을 했는가?"라고 부처님께서 질문하셨다는 내용이 언급됐다.(SnA.i.177)

121 부처님께서는 숲속 거주자āraññaka를 외호外護하는 법pariharaṇa들도 설하셨다. 그것은 아침과 저녁에 행하는 두 번의 자애, 두 번의 보호경 독송, 두 번의 죽음새김, 여덟 가지 경각심의 토대이다. 여덟 가지 경각심의 토대는 태어남, 늙음, 병듦, 죽음, 사악도의 고통 네 가지, 혹은 태어남, 늙음, 병듦, 죽음, 사악도의 고통, 과거 윤전을 뿌리로 한 고통, 미래 윤전을 뿌리로 한 고통, 현재 음식을 구하는 고통이다.(SnA.i.177) 경각심의 의미는 본서 부록 pp.336~337 참조.

122 주석서에서는 "자애를 위해서, 보호를 위해서, 위빳사나의 토대선정vipassanāpādakajhāna을 위해서 이 경을 설하셨다"라고 설명했다.(SnA.i.177)

karotha, sākacchatha, anumodatha, idameva kammaṭṭhānaṁ āsevatha, bhāvetha, bahulīkarotha. Tepi vo amanussā taṁ bheravārammaṇaṁ na dassessanti.

(SnA.i.191)

대역

Imañca suttaṁ또한 이 경을; 「자애경」을 māsassa한 달 중 aṭṭhasu dhammassavanadivasesu법문을 듣는 8일에[123] gaṇḍiṁ ākoṭetvā알림목을 쳐서 ussāretha독송하라. dhammakathaṁ karotha법을 설하라. sākacchatha 의논하라. anumodatha따라 기뻐하라; 보호경을 따라 기뻐하라. idameva kammaṭṭhānaṁ바로 이 수행주제만을; 이 자애라는 수행주제만을 āsevatha의지하라. bhāvetha 닦아라; 계발하라; 향상되게 하라. bahulīkarotha많이 행하라. tepi amanussā그 천신들도 vo그대들에게 taṁ bheravārammaṇaṁ그 두려워할 만한 대상을 na dassessanti보이지 못할 것이다; 보이지 않고 위협하지 않고 지낼 것이다.

비구들은 부처님의 가르침을 받아 지니고 원래 지내던 숲속 정사로 돌아와 부처님의 가르침 그대로 실천하며 지냈습니다. 그러자 목신들은 '이 존자들이 자애를 닦으면서 우리들의 이익과 번영을 기원하는구나'라고 기뻐하며 비구들이 편하게 수행할 수 있도록 여러 방면으로 도

123 음력으로 달이 차오르는 기간인 상현과 달이 기우는 기간인 하현의 각각 5일, 8일, 14일, 15일을 말한다.

와주었습니다. 비구들은 자애를 닦은 후 자애선정을 바탕으로 위빳사나 수행을 해서 바로 그 안거 안에 모두 아라한 도와 과까지 도달해서 아라한이 됐습니다. 이것을 연유로 「자애경」의 칭송게에서 "이 경의 위력으로 목신들이 두려워할 만한 대상을 보이지 못한다. 두렵게 하지 못한다"라는 내용을 드러낸 것입니다.

자애의 이익

「자애경」의 칭송게에서 "편안하게 잠들고" 등 자애의 여러 이익을 언급했습니다. 또한 "자애를 닦는 이는 부처님의 훈계를 따르는 이라고 할 수 있다" 등의 구절을 통해(A1:6:3~5)[124] 자애를 닦으면 각자의 덕목이 더욱 향상된다는 사실을 알 수 있습니다. 이렇게 개인의 덕목을 향상시키는 자애를 어찌 닦지 않을 수 있겠습니까? 자애를 닦으면 개인의 덕목과 함께 길상이 향상됩니다. 길상이 있는 이에게는 나쁜 위험과 장애가 닥치지 않고 번영과 행복이 증가한다고 확신해야 합니다.

자애를 닦는 이는 연민, 같이 기뻐함, 평온이라는 다른 거룩한 머묾brahmavihāra도 쉽게 닦을 수 있습니다. 보시와 지계 등의 바라밀도 쉽게 닦을 수 있습니다. 「웰라마숫따Velāmasutta(웰라마 경)」에 따르면 보시를 하는 것보다, 삼귀의를 하는 것보다, 계를 수지하는 것보다 소 젖을 한 번 짜는 시간만큼이라도 자애를 보내는 것이 더욱 큰 이익을 가져다준다고 알 수 있습니다.(A9:20)

의미는 모른 채 단지 「자애경」을 빠알리어로 독송하는 것만으로도

124 본서 pp.147~148 참조.

여러 위험과 장애에서 벗어난 이들이 매우 많습니다. 그러니 의미까지 알고 독송한다면, 나아가서 자애수행까지 닦는다면 그 이익이 얼마나 클지 말할 필요도 없을 것입니다. 확고한 믿음을 바탕으로 열심히 노력해서 「자애경」의 위력을 직접 누리길 기원합니다.[125]

독송하는 것으로는 충분하지 않다

「자애경」의 칭송게 세 번째 구절에 "anuyuñjanto거듭 애쓰는 이는; 독송하며 노력하는 이는"이라는 내용이 있습니다. 이 구절을 통해 「자애경」을 단지 독송하는 것뿐만 아니라 자애수행도 함께 닦고 노력해야 한다는 사실을 알 수 있습니다. 왜냐하면 『앙굿따라 니까야』의 「멧따숫따Mettāsutta(자애경)」에 따르면 자애수행의 이익 열한 가지는 '자애 마음해탈mettā cetovimutti의 이익'이기 때문입니다. 『앙굿따라 니까야』 한 가지 모음, 「장애의 극복 품」 중 일곱 번째 경에서 부처님께서는 "비구들이여, 이것 이외에 다른 어떤 법에 의해서도 아직 일어나지 않은 분노byāpāda가 일어나지 않고, 또 이미 일어난 분노가 버려지는 것을 나는 보지 못하나니, 그것은 바로 자애 마음해탈이다"라고 설하셨습니다.(A1:2:7) 그 구절에 대해 주석서에서는 "'자애'라고만 하면 근접삼매 등 앞부분도 포함하지만 '자애 마음해탈'이라고 설하셨기 때문에 몰입삼매만 의미한다"라고 설명했습니다.(AA.i.37) 따라서 단지 독송하는 것으로는 '자애 마음해탈'이라고 부를 수 없습니다.

125 이 단락은 『*Pareigyi Nissaya Thik*(新 보호경 대역)』, pp.358~361을 참조했다.

자애수행의 앞부분에 실천해야 할 법들_첫 번째 게송

열반을 바라는 이라면 세 가지 수련sikkhā·三學을[126] 실천해야 합니다. 「자애경」의 처음 세 게송까지는 세 가지 수련을 실천하기 앞서 갖춰야 할 법들을 설명하고 있습니다.[127]

01 Karaṇīyamatthakusalena,
Yanta[128] santaṁ padaṁ abhisamecca;
Sakko ujū ca suhujū[129] ca,
Suvaco cassa mudu anatimānī.

해석

행해야 한다네, 이익에 능숙하여
적정의 경지를 이루고자 한다면
유능하고 또한 정직하고 고결하며
훈계 쉽고 부드럽고 겸손해야 한다네.

대역

Santaṁ적정의 padaṁ경지를; 열반을 abhisamecca이루고자 하는; 도달하고 알고 보아 《viharitukāmena지내기를 바라는》, atthakusalena이익에 능숙한 이는; 원하고 바랄 만한 이익과 번영을 잘 알고 이해하는 이는 yaṁ어

126 수련의 의미는 본서 부록 p.339 참조.

127 편역자의 보충 설명이다.

128 마 의미하는 바로는 'yaṁ taṁ'이라고 해야 하나 성전 원문에는 작시법에 맞추기 위해 'yanta'라고 표현됐다. 작시법을 고려하지 않고 'yaṁ taṁ'이라고 하면 더욱 분명하다.

129 sūjū(Te.).

떤 것을; 계와 삼매와 통찰지라는 어떤 실천을 karaṇīyaṁ 행해야 한다.[130] taṁ그것을; 그 실천을 《실천하는 데》 sakko ca assa유능한 이가 돼야 한다[131]; 유능해야 한다; 능숙해야 한다. uju ca assa정직해야 한다. suhuju ca assa 고결해야 한다; 매우 정직해야 한다.[132] suvaco ca assa훈계하기 쉬워야 한다; 훈계를 쉽게 받아들여야 한다. mudu ca assa부드러워야 한다. anatimānī ca assa겸손해야 한다; 거만하여 우쭐거림이 없어야 한다.

행해야 한다

이 교법에서 '행해야 하는 것karaṇīya'에는 세 가지 수련밖에 없습니다. 그래서 주석서에서 "행해야 하는 것이란 간략하게 세 가지 수련이다. 행하지 말아야 할 것akaraṇīya은 계의 무너짐sīlavipatti, 견해의 무너짐diṭṭhivipatti, 행실의 무너짐ācāravipatti, 생계의 무너짐ājīvavipatti이다"라고 설명했습니다.(SnA.i.177)

하지만 "세 가지 수련"이라고만 하면 너무 간략해서 일부는 알고 일부는 알지 못합니다. 그래서 자세하게 알지 못하는 비구들에게, 특히

130 아신 와셋타비왐사는 "yaṁ karaṇīyaṁ어떤 행해야 할 것이 atthi있는데 taṁ그것을; 계와 삼매와 통찰지라는 어떤 실천을 karaṇīyam행해야 한다"라고 대역했다. 『*Pareigyi Nissaya Thik*(新 보호경 대역)』, p.364 참조.

131 빠알리어 문법에 따른 직역과 미얀마의 여러 대역에 따르면 '어떠어떠한 이가 돼야 한다'라고 해석해야 한다. 한국어에서는 이러한 표현이 어색하므로 이후부터 '어떻게 해야 한다'라고 해석했다.

132 ⓜ 문법상으로는 'suhuju'라고 해야 하나 성전 원문에는 작시법에 맞추기 위해 'suhujū'라고 표현됐다. 대역할 때는 작시법을 고려하지 않고 'suhuju'라고 했다.

숲속에 거주하는 비구들에게 행해야 할 것을 자세하게 설명하기 위해 "유능해야 한다" 등으로 설하셨습니다.(SnA.i.179)[133]

이익에 능숙하다

"Ariyateti attho. ariyate도달돼야 한다. iti그래서 attho이익이다"라는 단어분석에 따라 닦고 노력해서 언제나 도달해야[134] 하는 어떤 실천paṭipada, 혹은 각자의 진정한 번영을 '이익'이라고 표현합니다.(SnA.i.177)

이익에 능숙한 이가 있고 이익에 능숙하지 못한 이가 있습니다. '이익에 능숙하지 못한 이'는 불교 교단에 출가해 스스로를 바르게 준비시키지 않는 이, 계가 훼손된 이, 대나무를 주는 행위 등 올바르지 않은 방법 21가지[135]로 생계를 유지하는 이, 왕 등의 재가자들과 교제하는 이, 비구나 비구니 등에 대한 믿음과 존경심이 없고 비방하고 불이익을 바라는 이들과 사귀고 함께하는 이를 말합니다. '이익에 능숙한 이'는 불교 교단에 출가해 스스로를 바르게 준비시키는 이, 올바르지 않은 방법을 버리고 네 가지 계청정을 확립하기 위해 믿음을 선두로 계목단속계를, 새김을 선두로 감각기능단속계를, 정진을 선두로 생계청정계를, 통찰지를 선두로 필수품의지계를 갖추는 이를 말합니다.(SnA.i.177)[136]

133 이 단락은 『*Pareigyi Nissaya Thik*(新 보호경 대역)』, p.369를 참조했다.

134 대역에서는 원문대로 피동으로 해석했고, 인용문에 대해 설명하는 이 문장에서는 주어를 수행자로 취해 능동으로 해석했다.

135 본서 부록 pp.331~332 참조.

136 이 내용은 편역자가 주석서의 내용을 바탕으로 첨가했다.

행해야 한다네 ~ 이루고자 한다면

"Karaṇīyamatthakusalena, yanta santaṁ padaṁ abhisamecca"라는 구절의 해석은 조금 복잡합니다. 여기에는 세 가지 방법이 있습니다. 첫 번째 방법에 따르면 'abhisamecca 이루고'는 세간의 지혜로 유추해서 아는 것이 아니라 도의 지혜로 꿰뚫어서 아는 것paṭivedha입니다. 그래서 'santaṁ padaṁ abhisamecca karaṇīyaṁ 적정의 경지인 열반을 깨닫고 난 뒤 실천해야 하는'이라고 연결하는 것은 적당하지 않습니다. 왜냐하면 열반을 깨닫고 난 다음 실천하는 것이 아니라 실천을 통해서 열반을 깨닫기 때문입니다. 그래서 주석서에서는 연결을 부드럽게 하고 '열반을 깨달아 지내려고 하는 이는 실천해야 한다'라는 의미를 나타내기 위해 'viharitukāmena 지내려는'이라는 보충구절을 넣어서 'abhisamecca viharitukāmena 도를 통해 깨닫고 과의 위치에 도달한 성자로서 지내려는 이'라고 설명했습니다.(SnA.i.177) 앞에서도 이렇게 대역했습니다.

두 번째 방법에서는 'abhisamecca 이루고'를 부처님의 설법이나 자신의 지혜로 유추해서 아는 것으로 해석합니다. 그러면 "padaṁ경지를; 열반을 santaṁ적정하다고 abhisamecca세간의 지혜로 유추해서 알고서 taṁ adhigantukāmena그 열반을 증득하고자 하는, atthakusalena이익에 능숙한 이는 yaṁ karaṇīyaṁ어떤 행해야 할 것이 atthi 있는데 taṁ그것을; 계와 삼매와 통찰지라는 실천을 karaṇīyaṁ행해야 한다"라고 대역할 수 있습니다.(SnA.i.177)

세 번째 방법에서는 "실천하는 이는 어떻게 실천해야 하는가? 무엇 때문에 실천해야 하는가?"라는 질문에 대해 '전해 듣는 것 등 추론을 통해 열반을 알고 실천한다. 알기 때문에 실천한다'라는 의미만 나타냈습니다. 첫 번째 방법에서는 'viharitukāmena 지내려는'이라는 보충구절, 두 번째 방법에서는 'taṁ adhigantukāmena 그 열반을 증득하고자 하는'이라는 보충구절을 따로 넣어 해석했는데 그러지 않고 세 번째 방법으로는 "santaṁ적정한 padaṁ경지를; 열반을 abhisamecca 세간의 지혜로 유추해서 알고 atthakusalena이익에 능숙한 이는 yaṁ karaṇīyaṁ어떤 행해야 할 것이 atthi있는데 taṁ그것을; 계와 삼매와 통찰지라는 어떤 실천을 karaṇīyam행해야 한다"라고 대역할 수 있습니다.(SnA.i.177)

앞부분 실천

부처님께서는「자애경」의 처음 세 게송에서 자애를 닦기 전에 갖춰야 할 법들을 설하셨습니다. 여기서 의미하는 바는 "이러한 법을 실천해야 한다, 갖춰야 한다"라는 내용이지만 그보다는 "어떠한 덕목이 있는 이가 돼야 한다"라고 설하는 것이 더욱 분명하고 이해하기 쉽고 마음에 와 닿기 때문에 '개인을 기본으로 하는 표현'으로 설하셨습니다. 이러한 법을 갖춰야 자애가 생겨날 수 있고 늘어날 수 있습니다. 갖추지 못하면 자애가 늘어나는 것은 물론이고 생겨날 기회조차 없습니다. 그래서 이러한 여러 덕목을 '자애의 앞부분 실천 mettāpubbabhāgapaṭipadā'이라고 말합니다.

이러한 덕목을 갖추지 못한 이는 자애는 말할 것도 없고 어떠한 수행도 성취할 수 없습니다. 다른 여러 수행에서도 이러한 덕목을 갖춰야 그 수행을 성취할 수 있기 때문에 '모든 수행의 앞부분에 실천해야

할 것'이라고도 말할 수 있습니다.[137]

(1) 유능해야 한다

부처님께서는 「자애경」의 처음에 "진정한 이익과 번영을 잘 알고 이해하는 이가 모든 고통이 사라진 열반을 실현하고자 한다면, 다시 말해 열반에 도달하고자 한다면 계와 삼매와 통찰지를 확실히 실천해야 한다"라고 언급하신 뒤 자애수행의 앞부분에 실천해야 할 첫 번째 법을 "sakko ca assa유능한 이가 돼야 한다; 유능해야 한다; 능숙해야 한다"라고 설하셨습니다. "모든 고통을 사라지게 하려면 계도 실천할 수 있어야 한다. 삼매와 통찰지도 실천할 수 있어야 한다. 몸과 목숨을 고려하지 않고 실천할 수 있어야 한다"라는 뜻입니다.

세간의 이익과 번영을 이루려는 이라면 그러한 세간의 이익과 번영을 생겨나게 하는 일을 잘 할 수 있어야 합니다. 농사를 짓든지 장사를 하든지 월급을 받으며 일을 하든지 이익과 번영을 생겨나게 할 수 있어야 합니다. 세상에서는 돈이나 금은 등이 이익과 번영을 생겨나게 하는 것처럼 윤회에서는 계·삼매·통찰지야말로 진정한 이익과 번영을 생겨나게 합니다. 계를 갖추면 적어도 악처에 떨어지지 않고 인간 세상과 천상 세상에서 행복하게 지낼 수 있습니다. 선정삼매를 얻으면 범천 세상에 태어나 행복하게 지낼 수 있습니다. 몇 대겁에 걸쳐 긴 수명을 누릴 수도 있습니다. 위빳사나 통찰지를 구족해서 수다원 도와 과에 이르면 사악도에서 완전히 벗어납니다. 선처에도 최대한 일곱 생까지만 태어나 마지막 생에서 아라한이 돼 완전열반에 듭니다. 아라한

137 이 단락은 『*Pareigyi Nissaya Thik*(新 보호경 대역)』, pp.365~367을 참조했다.

도와 과의 통찰지를 구족하면 다시 태어나서 겪게 될 모든 생의 고통이 완전히 사라집니다.

따라서 윤회와 관련해서 진정한 이익과 번영에 능숙한 이라면 그것을 생겨나게 하는 계·삼매·통찰지를 실천해야 합니다. '이 계목은 지키기 어렵다. 그러니 실천할 수 없다'라고 말해서는 안 됩니다. '삼매 수행은 어렵다. 피곤하다'라고 핑계를 대면서 실천을 미루면 안 됩니다. '위빳사나 관찰수행은 피곤하다. 아무것도 하지 않고 가만히 있는 것이 편안하다'라고 게으른 마음, 무너진 마음으로 실천을 피하면 안 됩니다. 이 내용을 게송으로 표현했습니다.

계정혜란 진정이익 능숙하고 이해해야
이해한뒤 이익번영 생성실천 능숙해야

이 게송에서 **"계정혜란 진정이익 능숙하고 이해해야"**라는 표현은 "atthakusalena 이익에 능숙한 이는"이라는 내용에 해당됩니다. **"생성실천 능숙해야"**라는 표현은 "karaṇīyaṁ 행해야 한다", "sakko ca assa 유능해야 한다"라는 내용에 해당됩니다. 이렇게 행할 수 있는 원인에 해당되는 법은 믿음saddhā과 정진vīriya입니다. '계를 실천하면 선업이 생겨난다. 이익이 많다'라고 확신하는 믿음이 강해야 합니다. '삼매를 실천하면 선정을 얻어 범천 세상에 도달할 수 있다. 위빳사나를 실천하면 도의 지혜, 과의 지혜로 열반에 도달할 수 있다'라고 믿어야 합니다. 그렇게 믿어야 계·삼매·통찰지를 실천할 수 있습니다. 믿지 않으면 실천하지 못합니다.

부처님의 가르침을 믿지 않는 이들은 부처님의 가르침에 따라 계·

삼매·통찰지를 실천하지 못합니다. 불자라고 불리는 이들 중에도 '계는 실천할 필요가 없다. 삼매와 위빳사나도 실천할 필요가 없다. 실천하는 것은 괴로움일 뿐이다'라는 견해를 가지고 설하는 이들이 있습니다. 그런 이들은 부처님의 가르침에 대한 믿음이 없는 이들입니다. 그러한 이들은 계·삼매·통찰지를 실천하지 못하는 이들이며 이렇게 실천하지 못하는 이들은「자애경」에서 설하신 "karaṇīyaṁ 행해야 한다", "sakko ca assa 유능해야 한다"라는 부처님의 가르침과 반대되는 이들입니다. 그러한 이들에게는 진정한 이익과 번영인 계·삼매·통찰지가 없습니다. 세상에서 돈이 없어 괴로움을 겪는 이들처럼 윤회의 여정 내내 악처의 위험 등으로 괴로움만 겪어야 합니다.

정진의 힘도 강해야 합니다. 정진의 힘이 약하면 계를 갖추도록 몸과 말을 보호하는 것이 부담스럽습니다. 계보다 삼매와 통찰지가 더욱 부담스럽습니다. 어떤 이들은 수행과 관련된 법문을 듣는 것도 지겨워합니다. 하지만 정진의 힘이 좋은 이에게는 어떤 일도 상관없습니다. 부담스러운 것이 전혀 없습니다. 어떠한 일이든 끝까지 물러서지 않고 노력해 나갑니다. 이렇게 "계·삼매·통찰지를 실천해야 한다. 실천하는 것이 가능해야 한다. 무능하지 않고 유능해야 한다"라는 내용과 관련해서는 그 바탕이 되는 믿음과 정진을 먼저 갖추는 것이 중요합니다. 그렇게 갖춘 다음 계·삼매·통찰지를 열심히 노력해 나가야 합니다.

정근 구성요소 다섯 가지

앞에서 언급했듯이 세상에서 어떤 일에 유능하려면 '이익이 늘어날 것이다'라는 믿음이 있어야 합니다. 건강과 노력, 정직함, 지혜도 갖춰야 합니다. 이러한 덕목을 갖추지 못하면 세간의 일을 성취할 수 없습니다. 출세간의 영역에서도 마찬가지입니다. 이러한 덕목을 갖춘 이라야 출세간의 특별한 법을 빠르게 증득할 수 있습니다. 이 내용을 『맛지마 니까야』「보디라자꾸마라숫따Bodhirājakumārasutta(보디왕자경)」를 통해 알 수 있습니다.(M85)

한때 보디Bodhi 왕자가 "부처님이라는 스승에게 배운다면 얼마 만에 특별한 법을 얻을 수 있습니까?"라고 부처님께 여쭈었습니다. 부처님께서는 "그대는 코끼리 조련술에 능통한가?"라고 되물으셨습니다. 보디 왕자가 그렇다고 대답하자 부처님께서는 "어떤 이가 그대에게 코끼리 조련술을 배우러 왔다고 하자. 그가 믿음도 없고 건강도 좋지 않고 속이고 게으르고 지혜도 없다면 그가 코끼리 조련술을 완전히 배울 수 있겠는가?"라고 물으셨습니다.

보디 왕자는 다음과 같이 대답했습니다.

"그러한 다섯 가지 중에 하나만 해당해도 배울 수 없습니다. 하물며 다섯 가지 모두에 해당한다면 말할 필요도 없습니다."

"그렇다면 믿음도 있고 건강하고 정직하고 노력하고 지혜도 있다면 그가 코끼리 조련술을 완전히 배울 수 있겠는가?"

"그러한 다섯 가지 중에 하나만 갖춰도 배울 수 있습니다. 하물며 다섯 가지 모두를 갖췄다면 말할 필요도 없습니다."

부처님께서는 "그와 마찬가지로 정근 구성요소 다섯 가지를 갖춘 지혜가 예리한 제도가능자tikkhapaññāneyya라면 하룻밤 사이, 하루 낮 동안에도 특별한 법을 얻을 수 있다"라고 아래와 같이 장담하셨습니다.

Imehi pañcahi padhāniyaṅgehi samannāgato bhikkhu

tathāgataṁ nāyakaṁ labhamāno sāyāmanusiṭṭho pāto visesaṁ adhigamissati, pāto anusiṭṭho sāyaṁ visesaṁ adhigamissati. (M.ii.300/M85)

대역

Imehi pañcahi padhāniyaṅgehi법을 수행하는 이러한 정근 구성요소 다섯 가지를 samannāgato bhikkhu구족한 비구가 tathāgataṁ nāyakaṁ여래라고 하는 수행방법을 가르쳐 주는 스승을 labhamāno얻었을 때, sāyāṁ anusiṭṭho저녁에 가르침을 듣고 수행하면 pāto다음날 새벽에 visesaṁ 도와 과, 열반이라는 특별한 법을 adhigamissati얻을 것이고; 알 것이고 pāto anusiṭṭho새벽에 가르침을 듣고 수행하면 sāyaṁ그날 저녁에 visesaṁ도와 과, 열반이라는 특별한 법을 adhigamissati얻을 것이다; 알 것이다.

여기서 정근 구성요소padhāniyaṅga 다섯 가지란 ①부처님, 가르침, 승가, 수행주제를 주신 스승, 수행방법을 확신하는 믿음, ②먹고 섭취한 음식물을 적절하게 잘 소화시킬 수 있는 건강, ③자신에게 없는 덕목을 드러내거나 자랑하지 않고, 있는 허물을 감추지 않고, 스승이나 같이 지내는 이들에게 사실인 것만을 드러내는 정직, ④'살과 피가 마를 테면 다 말라붙어라. 피부, 힘줄, 뼈만 남을 테면 남아라. 특별한 법을 얻을 때까지 끊임없이 노력하리라'라고 결의하고 이러한 네 가지 요소를 구족하고서 매우 열심히 노력하는 정진, ⑤물질과 정신, 다섯 무더기들의 생겨남과 사라짐을 알고 보는 생멸의 지혜가 생겨남, 이렇게

다섯 가지입니다.[138]

믿음건강 정직함과 열심노력 생멸봐 정근오요소

주석서에서는 "적정의 경지를 직접 통찰하여 지내려고 하거나, 혹은 세간의 통찰지로 적정의 경지를 증득하기 위해 실천하고 있는 숲속 거주 비구라면 두 번째와 네 번째 정근 구성요소를 갖춰 몸과 목숨을 고려하지 않고 진리를 통찰하기 위해 실천하는 데 능숙해야 한다. 그리고 두루채움kasiṇa의 준비의무 수지parikammavattasamādāna, 자신의 발우와 가사를 성찰하는 것, 동료 비구들과 관련된 어떠한 사소한 일거리 등에 대해서도 능숙하고 유능하고 감당할 수 있어야 한다"라고 설명했습니다.(SnA.i.180)[139]

(2~3) 정직해야 한다 / 고결해야 한다

자애수행의 앞부분에 실천해야 할 법 두 번째, 세 번째는 "uju ca assa정직해야 한다. suhuju ca assa고결해야 한다; 매우 정직해야 한다"입니다.[140] 처음 출가했을 때나 처음 수행을 시작했을 때는 믿음의 힘이 좋아서 정직합니다. 하지만 시간이 지나면서 믿음과 노력의 힘이 줄어들어 관련된 의무를 소홀히 하게 되면 '고결하다suhuju'라는 매우 정직한 성품이 생겨나지 않습니다. 평생, 끝까지 소홀히 하지 않고 실

138 뒷부분은 마하시 사야도 지음, 비구 일창 담마간다 옮김, 『위빳사나 수행방법론』 제1권, pp.595~596을 인용했다.

139 이 단락은 『*Pareigyi Nissaya Thik*(新 보호경 대역)』, pp.366~367을 참조했다.

140 유능하더라도 정근 구성요소 중 세 번째인 정직을 갖춰야 한다.(SnA.i.180)

천해 나가야 고결하다고 할 수 있습니다.

다르게 설명하면 자신에게 없는 덕목을 있는 것처럼 꾸며 보이는 허풍sāṭheyya이 없으면 '정직하다uju'라고 말하고, 자신에게 있는 허물을 감추어 없는 것처럼 꾸미고 속이는 속임māyā이 없으면 '고결하다suhuju'라고 말합니다. 혹은 몸과 말로 교활함이 없으면 '정직하다'라고 말하고, 마음으로 교활함이 없으면 '고결하다'라고 말합니다. 마지막 방법으로 설명하면 없는 덕목을 드러내지 않으면 '정직하다'라고 말하고, 없는 덕목을 연유로 존경해서 보시하는 이득을 받아들이지 않으면 '고결하다'라고 말합니다.(SnA.i.180) 혹은 높은 계adhisīla와 높은 마음adhicitta을 통해 정직이 생겨나고 높은 통찰지adhipaññā를 통해 고결함이 생겨난다고도 설명합니다. 이 내용에 따르면 열심히 노력해 아라한 도로 번뇌가 완전히 제거돼야 정직과 고결함이 완벽하게 생겨난다고 알 수 있습니다.[141]

수행할 때는 이러한 정직한 덕목과 고결한 덕목이 매우 중요합니다. 자신에게 없거나 아직 생겨나지 않은 특별한 법의 덕목을 꾸며서 있는 것처럼 말하면 정직하지 않은 것입니다. 그러한 이들에게는 법이 향상될 여지가 없습니다. 스승도 고쳐주기가 어렵습니다. 의무를 다하지 않아 부족한 허물을 사실대로 인정하지 않으면 그것도 고결한 덕목이 무너진 것입니다. 수행하다가 마음이 다른 대상으로 자주 달아나면 그 사실을 스승에게 그대로 보고해야 고결한 덕목을 갖춘 것입니다. 아직 생겨나지 않았다는 것, 아직 알지 못했다는 것을 사실대로 말해야 고결한 덕목을 갖춘 것입니다. 그렇게 정직해야 스승이 잘못된 점을 고

141 『*Pareigyi Nissaya Thik*(新 보호경 대역)』, pp.370~371 참조.

쳐 줄 수 있습니다. 스승이 고쳐준 대로 공손하게, 정성스럽게 수행해 나가면 머지않아 삼매와 지혜가 향상됩니다. 이전에는 거짓된 이였더라도 정직해집니다. 특히 생멸의 지혜에 도달했을 때는 경안passaddhi, 가벼움lahutā, 부드러움mudutā, 해야 할 실천에 적합함kammaññatā, 익혀서 능숙함pāguññatā이라는 성품들과 함께 정직함ujukatā도 분명하게 생겨납니다.

양곤 마하시센터에서 한 여성 수행자가 생멸의 지혜 단계에 이르자 이전에 자신의 남편에게 잘못했던 내용, 다시는 그러한 잘못을 범하지 않겠다는 내용까지 수행지도 스승에게 드러내어 말했다고 합니다. 자애수행을 닦고 있는 이들에게도 마음의 정직함이 매우 필요합니다. 어떤 이들은 자애를 많이 닦지 않으면서 많이 닦는다고 말하며 자신의 덕목을 스스로 드러내고 자랑하기도 합니다. 이것은 정직하지 않은 성품입니다.

(4) 훈계하기 쉬워야 한다

자애수행의 앞부분에 실천해야 할 법 네 번째는 "suvaco ca assa훈계하기 쉬워야 한다"입니다.[142] 훈계하기 어려운 이는 '훈계해 주는 이 사람은 나의 이익과 번영을 바라고 훈계한다'라는 사실을 이해하지 못합니다. 완고한thaddha 마음을 가져서 '고집쟁이dubbaca'라고도 불립니다. 다른 이가 좋은 의도로 말해도 들으려 하지 않고 고집을 부립니다. "누가 보았는가? 누구에게서 들었는가?"라며 받아들이지 않고 반대되는 말을 합니다. '내 앞에서 스승 노릇을 하다니'라며 기분 나빠하기도

142 정직하고 고결한 것만으로는 충분하지 않다. 훈계하기도 쉬워야 한다.(SnA.i.180)

합니다. 심지어 스승들이 훈계해도 입을 꾹 닫고 받아들이지 않습니다. 훈계를 받아들이지 않기 때문에 잘못을 시정하지 않고 이전에 하던 그대로 적당하지 않은 행위를 계속 행하고 말합니다. 이러한 이들은 자애를 보내기 어려운 것은 말할 필요도 없고 다른 실천을 닦는 것도 매우 어렵습니다. 그래서 도와 과, 열반이라는 특별한 법을 얻는 것과 거리가 멀다고 주석서에서 설명했습니다.(SnA.i.180)

훈계하기 쉬운 이는 훈계해 주는 이를 존중하고 존경합니다. 훈계해 주는 이와 그의 훈계를 기꺼이 받아들일 준비가 돼 있습니다. 다른 이가 주의를 주면 "알려주셔서 감사합니다. 자신의 허물은 보기가 어렵습니다. 언제라도 이러한 잘못을 보게 되면 연민으로 말씀해 주십시오"라고 기뻐하며 받아들입니다. 잘못을 고칩니다. 부드럽고 유연한 마음이 있습니다. 그러한 마음은 자애와 함께 생겨나는sahajāta 마음가짐이기 때문에 자애를 일부러 닦지 않아도 자애가 이미 생겨났다고 할 수 있습니다. 그러한 이라야 진정한 이익과 번영을 바라는 이라고 할 수 있습니다. "yathābhūtaṁ ñāṇāya satthā pariyesitabbo 있는 그대로 알기 위해서는 스승을 찾아야 한다"라는(S.ii.349/S12:82) 「니다나숫따Nidānasutta(인연경)」의 가르침을 따르는 것을 전혀 부담스러워하지 않습니다. 이러한 이는 도와 과, 열반이라는 특별한 법을 얻는 것과 거리가 가깝다고 주석서에서 설명했습니다.(SnA.i.180) 이러한 주석서의 설명대로 지금도 스승의 말을 잘 듣고 따르는 수행자들은 특별한 지혜, 특별한 법에 빠르게 도달하는 것을 볼 수 있습니다.

훈계를 들으려 하지 않는 이는 말해 주는 이에 대해 허물을 범하기 때문에 자애가 늘어나지 않고 오히려 성냄이 늘어납니다. 그래서 자애를 닦고 있는 수행자라면 이렇게 훈계하기 쉬운 이가 되는 것이 매우 중요합니다. 여기서 잠시 숙고해 보면, 다른 이가 말해 주는 것은 자신에게 이익이 됩니다. 얼굴에 숯검정이 묻은 채로 어떤 모임이나 축제에 간다면 다른 이들의 웃음거리가 될 것입니다. 하지만 가기 직전에 어떤 이가 말해 주어 숯검정을 깨끗이 씻어내고 간다면 다른 이의 웃음거리, 비난거리가 될 여지가 없습니다. 따라서 자신의 얼굴에 묻은 더러움을 알려 주는 이는 고마운 존재입니다. 그와 마찬가지로 자신의 잘못을 다른 이가 알려 준다면 그렇게 알려 주는 이에게 고마워해야 합니다. 스승이든, 같이 지내는 동료든, 부모든, 형제든 그들이 잘못을 말해 주면 기쁘게 받아들이고 고쳐야 합니다. 라훌라Rāhula 존자는 일곱 살 때 아침마다 모래를 쌓은 다음 '이 모래알만큼 훈계를 받기를'이라고 서원했다고 합니다. 따라서 자애수행이든 어떠한 수행이든 수행을 실천하는 이라면 훈계하기 쉬운 이가 되어야 합니다.

(5) 부드러워야 한다

자애수행의 앞부분에 실천해야 할 법 다섯 번째는 "mudu ca assa부드러워야 한다"입니다.[143] 하지만 신도들의 존경을 받기 위해 일부러 그들이 바라는 대로 말하거나, 일을 대신해 주거나, 선물을 주는 것과 같은 부드러운 행위는 해서는 안 됩니다. 율장과 어긋나지 않는 영역에서 부드럽게 대하고 말해야 합니다. 더 나아가 직접 실천할 때도 게으르거나 뻣뻣하게 굴지 말고 할 수 있는 만큼 부드럽고 원만하게 실천해야 합니다.

조금 더 자세히 설명하면 실천에 있어 게으르고 물러나고 믿음이 없

143 훈계하기 쉬운 이가 돼야 하는 것처럼 부드럽기도 해야 한다.(SnA.i.180)

는 이가 여기서 말하는 '부드럽지 않은amudu 이'입니다. 부드럽지 않은 이는 사전처리가 되지 않은 황금을 세공하기 힘든 것처럼 자애수행 등을 실천하기가 어렵습니다.

믿음과 열의를 가지고 열심히 실천하는 이야말로 '부드러운 이'라고 할 수 있습니다. 사전처리가 잘 된 황금일수록 세공하기 쉬운 것처럼 부드러운 이는 자애 등의 실천을 매우 쉽게 행합니다.

또한 몸과 말이 부드러운 이는 얼굴을 찡그리지 않고 밝은 표정과 듣기에 편안한 말로 다른 이를 대합니다. 마치 잘 마련된 항구에 배들이 안전하고 쉽게 정박할 수 있는 것처럼 다른 사람들이 편안하게 기댈 수 있습니다. 이렇게 부드러운 이는 이미 자애의 성품이 깃들어 있기 때문에 자애수행을 쉽게 실천할 수 있습니다.[144]

(6) 겸손해야 한다

자애수행의 앞부분에 실천해야 할 법 여섯 번째는 "anatimānī ca assa겸손해야 한다"입니다.[145] 거만하게 우쭐거리지 말아야 한다는 뜻입니다. 태생이나 가문, 교학, 실천, 종파 등을 의지해서 우쭐거리지 말아야 합니다. 우쭐거리며 다른 이를 공손하게 대하지 않고 무시하는 태도 등이 없어야 합니다. 자신은 높이면서 다른 이는 존중하지 않고 말하거나 행동하면 진정한 자애가 생겨나기 어렵습니다. 세간적인 측면에서 아무것도 하지 못하는 것처럼 생각되는 이들에게도 불손한 태도로, 존중하지 않으면서 말하고 행동하면 여러 위험과 장애가 생겨날

144 뒷부분은 『*Pareigyi Nissaya Thik*(新 보호경 대역)』, pp.369~370을 참조했다.
145 부드러운 것만으로 충분하지 않다. 겸손하기도 해야 한다.(SnA.i.181)

수 있습니다. 석가족이 위따뚜바Viṭaṭūbha로부터 환난을 당한 것은[146] 태생의 자만으로 우쭐거리며 무시했기 때문입니다. 따라서 자만으로 우쭐거리지 않고, 다른 이를 무시하지 않으며, 부드럽고 원만한 마음이 있어야 합니다.

주석서에서는 "스스로 천민인 듯 여기며 지낸 사리뿟따 존자처럼 겸손한 마음으로 지내야 한다"라고 설명했습니다.(SnA.i.181) 이러한 사리뿟따 존자의 마음가짐은 「웃타숫따Vutthasutta(안거를 마침 경)」를 통해 알 수 있습니다.(A9:11)

한때 사리뿟따 존자가 부처님께 허락을 받은 후 유행을 떠나자 많은 비구가 사리뿟따 존자의 뒤를 따라갔습니다. 많은 비구가 따라가는 것을 본 어떤 비구는 질투심이 생겨 부처님께 가서 다음과 같이 불평했습니다.

"부처님, 사리뿟따 존자는 저를 밀치고서도 용서를 구하지 않고 유행을 떠납니다."

부처님께서는 사리뿟따 존자를 다시 오게 해서 사실 여부를 물으셨고, 사리뿟따 존자는 다음과 같이 대답했습니다.

> Yassa nūna, bhante, kāye kāyagatāsati anupaṭṭhitā assa, so idha aññataraṁsabrahmacāriṁ āsajja apaṭinissajja cārikaṁ pakkameyya. (A.iii.180/A9:11)

대역

Bhante세존이시여, yassa어떤 이에게 kāye몸에 대해 kā-

146 위따뚜바Viṭaṭūbha는 위두다바Viḍūḍabha의 미얀마식 표기이다. 자세한 일화는 『부처님을 만나다』, pp.438~442 참조.

yagatāsati몸에 대한 새김이; 몸 무더기를 관찰하여 아는 새김이 anupaṭṭhitā드러나지 않았다고; 확립되지 않았다고 assa한다면 so그는 aññataraṁsabrahmacāriṁ청정범행을 실천하는 다른 동료들과 āsajja부딪치고서도 apaṭinissajja용서를 구하지 않고 cārikaṁ pakkameyya nūna유행을 떠날 수도 있을 것입니다.

몸에 대한 새김 수행kāyagatāsatibhāvanā을 잘 닦지 않은 이들이라면 같이 수행하는 다른 동료 비구들과 몸으로 부딪치더라도 용서를 구하지 않고 유행을 떠날 수 있다는 뜻입니다. 이 말을 통해서 "저는 몸에 대한 새김을 잘 닦았기 때문에 그러한 일이 생겨날 수 없습니다"라고 아뢴 것입니다. 그리고 다시 다음과 같이 여러 예를 들어 말했습니다.

①"대지 위에 깨끗한 것을 던지기도 하지만 대변, 소변, 침, 고름, 피 등 깨끗하지 않은 것을 던지기도 합니다. 하지만 대지는 불평하거나 혐오하지 않습니다. 넌더리치지도 않습니다. 부처님, 저도 이렇게 대지와 같은 마음으로 지냅니다."
이 말을 통해 자신은 대지처럼 잘 참을 수 있다는 사실을 드러냈습니다.

②"물에 깨끗한 것을 씻기도 하지만 대변, 소변 등 깨끗하지 않은 것을 씻기도 합니다. 하지만 물은 불평하거나 혐오하지 않습니다."
이렇게 물과 같은 마음으로 지낸다는 사실도 말했습니다.

③"불이 깨끗한 것을 태우기도 하지만 대변, 소변 등 깨끗하지 않은

것도 태웁니다. 하지만 불은 불평하거나 혐오하지 않습니다."

이렇게 불과 같은 마음으로 지낸다는 사실도 말했습니다.

④"바람이 깨끗한 것을 날려버리기도 하지만 대변, 소변 등 깨끗하지 않은 것도 날려버립니다. 하지만 바람은 불평하거나 혐오하지 않습니다."

이렇게 바람과 같은 마음으로 지낸다는 사실도 말했습니다.

⑤"걸레는 깨끗한 것을 닦기도 하지만 대변, 소변 등 깨끗하지 않은 것을 닦기도 합니다. 하지만 걸레는 불평하거나 혐오하지 않습니다."

이렇게 걸레와 같이 불평하지 않는 마음으로 지낸다는 사실도 말했습니다.

⑥"천민인 남자아이나 여자아이가 동냥그릇을 들고, 다 해진 옷을 입고 마을에 들어갈 때는 스스로를 낮추는 마음으로 들어갑니다."

이렇게 천민인 남자아이나 여자아이와 같이 자신을 낮추는 마음을 가지고 지낸다는 사실도 말했습니다.

⑦"뿌리가 잘린 황소가 잘 길들여져 누구도 해치지 않고 누구와도 싸우지 않습니다."

⑧"목욕 후 향수를 바르고 깨끗하게 단장한 남성이나 여성이 자신의 목에 뱀의 시체나 개의 시체를 걸면 혐오하듯이, 저는 썩어문드러질 이 몸을 혐오합니다."

⑨"많은 구멍으로부터 기름이 배어 나오는 항아리를 머리에 이고 있는 사람이 그 기름항아리를 혐오하듯이, 저는 이 몸을 혐오합니다."

사리뿟따 존자는 몸에 대한 새김 수행을 통해 몸이 혐오스러운 것으로 드러나기 때문에 몸을 연유로 한 자만이 없다는 사실, 또한 자만으로 다른 이에게 불경하게 대하지 않는다는 사실을 "천민인 남자아이나 여자아이가 동냥그릇을 든 채 다 해진 옷을 걸치고 마을에 들어갈 때는 자기 자신을 낮추는 마음으로 들어갑니다. 저는 그 구걸하는 아이들처럼 낮추는 마음으로 지냅니다" 등의 여러 비유로 부처님께 말씀드린 것입니다. 높은 계층인 바라문 태생이었던 사리뿟따 존자가 제일 낮은 계층인 천민caṇḍāla 태생의 거지처럼 자신을 낮추었다는 것은 매우 놀라운 일입니다. 사리뿟따 존자를 본받아 자신의 마음을 낮추어 부드럽고 겸손하게 지내야 한다는 사실에 주의해야 합니다.

당시 불평하며 말했던 비구는 사리뿟따 존자의 가사자락이 자신에게 닿은 것을 두고 "자신과 부딪쳤다"라고 트집을 잡았습니다. 많은 비구가 부처님 곁에 남지 않고 사리뿟따 존자 뒤를 따라가자 질투가 생겨 사리뿟따 존자가 유행 떠나는 것을 방해하려고 이렇게 말한 것입니다.

허물이 없는데도 이렇게 비난했기 때문에, 사리뿟따 존자의 사자후와 같은 대답을 듣자 그 비구의 마음이 매우 뜨거워지며 후회가 밀려왔습니다. 그래서 부처님 앞에서 자신의 허물을 용서받고자 간청했습니다. 부처님께서는 그 비구를 용서해 주신 뒤 사리뿟따 존자에게도 용서해 주라고 말씀하셨습니다. 사리뿟따 존자는 그 비구를 용서한 후 자신에게도 허물이 있다면 용서해 주기를 청했습니다.

이 내용을 바탕으로, 지금 시대에도 허물이 있는 이는 자신이 허물을 범한 이에게 주저 없이 사실을 밝히고 용서를 구해야 한다는 사실을 알 수 있습니다. 자신의 허물에 대해 용서를 구하는 것은 참사람의 실천이자 의무입니다. 허물이 있는데도 '그 누구에게도 용서를 빌지 않겠다'라고 자만으로 우쭐거리는 것은 저열한 이의 행위입니다. 매우 주

의해야 합니다.[147]

자애수행의 앞부분에 실천해야 할 법들_두 번째 게송

02 Santussako ca subharo ca,
Appakicco ca sallahukavutti;
Santindriyo ca nipako ca,
Appagabbho kulesvananugiddho.

해석

만족할 줄 알고 공양하기 쉬우며
분주하지 않고 생활이 간소하며
감관은 고요하고 슬기로우며
불손해도 안 되고 탐착해도 안 된다네.

대역

Santussako ca assa만족해야 한다. subharo ca assa공양하기 쉬워야 한다. appakicco ca assa분주하지 않아야 한다; 일이 적어야 한다. sallahukavutti ca assa생활이 간소해야 한다. santindriyo ca assa감관이 고요해야 한다. nipako ca assa슬기로워야 한다; 숙고하는 지혜가 성숙하고 무르익어야 한다. appagabbho ca assa불손하지 않아야 한다; 거칠거나 드세지 않아야 한다. kulesu가문들에; 신도 가정들에 ananugiddho ca assa탐착하지 말아야 한다.

147 뒷부분의 자세한 내용은 『*Tuvaṭaka thouk tayataw*(신속경 법문)』, pp.36~40을 인용했다.

(7) 만족해야 한다

자애수행의 앞부분에 실천해야 할 법 일곱 번째는 "santussako ca assa만족해야 한다"입니다. 쉽게 만족해야 한다는 뜻입니다. 먼저 '만족santosa'에는 세 종류가 있습니다.

①여득만족yathālābhasantosa·如得滿足

②여력만족yathābalasantosa·如力滿足

③여합만족yathāsāruppasantosa·如合滿足

공양음식, 가사, 처소, 약이라는 네 가지 필수품에 대해 각각 세 가지로 만족하는 것이므로 만족에는 모두 열두 가지가 있습니다. 출가자라면 이러한 열두 가지 만족을 통해 만족해야 합니다.

세 가지 만족 중 ①여득만족yathālābhasantosa·如得滿足이란 받은 음식이나 가사, 처소, 약에 만족하는 것입니다. 먼저 공양음식이라면 갓 출가한 때부터 시작해서 부처님께서 다음과 같이 훈계하셨습니다.

> Piṇḍiyālopabhojanaṁ nissāya pabbajjā, tattha te yāvajīvaṁ ussāho karaṇīyo. (Vin.iii.73)
>
> 해석
>
> 한 집에서 한 숟가락, 한 움큼, 한 덩어리 등으로 탁발해서 얻은 공양음식을 의지해서 출가자의 상태가[148] 유지되는데, 그 탁발이라는 의지처에 그대 신참 출가자는 목숨이

148 마 출가자의 실천을 뜻한다.

다할 때까지 노력해야 한다.

부처님의 이 훈계는 "누구도 부담스럽게 하지 않고 탁발해야 한다"라는 의미입니다. 남자신도든 여자신도든 어떤 한 사람이 매일 음식을 만들어서 스님에게 보시해야 한다면 그 신도는 매우 부담스러울 것입니다. 하지만 탁발은 누구도 부담스럽게 하지 않습니다. 이미 준비한 음식에서 한 스님에게 한 숟가락 정도의 양을 보시하면 됩니다. 그렇게 한 숟가락 정도를 한 번, 한 번 보시하는 것은 크게 부담스럽지 않습니다. 보시물이 없을 때도 "죄송합니다, 스님"이라고 말씀드리면 됩니다. 그러면 비구는 다른 집으로 갈 것입니다. 이 방법에 따라 신도들은 보시할 여건이 안 될 경우에는 "죄송합니다"라고 말씀드리고, 여건이 되면 할 수 있는 만큼 보시하면 됩니다. 비구는 이렇게 탁발해서 얻은 공양음식에 만족해야 합니다. 그리고 신도가 특별한 공양청을 보시하고자 하고, 비구도 두타행을 실천하고 있지 않다면 승낙한 다음 공양청을 통해 얻은 음식에 만족해야 합니다. 탁발음식으로 만족하지 못해서 환자가 아닌데도 자신의 친척이 아닌 집, 공양청을 하지 않은 집에 가서 공양음식을 청해 먹는 것은 실천계목sekhiya 계율에 따라 악작죄dukkaṭa·惡作罪에 해당됩니다. '공양기금'이라며 금전을 받는 것은 상실죄nissaggiyapācittiya·喪失罪에 해당됩니다. 버터밥 등 고급음식을 청해서 먹는 것은 고급음식paṇītabhojana 계목에 따라 속죄죄pācittiya·贖罪罪에 해당됩니다.[149] 신도가 초청해서 공양을 올릴 때도 신도가 청하지 않으면 국이나 음식 등을 요구할 수 없습니다. 마하시 사야도 당시

149 허용된 공양청, 공양기금, 고급음식과 관련된 구체적인 계목은 본서 부록 pp.332~334 참조. 악작죄, 상실죄, 속죄죄 등은 본서 부록 pp.334~335 참조.

에 몇몇 스님들이 유명한 탑이나 불상 근처, 항구 근처에서 그릇을 손에 들고 공양금전을 보시 받았다고 합니다. 이러한 행위는 율장 계목에 어긋나는 행위입니다. 일부 신도들은 '선업이 될 것이다'라는 믿음으로 가사를 두르고서 그렇게 보시 받고 있는 이에게 금전을 보시하기도 합니다. 하지만 금전을 보시 받을 때마다, 금전을 잡을 때마다 그 비구는 계를 범하고 있는 것입니다. 이것은 교법에 대한 존경심을 무너지게 하는 행위, 교법을 무너뜨리는 행위입니다.

이렇게 공양을 연유로 계를 범하는 것, 교법의 덕목을 무너뜨리는 것은 탁발해서 얻은 공양음식으로 만족하지 못하기 때문입니다. 탁발음식으로 만족한다면 스스로도 허물이 없고 다른 이들도 부처님 교법에 대한 존경심이 무너지지 않을 것입니다. 따라서 자애수행이나 다른 수행을 실천하는 훌륭한 출가자, 거룩한 출가자라면 좋고 나쁜 것을 가리지 말고 여법하게 얻은 공양음식으로 만족해야 합니다.

두 번째로 가사도 분소의로 지내야 한다고 부처님께서 훈계하셨습니다.

> Paṁsukūlacīvaraṁ nissāya pabbajjā, tattha te yāvajīvaṁ ussāho karaṇīyo. Atirekalābho – khomaṁ, kappāsikaṁ, koseyyaṁ, kambalaṁ, sāṇaṁ, bhaṅgaṁ.
>
> (Vin.iii.73)
>
> **해석**
>
> 분소의를 의지해서 출가자의 상태가 유지되는데, 그 분소의라는 의지처에 그대 신참 출가자는 목숨이 다할 때까지 노력해야 한다. 여분으로 얻을 수 있는 것에는 아마, 면,

비단, 모직, 삼베, 모시가 있다.[150]

신도들이 각자의 믿음에 따라 보시한 가사라면 그런 가사는 부처님께서 허락하셨습니다. 따라서 출가자라면 좋고 나쁜 것을 가리지 말고 여법하게 얻은 가사로 만족해야 합니다. 그러한 가사라 하더라도 보시하도록 암시하거나nemittikatā 계략kuhanā을 꾸미는 등 적당하지 않은 방법으로[151] 구하는 것은 범계에 해당될 수 있습니다.

세 번째로 처소도 나무뿌리나 나무 아래에서 지내도록 부처님께서 훈계하셨습니다.

> Rukkhamūlasenāsanaṁ nissāya pabbajjā, tattha te yāvajīvaṁ ussāho karaṇīyo; atirekalābho – vihāro, aḍḍhayogo, pāsādo, hammiyaṁ, guhā. (Vin.iii.73)
>
> **해석**
>
> 나무뿌리처소를 의지해서 출가자의 상태가 유지되는데, 그 나무뿌리라는 의지처에 그대 신참 출가자는 목숨이 다할 때까지 노력해야 한다. 여분으로 얻을 수 있는 것에는 정사, 단층건물, 중각강당, 단각강당, 동굴이 있다.

여법하게 지어 보시한 여러 건물도 허락하셨습니다. 따라서 출가자라면 그렇게 허물이 없는 처소에서 지내는 것으로 만족해야 합니다. 거기에 만족하지 못해서 금전을 보시 받아 건물을 짓거나, 믿음으로

150 『비나야삐따까』, p.156 참조.
151 대림스님 옮김, 『청정도론』 제1권, pp.160~170 참조.

보시한 금전을 여법하지 않은 방법으로 보시 받거나, 여법하게 보시한 금전을 스스로 소유하고 보관하거나, 이러한 금전으로 직접 처소를 구입하고 짓는다면 그러한 곳은 자신도 지낼 수 없고 다른 비구들도 지낼 수 없습니다. 만약 그곳에서 지내거나 그곳을 사용한다면 사용할 때마다 범계에 해당됩니다. 따라서 허물이 없는 처소로 만족하는 것은 매우 중요합니다.

마지막 네 번째로 약은 '뿌띠뭇따pūtimutta'를 사용하며 지내야 한다고 부처님께서 훈계하셨습니다.

> Pūtimuttabhesajjaṁ nissāya pabbajjā, tattha te yāvajīvaṁ ussāho karaṇīyo; atirekalābho – sappi, navanītaṁ, telaṁ, madhu, phāṇitaṁ. (Vin.iii.73)
>
> 해석
>
> 발효된 소변을 의지해서 출가자의 상태가 유지되는데, 그 발효된 소변이라는 의지처에 그대 신참 출가자는 목숨이 다할 때까지 노력해야 한다. 여분으로 얻을 수 있는 것에는 버터기름, 신선한 버터, 기름, 꿀, 당밀이 있다.

'뿌띠뭇따'는 '발효된 소변'으로 해석합니다. 혹은 오래됐거나 상해서 버린 약이라고 해석하기도 하는데 이 해석은 부처님의 의향과 일치하는지 일치하지 않는지 한번 숙고해봐야 합니다. 일반적으로 사용기한이 지난 약은 사용하지 말라고 제약회사에서 권고합니다. 만약 기한이 지나 상한 약을 사용한다면 병을 치료하기는커녕 악화시킬 염려가 있기 때문입니다. 뿐만 아니라 그렇게 버린 약을 찾아 구하는 것도 쉽지 않습니다. 따라서 '뿌띠뭇따'를 '버린 약'으로 해석하는 것은 부처님의 의향과 일치하지 않을 수도 있습니다.

환자인 비구라면 약이라는 필수품을 누구에게나 청해서 받아 사용할 수 있습니다. 하지만 돈을 받아서 그 돈으로 여법하지 않게 구입하거나 사용하는 것은 상실죄 계목에 따라 범계에 해당될 수 있습니다. 따라서 약의 경우에도 여법한 약으로 만족해야 합니다. 이렇게 여득만족은 얻은 필수품으로 만족하는 것이라는 뜻입니다.

②여력만족yathābalasantosa·如力滿足이란 건강하지 않거나 힘이 약해서 자신에게 적당하지 않은 공양음식이나 가사, 정사, 잠자리, 약 등을 자신에게 적당한 필수품으로 다른 이와 바꾸어 수용하는 것을 말합니다. 가능한 필수품으로 만족하는 것이라는 뜻입니다.

③여합만족yathāsāruppasantosa·如合滿足이란 자신이 가진 공양음식이나 가사 등이 너무 좋고 훌륭해서 자신에게 적당하지 않다고 생각될 경우 다른 이의 조금 저열한 필수품과 바꿔 수용하는 것을 말합니다. 적당한 필수품으로 만족하는 것이란 뜻입니다.[152]

출가자라면 이러한 세 가지 만족, 자세하게 열두 가지 만족에 따라 필수품에 만족해야 합니다. 만약 만족하지 않으면 허물이 될 수도 있

152 '만족하는santussaka'이라는 단어에서 ①'saṁ'을 'saka'라는 의미로 취해 'sakena자기 것으로; 얻은 것으로 tussako만족하는 이'로 해석한 것이 여득만족, ②'saṁ'을 'santa'라는 의미로 취해 'santena있는 것으로; 가능한 것으로 tussako만족하는 이'로 해석한 것이 여력만족, ③'saṁ'을 'sama'라는 의미로 취해 'samena고르게; 적당한 것으로 tussako만족하는 이'로 해석한 것이 여합만족이다. 『*Pareigyi Nissaya Thik*(新 보호경 대역)』, p.371 참조.

습니다.

재가자의 경우에도 만족은 매우 중요합니다. 얻은 것으로 만족하지 않으면 괴롭고 피곤해질 수 있기 때문입니다. 얻지 못하는 것을 얻으려고 행하면 안 되는 것을 행하다가 법률을 어기기도 하고, 얻지 못하는 것을 원하고 바라다가 큰 괴로움을 겪기도 합니다. 아내가 차려준 밥과 반찬으로 만족하지 못하는 남편은 아내와 사이가 불편해질 수 있습니다. 남편이 일해서 가져다 준 것으로 만족하지 못하는 아내는 남편과 사이가 불편해질 뿐만 아니라 자신의 바람을 충족시키기 위해 적당하지 않은 행위를 하기도 합니다. 그래서 자신과 남편을 큰 고통에 빠뜨릴 수도 있습니다. 많은 재산을 가진 이들조차도 가진 것에 만족하지 못해서 행복하지 않고 여러 고통과 괴로움을 겪는다는 이야기를 들었습니다. 얻은 것으로 만족하고 지낸다면 적당히 먹고 적당히 입는 정도로도 행복할 것입니다. 이 내용과 관련해서 『담마빠다』에 다음과 같은 내용이 있습니다.

Ārogyaparamā lābhā,
Santuṭṭhiparamaṁ dhanaṁ;
Vissāsaparamā ñāti,
Nibbānaparamaṁ sukhaṁ. (Dhp.204)

해석

건강이 으뜸가는 이익이라네.
만족이 으뜸가는 재산이라네.
친밀이 으뜸가는 친척이라네.
열반이 으뜸가는 행복이라네.

대역

Lābhā이익 중에는 ārogya paramā병이 없이 건강한 것이 제일 거룩하다. dhanaṁ재산 중에는 santuṭṭhi paramaṁ 만족하는 것이 제일 거룩하다. ñāti친척 중에는 vissāsa paramā친근하고 친밀한 것이 제일 거룩하다. sukhaṁ행복 중에는 nibbānaṁ paramaṁ열반이 제일 거룩하다.

이익중엔 건강으뜸 재산중엔 만족으뜸
친척중엔 친밀으뜸 행복중엔 열반으뜸

이 게송처럼 수행자라면 적당하게 얻은 필수품으로 만족해야 합니다.

(8) 공양하기 쉬워야 한다

자애수행의 앞부분에 실천해야 할 법 여덟 번째는 "subharo ca assa 공양하기[153] 쉬워야 한다"입니다. 청신사나 청신녀들이 뒷바라지하기 쉬워야 한다는 뜻입니다. 신도들이 자신들의 능력에 따라 공양음식이나 가사 등을 보시하며 뒷받침할 때 자신이 좋아하는 것이 아니더라도, 그리 좋지 않은 것이더라도 불평하지 말고 수용해야 합니다. 어떠한 필수품으로든 지낼 수 있어야 합니다. 그러지 않고 "이러한 것은 좋아하지 않습니다. 이러한 것을 좋아합니다" 등으로 더 좋은 것을 보시하도록 요구하면 신도들이 부담스럽게 여깁니다. 영국 식민지 시절, 몰라먀인의 어떤 스님은 반찬에 닭고기가 없으면 공양을 하지 않

153 '공양하다'란 불·법·승 삼보나 죽은 이에게 음식이나 꽃 등을 올리는 행위를 뜻하기도 하고, 사찰에서 음식을 먹는 행위를 뜻하기도 한다. 여기서는 전자의 의미로 사용됐다.

았다고 합니다. 그래서 신도들은 항상 닭고기 반찬을 마련하도록 신경 써야 했습니다. 그 스님은 여행 도중에 형편이 여의치 않아 닭고기 반찬이 없을 때는 그곳에서 공양을 하지 않았다고 합니다. 이것은 'subhara 공양하기 쉬운 것'이 아니라 'dubhara 공양하기 어려운 것'입니다. 이렇게 행하지 않도록 조심해야 합니다. 신도들이 보시한 것 정도로 만족하며 공양하기 쉬운 비구가 돼야 합니다.

어떤 비구는 신도들이 좋은 것을 보시해도 만족하지 못합니다. 더 나아가 보시자들 바로 앞에서 "뭐 하러 이런 것을 보시합니까?"라고 거칠게 말하며 다른 이에게 줘버리기도 합니다. 이러한 비구도 신도들이 공양하기 어려운 이라고 할 수 있습니다. 이렇게 공양하기 어려운 비구를 신도들은 "공양하기 어려운 비구다. 모시기 어렵다"라며 멀리서부터 피합니다.(SnA.i.181) 보시물이 좋든 싫든 흡족하게 받아들이는 비구라야 신도들이 공양하기 쉬운 이라고 할 수 있습니다. 이렇게 공양하기 쉬운 비구를 신도들은 '우리 스님은 공양하기 쉽다. 적은 것에도 만족한다. 우리는 계속 이 스님을 모실 것이다'라고 서원하며 따릅니다.(SnA.i.181) 이 두 종류의 비구 중 공양하기 어려운 비구는 자애를 닦기 어려울 것입니다. 다른 수행을 하는 것도 쉽지 않을 것입니다. 따라서 자애를 비롯한 여러 수행을 쉽게 생겨나게 하려면 공양하기 쉬운 비구가 돼야 합니다.

공양하기 쉬운 대표적인 본보기가 마하깟사빠Mahākassapa 존자입니다. 재가자들에게서 필수품을 얻거나 못 얻거나 낙담하지 않고 실망하지 않도록 부처님께서는 「꿀루빠까숫따Kulūpakasutta(가문방문경)」에서 비구는 마하깟사빠 존자와 같은 마음가짐을 가져야 한다고 다음과 같이 설하셨습니다.

"비구들이여, 어떤 비구가 '나에게 보시하기를, 다시 가져가 버리지 않기를. 많이 보시하기를, 적게 보시하지 않기를. 좋은 것을 보시하기를, 조악한 것을 보시하지 않기를. 즉시 보시하기를, 머뭇거리며 보시하지 않기를. 정성 다해 보시하기를, 마지못해 보시하지 않기를'이라는 마음으로 재가자의 집을 방문한다면, 만일 그가 바라는 대로 되지 않았을 때 낙담하고 마음의 괴로움과 몸의 괴로움을 겪는다.

비구들이여, 어떤 비구가 '내가 어떻게 재가자의 집에 가서 많이 보시하기를, 좋은 것을 보시하기를, 즉시 보시하기를, 정성 다해 보시하기를 바라면서 보시를 받는단 말인가'라는 마음으로 재가자의 집을 방문한다면, 만일 그가 바라는 대로 되지 않더라도 낙담하지 않고 마음의 괴로움과 몸의 괴로움을 겪지 않는다.

깟사빠는 그렇게 행하는 데 본보기가 된다. 깟사빠를 본보기로 삼아 그와 같이 되기 위해 닦아야 한다."(S16:4)[154]

(9) 분주하지 않아야 한다

자애수행의 앞부분에 실천해야 할 법 아홉 번째는 "appakicco ca assa분주하지 않아야 한다"입니다. 일이 적어야 한다는 뜻입니다. 열심히 수행하는 이라면 자신과 관련해서 어쩔 수 없이 해야 하는 일을 제외하고 다른 일은 없는 것이 제일 좋습니다.

154 마하깟사빠 존자에 대한 설명은 『*Pareigyi Nissaya Thik*(新 보호경 대역)』, pp.372~373을 참조했다. 해석은 『상윳따 니까야』 제2권, pp.481~482 참조.

주석서에서는 "일하는 것을 즐기거나 말하는 것을 즐기거나 동료와 어울리는 것을 즐기는 등 일이 많으면 안 된다. 하지만 자신의 정사와 관련해서 꼭 해야 하는 일, 사미를 돌보는 일 등 이러한 일까지 하지 말아야 한다는 뜻은 아니다. 자신과 관련된 일, 즉 삭발하기, 손발톱 자르기, 가사와 발우와 관련된 일 등은 행한 다음에 사문의 법을 행해야 한다는 뜻이다"라고 설명했습니다.(SnA.i.182)

자신이 해야 할 일과 관련 없는 일, 참이익이 없는 여러 일에 애쓰는 이를 '일이 많은 이'라고 말합니다. 그러한 이는 자신이 해야 할 일을 하지 못하고 참이익도 얻지 못합니다. 법의 측면에서는 일이 적은 덕목이 더욱 필요합니다. 작업이나 대화, 교제를 즐기는 등 이익이 없는 일에 몰두하는 이들은 수행을 하지 못합니다. 자신이 해야 할 일만 하고 꼭 하지 않아도 되는 일은 하지 않는 이를 '일이 적은 이appakicca'라고 말합니다. 그래서 수행하려는 이는 거주처, 가족, 이득, 대중, 작업, 여행, 친척, 질병, 문헌, 신통이라는 열 가지 걱정거리palibodha를 미리 제거해야 한다고 『위숫디막가』에서 설명했습니다.(Vis.i.85) 일이 적은 이라야 열반을 성취할 수 있을 정도로 수행할 수 있기 때문에 부처님께서 자애를 닦는 데 있어서도 일이 적은 이가 돼야 한다는 것을 하나의 항목으로 설하셨습니다.[155]

(10) 생활이 간소해야 한다

자애수행의 앞부분에 실천해야 할 법 열 번째는 "sallahukavutti ca assa생활이 간소해야 한다"입니다. 여기서 '간소하다'라는 것은 없어

155 뒷부분은 『*Pareigyi Nissaya Thik*(新 보호경 대역)』, pp.373~374를 참조했다.

서는 안 될 가사와 발우 등 비구 필수품 여덟 가지만으로 생활하는 것을 말합니다. 사용하는 필수품이 많으면 그것들을 보호하느라 번거롭습니다. 다른 곳으로 이동할 때도 챙겨 가느라 번거롭습니다. 비구 필수품 여덟 가지란 가사 세 벌, 발우, 허리끈, 바늘, 칼, 물거르개입니다.[156] 이 여덟 가지 필수품은 항상 지내는 곳에서도 보관하기에 부담되지 않습니다. 진실로 열심히 노력하고자 하는 이에게는 유행을 할 때도 혼자 지니고 다니는 데 전혀 부담되지 않습니다.[157] 새가 날아갈 때 날개만 지니는 것처럼 간편하게 지니고 갈 수 있습니다. 여덟 가지 필수품으로 충분합니다. 이렇게 없어서는 안 될 여덟 가지 필수품 정도로 생활하는 것이 '간소한 생활'입니다. 마하시 사야도는 직접 실천한 것을 다음과 같이 언급했습니다.

> 본승은 8안거 때 적당한 수행주제와 수행센터를 찾기 위해 몰라먀인 시의 따운와인갈레이 강원에서 도반 스님 한 분과 출발했습니다. 우산이나 슬리퍼 등 다른 필수품은 지니지 않았습니다. 발우 하나, 가사 세 벌, 허리끈, 칼, 물거르개, 바늘이라는 여덟 가지 필수품만 지녔습니다. 여행 경비도 지니지 않았습니다. 신도가 몰라먀인에서 빠운이라는 역까지 가는 기차표를 보시했습니다. 그곳까지는 기

156 출가자들의 여덟 가지 자구aṭṭha parikkhārā를 말한다.(MA.ii.115) 『맛지마 니까야』 제1권, p.660 주887 참조.

157 마하시 사야도는 먼 여행을 갈 때나, 시내로 따로 공양청을 갈 때도 발우를 지니고 가도록 지시했다고 한다. 특히 물거르개를 지니지 않고 6km 이상의 긴 거리를 여행하면 악작죄에 해당된다. 손수건이나 가사를 물거르개라고 생각하고 가져가도 된다. 『*Brahmavihāra tayataw*(거룩한 머묾 법문)』, p.131 참조.

차로 간 뒤 그다음 유행에서는 걸어서 간 경우가 많았습니다. 기차표를 보시하는 이가 있으면 기차로 가기도 했습니다. 짜익티요우에서 돌아와 마지막에는 따토웅 시의 밍군 제따완 수행센터에서 수행했습니다. 이것이 바로 본승이 직접 여덟 가지 필수품 정도로 간소하게 수행했던 경험담입니다. "sallahukavutti ca assa 생활이 간소해야 한다"라는 부처님의 가르침과 일치합니다.[158]

(11) 감관이 고요해야 한다

자애수행의 앞부분에 실천해야 할 법 열한 번째는 "santindriyo ca assa감관이 고요해야 한다"입니다. 빠알리어로 '인드리야indriya', 한국어로 '감관', 혹은 '감각기능'이란 눈, 귀, 코, 혀, 몸, 마음이라는 여섯 가지를 말합니다. 눈이 있어야 볼 수 있습니다. 본다 하더라도 눈의 힘이 좋은 만큼 볼 수 있습니다. 그렇게 보는 것을 주관하기 때문에 눈을 '눈 기능cakkhu indriya=cakkhundriya'이라고 부릅니다. 듣는 것은 귀가 주관합니다. 그래서 귀를 '귀 기능sota indriya=sotindriya'이라고 부릅니다. 나머지도 마찬가지입니다. 그러한 눈 등의 기능을 고요하게 해야 한다는 뜻입니다.

좋은 형색을 보거나 좋은 소리를 듣게 됐을 때 그것을 좋아하고 애착하는 이는 여기를 보고 저기를 보고, 저쪽으로 돌려 듣고 이쪽으로 돌려 들으면서 감관을 다스리지 못하고 계속 따라갑니다. 좋은 냄새, 좋은 맛, 좋은 감촉을 누릴 때도 좋아하고 애착하며 감관을 다스리지

158 『*Brahmavihāra tayataw*(거룩한 머묾 법문)』, p.132.

못합니다. 미소를 지었다가, 웃었다가, 칭찬했다가, 이렇게 동요하기 마련입니다. 반대로 좋지 않은 것을 보거나 듣거나 맡거나 먹거나 닿을 때도 감관을 다스리지 못합니다. 특히 신체적 접촉과 관련해서 아파서 참기 힘들 때는 몸이나 팔다리를 움직이면서 가만히 있지 못합니다. 입으로 신음 소리까지 냅니다.

그러므로 좋고 나쁜 대상과 관련해서 고요하게 지낼 수 있도록 감관을 잘 간수해야 합니다. 숙고를 통해서도 간수해야 하고, 위빳사나 관찰을 통해서도 간수해야 합니다. 관찰해서 단지 보는 정도, 단지 듣는 정도 등에만 머물 수 있도록 다스린다면 제일 좋습니다. 하지만 관찰한 적이 없는 이는 이렇게 관찰해서 간수하는 것이 쉽지 않습니다. 그래서 일반적으로는 보는 것, 듣는 것 등 좋고 나쁜 것에 신경 쓰지 않고 평온하게 관조하는 것 정도로 간수하면 됩니다. 통증 등 심한 대상이라면 적당한 정도로, 할 수 있는 만큼 숙고해서 간수하면 됩니다.

(12) 숙고하는 지혜가 무르익어야 한다

자애수행의 앞부분에 실천해야 할 법 열두 번째는 "nipako ca assa 슬기로워야 한다; 숙고하는 지혜가 성숙하고 무르익어야 한다"입니다. 숙고하는 지혜와 통찰지가 무르익어야 한다는 뜻입니다. 나이가 어릴 때는 숙고하는 지혜의 힘이 부족합니다. 나이가 들수록 숙고하는 지혜의 힘이 좋아지고 성숙됩니다. 이러한 의미로 성숙한 숙고의 지혜와 통찰지를 구족해 나가야 한다는 것입니다.

『위숫디막가』에서는 'nipako'를 '이끄는 통찰지pārihārikapaññā'라고 설명했습니다.(Vis.i.3) '이끄는 통찰지pārihārikapaññā'란 크고 작은 여러 일이 성취되도록 이끌고 주도하는 지혜입니다.

바른 앎 네 가지[159] 중에서 이익이 있고 없는 것을 숙고하는 '이익 바른 앎sātthaka sampajañña', 적당하고 적당하지 않은 것을 아는 '적당함 바른 앎sappāya sampajañña'이라는 앎과 지혜를 말합니다. 이끄는 통찰지는 세간과 출세간 두 가지 모두에서 매우 유용한 통찰지입니다. 그러한 숙고의 지혜, 통찰지를 갖춰야 한다는 뜻이기도 합니다.

「자애경」 주석서에서는 계를 보호하는 통찰지, 가사 등을 준비하고 마련하는 통찰지, 일곱 가지 적당한 것을 아는 통찰지라고 설명했습니다.(SnA.i.182) 이러한 것들도 '이끄는 통찰지'라고 부르는 숙고의 지혜입니다. 그중 가사 등을 준비하고 마련하는 통찰지는 자애수행을 닦는데 그리 중요한 것 같지는 않습니다. 오랫동안 수행해야 할 때는 가사 등을 준비할 필요가 있기 때문에 첨가해서 설명해 놓은 것 같습니다.

일곱 가지 적당한 것 일곱 가지 적당한 것이란 ❶적당한 처소, ❷적당한 탁발마을, ❸적당한 말, ❹적당한 개인, ❺적당한 음식, ❻적당한 기후, ❼적당한 자세입니다. 자신에게 적당한 처소 등을 숙고하고 결정할 수 있는 지혜와 통찰지를 갖춰야 합니다.

이익 바른 앎 ❶처소와 관련해서는 나무 정사, 대나무 정사, 벽돌 정사 등이 지내기에 적당한지 적당하지 않은지, 한적한지 한적하지 않은지 등으로 숙고할 필요가 있습니다. ❷탁발마을과 관련해서는 공양을 얻을 수 있는지 없는지, 장애가 있는지 없는지, 특히 이성異性 대상 때문에 수행에 장애가 있는지 없는지 등을 숙고해야 합니다. ❸

159 바른 앎 네 가지는 본서 부록 p.335 참조.

말과 관련해서는 어떤 말을 하거나 들을 때 수행하는 데 장애가 생겨나는지 생겨나지 않는지 등을 숙고해야 합니다. 특별한 이유가 없으면 법과 관련 없는 말은 하지 않는 것이 제일 좋습니다. ❹'개인'이라는 것은 어떤 스승이나 도반을 의지하거나 같이 지낼 때 법의 측면에서 향상하게 하는지 쇠퇴하게 하는지 숙고해야 합니다. ❺음식과 관련해서는 어떠한 음식을 먹었을 때 건강과 법의 측면에서 이익이 있는지 없는지 숙고해야 합니다. ❻기후와 관련해서는 추운 장소나 더운 장소에서 지내는 것 때문에, 아니면 차가운 바람을 맞는 것, 목욕하는 것 등으로 인해 건강과 법의 측면에서 좋은지 나쁜지 숙고해야 합니다. ❼자세와 관련해서는 앉아서 수행하는 것이 더 좋은지, 서서 수행하는 것이 더 좋은지, 향상되는지 등을 숙고해야 합니다. 이렇게 일곱 가지 적당한 것과 관련해서 이익이 있는지 없는지를 숙고해서 'nipako'라고 하는, 성숙한 숙고의 지혜가 생겨나게 해야 합니다. 이 내용을 게송으로 표현했습니다.

이익있고 없고를 숙고하는 삿타까[160]

적당함 바른 앎 이익이 있더라도 적당한지 적당하지 않은지 숙고해야 합니다. 처소의 경우 장로들이 지내는 장소에 신참 비구가 가는 것은 적당하지 않습니다. 신참 비구가 지내는 곳에 장로들이 가는 것도 적당하지 않습니다. 말의 경우 법과 관련돼 이익이 있는 말이라도 일이 많은 이에게 말하는 것은 적당하지 않습니다. 또한 몸의 더러

160 이익을 뜻하는 '삿타까sātthaka' 빠알리어 표현을 그대로 따랐다.

움과 관련된 법문을 결혼식 등 길상행사에서 설하는 것도 적당하지 않습니다. 이와 같이 적당한 것과 적당하지 않은 것을 숙고해야 합니다. 이것이 적당함 바른 앎입니다. 이 내용을 게송으로 표현했습니다.

적당한지 아닌지 숙고하는 삽빠야[161]

세상의 여러 일을 할 때 그 일을 잘 이해하는 이, 하기에 적당하거나 적당하지 않은 시기와 장소 등을 가늠할 줄 아는 이, 결과를 예상할 줄 아는 이라야 그 일을 성취하도록 노력할 수 있습니다. 이렇게 이해하거나 가늠하지 못하는 이, 결과를 예상하지 못하는 이는 그 일을 행할 수 없습니다. 행하더라도 성취하지 못합니다.

마찬가지로 법과 관련된 일에서도 자신이 해야 할 실천에 대해 잘 이해하는 이, 바른 실천인지 아닌지 가늠할 줄 아는 이, 결과를 예상하고 숙고할 줄 아는 이라야 그 실천을 성취하도록 노력할 수 있습니다. 그렇지 않은 이는 그 실천에 대해 열의chanda와 노력vīriya 등이 강하지 않기 때문에 성취하지 못합니다. 따라서 도와 과를 증득할 때까지 통찰지로 계속 닦아야 하는 실천의 영역에서 통찰지는 매우 중요합니다. 그래서 자애의 앞에 갖춰야 할 덕목으로 'nipako 통찰지가 있는 이가 돼야 한다'라고 부처님께서 설하신 것입니다.[162]

(13) 불손하지 않아야 한다

자애수행의 앞부분에 실천해야 할 법 열세 번째는 "appagabbho ca

161 적당함을 뜻하는 '삽빠야sappāya' 빠알리어 표현을 그대로 따랐다.

162 뒷부분은 『*Pareigyi Nissaya Thik*(新 보호경 대역)』, p.375를 참조했다.

assa불손하지 않아야 한다; 거칠거나 드세지 않아야 한다"입니다. '거칠다. 드세다'는 것은 공손하지 않은 것입니다. 여기에는 ①몸으로 공손하지 않은 것, ②말로 공손하지 않은 것, ③마음으로 공손하지 않은 것, 세 종류가 있습니다.

먼저 ①몸으로 공손하지 않은 것을 현시대에도 적용할 수 있는 것과 관련해서 살펴보겠습니다. 승가나 대중 가운데서 감관을 잘 간수하지 못하고 공손하지 않게 쪼그려 앉는 것은 몸으로 공손하지 않은 것입니다. 한쪽 무릎 혹은 양쪽 무릎을 세워 양손으로 감싸고 앉는 '손으로 감싸고 앉기', 옷으로 감싸서 쪼그려 앉는 '옷으로 감싸고 앉기' 등이 여기에 해당합니다. 승가나 대중 가운데서, 공경할 만한 분 앞에서 그렇게 앉는 것은 몸으로 공손하지 않은 행위입니다. 장로와 부딪치며 일어서거나 앉는 것, 앞에 서거나 앉는 것, 높은 곳에 앉는 것, 모자를 쓰고 앉거나 서거나 말하는 것, 손을 흔들면서 말하는 것도 모두 몸으로 공손하지 않은 행위입니다. 법랍이 높은 장로의 자리에 앉는 것, 자신의 자리가 아닌데 법랍이 낮은 비구의 자리를 차지하며 앉는 것, 장로 앞을 가로질러 가는 것도 몸으로 공손하지 않은 행위입니다. 어린이들과 몸으로 직접 부딪치며 노는 것도 몸으로 공손하지 않은 행위입니다. 이렇게 공손하지 않은 행위를 하지 말아야 한다는 뜻입니다.

마하시 사야도 당시에 일부 장로 스님들이 '너그러운 행위'라며 여자 아이의 머리를 손으로 쓰다듬어 치켜세우는 일이 있었다고 합니다. 그러나 마하시 사야도는 이런 행위는 율장 계목에서 엄밀하게 금한 행위라고 결정했습니다. 여성이라면 딸이나 어머니도 닿아서는 안 되고, 여성 모습을 한 조각상조차 즐기는 마음으로 잡아서는 안 된다고 율장에 분명히 제정돼 있습니다. 이렇게 닿는 행위도 몸의 거친 행위라고

알아야 합니다.[163]

또한 승가가 공양하고 있을 때 같이 먹는 것, 근처에서 코를 푸는 것, 침이나 가래를 뱉는 소리를 내거나 실제로 뱉는 것 등도 혐오스러운 행위들이기 때문에 몸으로 공손하지 않은 행위입니다. 이렇게 혐오스러운 행위들도 하지 말아야 합니다.

②말로 공손하지 않은 것에는 네 가지 경우가 있습니다. ❶승가나 대중 가운데서 장로가 있을 때 말하거나 설하고자[164] 하는 이는 장로에게 알린 다음 말하거나 설해야 합니다. 알리지 않고 말하는 것은 말로 공손하지 않은 행위입니다. 알리지 않고 질문에 대답하는 것도 여기에 해당합니다. ❷서서 팔을 흔들면서 말하는 것도 말로 공손하지 않은 것입니다. ❸말하기에 적당하지 않은 말을 승가나 대중 가운데서, 장로 앞에서 말하는 것도 말로 공손하지 않은 것입니다. ❹마을에 있는 신도 집에 가서 "여기에 먹을 것은 어떤 것이 있는가? 죽은 있는가? 공양은 있는가? 과자는 있는가? 커피는 있는가? 홍차는 있는가? 우리는 오늘 무엇을 먹게 되는가? 무엇을 마시게 되는가? 무엇을 보시할 것인가?" 등으로 말하는 것도 말로 공손하지 않은 것입니다. 비구라면 응당 율장에 어긋나는 말을 하지 말아야 합니다.

③마음으로 공손하지 않은 것이란 공경해야 할 이에게 생각으로 공손하지 않은 것입니다. 태생 등으로 높고 거룩한 이를 자신과 같다고 생각하는 것, 계·삼매·통찰지로 높고 거룩한 분을 자신과 같다고 생각하는 것, 경전이나 문헌을 전혀 배워 본 적이 없는 이가 경전이나 문헌에 해박한 분을 자신과 같다고 생각하거나 더 나아가 자신보다 더

163 『*Brahmavihāra tayataw*(거룩한 머묾 법문)』, pp.138~139.

164 보통으로 말하는 것과 법을 설하는 것을 구분해서 언급했다.

이해하지 못한다고 생각하는 것, 수행을 해 보지 않은 이가 실제로 수행을 해 본 이를 자신과 같다고 생각하는 것 등은 모두 마음으로 공손하지 않은 것입니다. 자애를 닦는 이라면 이렇게 몸과 말과 마음으로 공손하지 않은 행위를 하지 말아야 합니다.

(14) 탐착하지 말아야 한다

자애수행의 앞부분에 실천해야 할 법 열네 번째는 "kulesu가문들에; 신도 가정들에 ananugiddho ca assa탐착하지 말아야 한다"입니다. 다시 말해 '신도들에게 애착하지 말아야 한다'라는 뜻입니다.

비구가 신도들에게 탁발을 나가거나 다른 필수품을 받으러 갈 때 스스로 'dakkhiṇeyya 공양을 받을 만한 이'로서만 다가가야 합니다. 신도들도 스님들을 자신들의 보시를 이익 되게 할 수 있는 'dakkhiṇeyya 공양을 받을 만한 이'로서만 존중하면서 보시해야 합니다. 만약 비구가 신도들을 가족이나 친지처럼 가깝고 친한 이라고 생각해서 교제한다면 비구의 측면에서도 '탐착gāha', 거머쥠에 해당됩니다. 신도를 자신의 편으로 집착하는 것입니다. 이렇게 되면 '동고동락sahanandī sahasokī'의[165] 상태가 돼 버립니다. '동고sahasokī·同苦'란 신도들이 곤경에 처해서 슬퍼하고 괴로워할 때 비구도 같이 섞여 슬퍼하고 괴로워하는 것입니다. '동락sahanandī·同樂'이란 신도들이 번영하고 번창해서 기뻐하고 즐거워할 때 비구도 같이 섞여 기뻐하고 즐거워하는 것입니다. 비구는 신도들을 이렇게 대해서는 안 됩니다. 신도들의 측면에서는 자신들의 스승인 비구가 자신들의 일에 함께 기뻐하고 슬퍼하면

165 성전 그대로라면 "sahanandī sahasokī 동락동고"라고 표현해야 하나 '동고동락'이라는 관용구 그대로 표현했다.

더욱 좋을 것입니다. 하지만 이것은 부처님께서 바라시는 바가 아닙니다. 부처님께서는 비구 제자들이 계 등을 갖추고서 신도들이 깨끗하고 청정한 선업을 하도록 이끌어 주고 법을 설해 주는 것 정도만 바라십니다.

세속에서도 부모나 친척을 지나치게 애착하는 이들은 그들과 헤어지지 못해 학문이나 기술을 배우러 다른 곳으로 떠나지 못합니다. 이러한 이들에게는 퇴보만 있을 것입니다. 비구들이 신도들을 지나치게 애착하는 것도 이익을 줄어들게 하고 퇴보하게 만듭니다.

일반적으로 필수품에 애착하는 비구들이 신도들에 애착하고 적당하지 않은 이들과 교류합니다. 신도가 슬퍼하면 자신도 슬퍼하고, 신도가 기뻐하면 자신도 기뻐합니다. 신도의 일에 자신이 신경을 씁니다. 그래서 부처님께서는 비구는 달과 같이 언제나 처음 방문하는 손님처럼 몸과 마음을 거두어들이고서 신도에게 다가가야 한다고 설하셨습니다.(S16:3)[166]

달은 하늘을 가로질러 갈 때 어느 누구와도 어울리지 않고 어느 누구에도 애착하지 않습니다. 그렇다고 해서 누구도 싫어하지 않습니다. 그와 마찬가지로 비구도 달처럼 몸과 마음을 거두어들이고 재가자에게 다가가야 합니다. 친밀하지 않은 손님은 주인이 대접해 주는 것만 먹은 후 특별히 주인과 대화하거나 주인의 일을 도와주지 않고 떠납니다. 이처럼 비구도 여러 집을 다니며 탁발하다가 공양을 올리면 받은 뒤 특별히 신도와 교류하지 않고, 그들의 개인적인 일에 신경 쓰지 않고 떠나야 합니다.[167]

166 『상윳따 니까야』 제2권, pp.476~477 참조.

167 달의 비유에 관한 부분은 『*Pareigyi Nissaya Thik*(新 보호경 대역)』, p.377을 참조했다.

비옥한 토양에 씨를 심어야 많은 수확물을 거둬들일 수 있습니다. 따라서 보시 받는 비구라면 계 등의 훌륭한 덕목을 갖추어 양질의 복밭이 돼야 하고, 신도들은 자신들이 의지하고 있는 비구가 계 등의 훌륭한 덕목을 갖추었는지 살펴서 선업을 심는 복밭으로만 의지하고 가까이해야 합니다. 비구가 자신의 일에 함께 기뻐하고 슬퍼해 준다고 해서 자신이 천 배, 만 배, 십만 배의 이익을 얻을 수 있을까요? 어려운 일에 처했을 때 비구가 도와주고 보호해 준다면 백 배, 천 배 정도의 이익은 얻을 수 있을지도 모릅니다. 하지만 신도들과 섞이지 않는, 신도들을 애착하지 않는, 깨끗하고 청정한 'dakkhiṇeyya 공양을 받을 만한' 비구에게 계 등의 덕목만을 대상으로 보시한다면 그 선업의 결과는 몇십만 배, 몇백만 배, 몇천만 배, 혹은 그 이상으로 가치가 있을 것입니다.

부처님 당시 라자가하에 사는 인다까Indaka는 아누룻다Anuruddha 존자에게 단지 한 숟가락 정도의 공양을 보시한 선업으로 도리천 천상에 태어났습니다. 이렇게 천상에 태어났을 때도 보통의 천신이 아니라 위력이 큰 천신으로 태어났습니다. 그래서 부처님께서 도리천에서 아비담마를 설하실 때 부처님 바로 곁에서 법문을 들을 수 있었습니다.(DhpA.ii.143)[168]

이와 비교해서 그 당시 앙꾸라Aṅkura 천신은 처음에는 부처님 가까이에서 법문을 들었지만 나중에 위력이 큰 천신들이 오자 결국 부처님과 12요자나나 떨어진 곳까지 물러나고 말았습니다. 그 이유는 다음과 같습니다. 앙꾸라 천신은 그 이전 사람의 생에서 부처님 가르침 밖의

168 『가르침을 배우다』, p.110 참조.

시기에, 계조차 지키지 않는 일반인들에게 보시하고 음식을 베풀었습니다. 나중에는 12요자나에 걸쳐 음식을 베풀었습니다. 매우 크고 광대한 보시였습니다. 하지만 보시를 받는 이들이 계 등의 덕목을 갖추지 않았기 때문에 보시의 과보가 적었습니다. 그에 반해 인다까 천신은 공양 한 숟가락 정도 보시했지만 계 등의 덕목을 구족한 아라한인 아누룻다 존자에게 보시했기 때문에 보시의 과보가 컸던 것입니다. 이와 관련해서 부처님께서는 다음과 같이 설하셨습니다.

Viceyya dānaṁ dātabbaṁ,
Yattha dinnaṁ mahapphalaṁ;
Viceyya dānaṁ datvāna,
Saggaṁ gacchanti dāyakā. (Pe.329)

해석

가려서 보시를 베풀어야 한다네.
그러한 보시는 과보가 매우 크네.
가려서 보시를 베풀고 나서
보시자는 천상에 태어난다네.

Viceyya dānaṁ sugatappasatthaṁ,
Ye dakkhiṇeyyā idha jīvaloke;
Etesu dinnāni mahapphalāni,
Bījāni vuttāni yathā sukhetteti. (Pe.330)

해석

가려서 하는 보시 선서善逝께서 칭송하니

이러한 생명세상 공양을 받을 만한
그에게 베푼 보시 과보가 매우 크네.
기름진 논과 밭에 뿌린 씨앗처럼.

Tiṇadosāni khettāni,
Rāgadosā ayaṁ pajā;
Tasmā hi vītarāgesu,
Dinnaṁ hoti mahapphalaṁ. (Dhp.356)

해석

밭을 망치는 것 잡초이듯이
사람을 망치는 것 애착이라네.
그러니 애착이 없는 이에게
보시해야 과보가 매우 크다네.

이를 근거로 살펴본다면 계 등의 덕목을 대상으로 보시하는 것은 매우 거룩하고 훌륭한 행위입니다. 그러지 않고 가까운 친구, 세간과 관련해서 도움을 주는 이 정도로 기대하고 출가자에게 보시하고 출가자를 가까이 하는 것은 신도들의 측면에서 탐착gāha이 생겨난 것입니다. 이것은 자기에게 이익을 가져다 줄 사람으로 거머쥐는 성품입니다.

이렇게 비구든 신도든, 바르지 않은 방법으로 교제하면 '탐착-탐착gāhagāha'이 생겨난다고 주석서에서 설명해 놓았습니다. 비구도 탐착하고, 신도도 탐착하고, 양쪽 모두가 서로 탐착한다는 뜻입니다.

비구의 측면에서는 공양을 받을 만한 이dakkhiṇeyya로서 교제하지만 신도의 측면에서 바르지 않으면 '무착-탐착muttagāha'이 생겨납니다. 비구의 측면에서는 벗어났지만 신도의 측면에서 탐착한다는 뜻입니다.

신도들의 측면에서는 공양을 받을 만한 이로 대하지만 비구의 측면에서 바르지 않으면 '탐착-무착gāhamutta'이 생겨납니다. 비구의 측면에서는 탐착하고 신도의 측면에서는 벗어났다는 뜻입니다. 대부분 이러한 경우가 많은 듯합니다.

양쪽 모두 공양을 받을 만한 이로 공손하게 교제한다면 '무착-무착muttamutta'이 생겨납니다. 양쪽 모두 벗어났다는 뜻입니다. 이렇게 무착-무착이 되도록 관계하는 것이 매우 중요합니다. 이러한 모습은 쭐라삔다빠띠야 띳사Cūḷapiṇḍapātiya tissa 존자의 일화를 통해 살펴볼 수 있습니다.

한 청신녀가 쭐라삔다빠띠야 띳사 장로를 12년 동안 계속 시봉했습니다. 그러던 어느 날, 그 청신녀가 사는 마을에 불이 나서 마을 안의 모든 집이 불에 휩싸였습니다. 다른 비구들은 자신들이 탁발을 나가는 집에 가서 "어떻습니까, 청신녀님. 타지 않은 물건이 좀 있습니까?"라고 물으며 위로했습니다. 그러나 쭐라삔다빠띠야 띳사 존자만은 시봉하는 청신녀 집을 찾지 않았습니다. 그래서 이웃 사람들이 "아주머니의 스님은 공양시간에만 오는군요"라고 놀리며 말했습니다.

쭐라삔다빠띠야 띳사 존자는 다음날도 공양시간이 되자 평소대로 청신녀의 집으로 탁발을 나갔습니다. 청신녀는 창고 아래에 자리를 깔고 평소대로 준비해서 공양을 올렸습니다. 존자가 공양을 마치고 돌아가자 이웃 사람들은 "우리가 말한 대로군요. 아주머니의 스님은 공양할 때만 오는군요"라고 다시 놀리며 말했습니다. 그러자 그 청신녀는 "그대들의 스님은 그대들과만 적당하오. 우리 스님은 나와만 적당하니 그대들이 상관할 일이 아니오"라고 동요하지 않고 말했습니다.

그 청신녀의 말은 매우 의미심장합니다. 매우 확실합니다. '승가에 귀의한다'는 것은 계·삼매·통찰지의 덕목을 존경해서 귀의하는 것입니다. 보시할 때도 마찬가지입니다. '승가 존자들은 계 등을 구족하셨다. 계 등을 구족한 스님들께 보시하면 다음 윤회하는 내내 행복할 것이다. 열반도 증득할 수 있다'라고 믿고 의지해서 보시하는 것입니다.

불이 나서 위로하고 도와주는 것은 어느 정도 가치가 있을까요? 몇백 배, 몇천 배보다 많지 않을 것입니다. 그 청신녀처럼 계의 덕목 등을 대상으로 보시하는 것은 몇십만 배, 몇백만 배, 몇천만 배보다 더 많은 이익을 줄 수 있습니다. 앞서 언급한 인다까 천신처럼 천상의 행복을 아주 많은 생 동안 얻을 수 있습니다. 열반의 행복도 빠르게 얻을 수 있습니다. 그래서 승가를 공경할 때는 직접적인 결과를 주는 것을 대상으로 하지 말고, 계속되는 윤회에서 얻을 수 있는 결과만을 대상으로 해야 합니다. 청정하고 깨끗한 마음으로 예경하고 가까이해야 합니다.[169]

자애수행의 앞부분에 실천해야 할 마지막 법과 일반적으로 자애를 닦는 방법

03 Na ca khuddamācare kiñci,
Yena viññū pare upavadeyyuṁ;
Sukhino va[170] khemino hontu,

169 『*Tuvaṭaka thouk tayataw*(신속경 법문)』, pp.183~184를 인용했다.

170 마 작시법을 고려해서 성전에서는 'vā'라고 장음으로 표현해야 할 것을 'va'라고 단음으로 표현했다. 'ca'라고 하면 더욱 좋을 것이다. 하지만 여러 다른 본에 일치하게, 'vā' 대신에 'va'라고 설하셨다고 생각한다.

Sabbasattā[171] bhavantu sukhitattā.

해석

지혜로운 이가 나무랄 일은
어떠한 사소한 것, 행하면 안 된다네.
행복하고 또한 안락하기를.
모든 중생이 행복하기를.

대역

Ca그리고 yena어떤 것으로 인해; 어떤 악행 때문에 viññū pare지혜로운 다른 이들이 upavadeyyuṁ허물을 보이면서 나무라는데 khuddaṁ사소한 taṁ그런 것을; 그렇게 비난받을 만한 악행을 kiñci어떠한 것이라도; 어떠한 작은 것이라도 na ca ācare행하지 말아야 한다. sabbasattā모든 중생이 sukhino vā hontu행복하기를. khemino vā hontu 안락하기를; 위험과 장애가 없기를. sukhitattā bhavantu 몸과 마음 행복하기를.

(15) 비난받을 행위를 하지 말아야 한다

자애수행의 앞부분에 실천해야 할 법 중 마지막은 "yena어떤 것으로 인해; 어떤 악행 때문에 viññū pare지혜로운 다른 이들이 upavadeyyuṁ허물을 보이면서 나무라는데 khuddaṁ사소한 taṁ그런 것을; 그렇게 비난받을 만한 악행을 kiñci어떠한 것이라도; 어떠한 작은 것이라도 na ca ācare행하지 말아야 한다"입니다. 이것은 자애수행의 앞부분

171 sabbe sattā(Se. Te.).

에 갖춰야 할 열다섯 항목 중 마지막입니다.

"현자들이 나무랄 만한 것은 어떤 사소한 것도 행하지 말아야 한다"는 뜻입니다. '사소하다'라며 행하거나 말해선 안 됩니다. 생각조차 해서는 안 됩니다. 하지만 나쁜 생각이 완전히 없어지도록 보호하는 것은 쉽지 않습니다. 그러니 할 수 있는 만큼만 제거하면 됩니다.

부처님께서는 지금까지 「자애경」에서 "유능해야 한다" 등으로 행해야 할 것karaṇīya을 먼저 설하신 뒤 이 게송에서는 행하지 말아야 할 것akaraṇīya을 드러내셨습니다. 이렇게 행해야 할 것과 행하지 말아야 할 것을 다 설하신 후 이어서 자애를 닦는 방법을 제시하셨습니다.

여기서 "행해야 하는 실천을 모두 갖춘 이라면 악행을 행하지 않을 것이다. 그런데 왜 행하지 말아야 할 것도 설하셨는가?"라고 질문할 수도 있습니다. 행해야 할 것을 실천하는 이도 가끔씩은 '이 정도면 그리 중요한 것이 아니다'라고 생각해서 허물을 범할 수도 있습니다. 그래서 그렇게 범하지 않도록 주의를 주신 것입니다.

'khudda'라는 단어는 '작은, 조금인, 거친, 사소한, 저열한 자, 가난한 자' 등 여러 의미를 지닙니다. 여기서는 '사소한'이라는 뜻입니다. 주석서에서는 "yaṁ taṁ kāyavacīmanoduccaritaṁ khuddaṁ lāmakanti vuccati. 몸과 말과 마음의 작고 사소한 것을 말한다"라고 설명했습니다.(SnA.i.184) "kiñci"는 "아무리 작더라도appaka"라는 뜻입니다. 거칠고 중대한 허물은 말할 것도 없고 아주 사소한 악행도 하지 말아야 한다는 뜻입니다.

이렇게 사소한 악행을 삼가면 어떠한 이익이 있는지 나타내려고 "현자들이 비난하지 않는다"라는 구절을 이어서 설하셨습니다. 여기서 어리석은 자들의 비난은 중요하지 않습니다. 어리석은 자들은 허물이 없는 것을 허물이 있다고 하고 허물이 작은 것을 허물이 크다고 말하기 때문입니다. 중요한 것은 현자들의 말입니다. 현자들은 거듭 살피고 파악한 뒤 진실로 비난받을 만한 이들만 비난하고 칭송받을 만한 이들만 칭송합니다. 그래서 부처님께서 현자들이 비난할 만한 것을 행하지 않도록 설하신 것입니다. (SnA.i.183)[172]

지금까지 설명한 자애수행의 앞부분에 실천해야 할 법 열다섯 가지는 다음과 같습니다.

①sakko, 유능해야 한다; 실천할 능력이 있어야 한다.
②uju, 정직해야 한다.
③suhuju, 고결해야 한다; 매우 정직해야 한다.
④suvaco, 훈계하기 쉬워야 한다; 훈계를 쉽게 받아들여야 한다.
⑤mudu, 부드러워야 한다.
⑥anatimānī, 겸손해야 한다; 자신을 높이면서 다른 이를 무시하는 행위를 하지 말아야 한다.
⑦santussako, 만족해야 한다.
⑧subharo, 공양하기 쉬워야 한다.
⑨appakicco, 분주하지 않아야 한다; 일이 적어야 한다.
⑩sallahukavutti, 생활이 간소해야 한다; 필수품이 많지 않고 적어야 한다.
⑪santindriyo, 감관이 고요해야 한다.

172 뒷부분은 『*Pareigyi Nissaya Thik*(新 보호경 대역)』, pp.379~380을 참조했다.

⑫nipako, 슬기로워야 한다; 숙고하는 지혜가 성숙하고 무르익어야 한다.

⑬appagabbho, 불손하지 말아야 한다; 거칠거나 드세지 않고 절제되고 정중해야 한다.

⑭ananugiddho, 탐착하지 말아야 한다.

⑮na ca khuddamācare kiñci, yena viññū pare upavadeyyuṁ, 지혜로운 이들이 나무랄 만한 것은 어떤 사소한 것도 행하지 말아야 한다.

수행주제의 근접

부처님께서는 「자애경」의 처음 두 게송에서 자애수행의 앞에 행해야 할 '자애의 앞부분 실천mettāpubbabhāgapaṭipadā'을 설하셨습니다. 그것을 '수행주제의 근접kammaṭṭhānūpacāra', 즉 수행 전에 갖춰야 할 실천이라고도 합니다. '집의 근처'라고 하면 집에서 가까운 장소라고 알 수 있듯이 자애수행을 하기 전, 자애의 앞부분에 실천해야 할 법들이라는 뜻입니다.

부처님께서는 이러한 열다섯 가지 법을 통해 적정의 경지를 통찰하여 이루려는 수행자, 적정의 경지를 증득하기 위해 숲속에 거주하면서 실천하려는 수행자, 더 나아가 수행주제를 선택해 수행하려는 모든 수행자에게 해야 할 것과 하지 말아야 할 것으로 나뉘는 '수행주제의 근접'을 설하셨습니다. 그리고 비구들에게 목신들의 위험을 떨쳐내 주는 보호의 의미로, 또한 위빳사나의 기초선정이 되는 수행주제의 의미로

이어서 일반적으로 자애를 닦는 방법을 설하셨습니다.(SnA.i.184)[173]

일반적으로 자애를 보내는 방법

Sukhino va khemino hontu, sabbasattā bhavantu sukhitattā.

대역

Sabbasattā모든 중생이 sukhino vā hontu행복하기를. khemino vā hontu안락하기를; 위험과 장애가 없기를. sukhitattā bhavantu몸과 마음 행복하기를.

왜 부처님께서는 "sukhino va" 등의 구절을 설하셨을까요? 자애수행의 모습을 보이기 위해서입니다. 즉 "sabbe sattā[174] sukhino hontu 모든 중생이 (몸으로) 행복하기를", 혹은 "khemino hontu 위험과 장애가 없이 안락하기를", "sukhitattā hontu (마음으로) 행복하기를"이라고 자애를 닦아야 합니다.(SnA.i.184)

여기서 'sukhino'라는 단어는 "sukhaṁ etesaṁ atthīti sukhino. 어떤 이들에게 행복이 있다. 그래서 그들을 '행복한 이'라고 부른다"라는 단어분석에 따라 '행복이 있는 이, 행복을 갖춘 이sukhasamaṅgino'라고 옮기는 것이 문법적으로 정확합니다. 여기서 '행복sukha'이란 몸의 행복과 마음의 행복 둘 모두와 관련되지만 이어서 'sukhitattā'라고 마음의 행복을 언

173 이 단락은 『*Pareigyi Nissaya Thik*(新 보호경 대역)』, p.380을 참조했다.

174 「자애경」 본문에서는 제6차 결집본에 따라 'sabbasattā'라고 표현했고, 주석서에서는 'sabbe sattā'라고 표현하면서 설명했다.

급했기 때문에 여기서 'sukha'는 몸의 행복만 취하는 것이 적당합니다.[175]

마찬가지로 'khemino'라는 단어도 "khemaṁ etesaṁ atthīti khemino. 어떤 이에게는 안락함이 있다. 그래서 그를 안락한 이라고 한다"라는 단어분석에 따라 '위험이 없는 이, 위험없음을 가진 이 khemavanto'라고, 'khemino hontu'는 '위험이 없는 이가 되기를'이라고 옮겨야 합니다. 여기서 'khema'란 위험이 없는 것, 안락한 것입니다. 몸과 마음이 행복해서 모든 위험과 장애가 없는 것입니다.(SnA. i.184)[176] 하지만 '행복하기를; 위험이 없기를'이라고 표현해도 의미상 동일합니다. 그래서 이 구절과 관련하여 '모든 중생이 행복하기를. 위험이 없기를'이라고 마음으로, 혹은 입으로 소리 내어 자애를 보내면 됩니다.

'sukhitattā'는 "sukhaṁ sañjātaṁ assāti sukhito. 어떤 마음에는 생겨난 행복이 있다. 그래서 그 마음을 'sukhita 행복한 마음'이라고 한다. sukhito attā etesanti sukhitattā. 어떤 이에게는 행복한 마음이 있다. 그래서 그를 'sukhitattā 마음이 행복한 이'라고 한다"라고 단어 분석을 할 수 있습니다. 그래서 'sukhino'는 몸으로 행복한 이를 뜻하고 'sukhitattā'는 마음으로 행복한 이를 뜻합니다.[177] 혹은 'sukhitattā'는 간략하게 'sukhita 생겨난 행복이 있는 이'와 'atta 마음, 자기 자신'이라는 두 단어가 합쳐진 단어로 설명할 수도 있습니다. 여기서 'atta 자기 자

175 'sukhino'를 몸의 행복이라고 설명한 내용은 『*Pareigyi Nissaya Thik*(新 보호경 대역)』, p.380을 참조했다.

176 'khemino'에 대한 자세한 설명은 『*Pareigyi Nissaya Thik*(新 보호경 대역)』, p.380을 참조했다.

177 'sukhitattā'를 마음의 행복이라고 설명한 내용은 『*Pareigyi Nissaya Thik*(新 보호경 대역)』, p.380을 참조했다.

신'은 물질과 정신 두 가지 모두를 포함합니다. 그래서 'sukhitattā'는 '행복을 갖춘 몸과 마음이 있는 이sukhitacittā'라고 옮기는 것이 문법적으로 정확합니다. 하지만 '행복한 몸과 마음이 있는 이, 몸과 마음 둘 모두가 행복한 이'라고 옮기는 것이 더 자연스럽고 의미로도 동일하기 때문에 이 구절과 관련해서는 '모든 중생이 몸과 마음 행복하기를'이라고 마음으로, 혹은 입으로 소리 내어 자애를 보내면 됩니다.

모든 중생이 행복하기를.
위험과 장애가 없기를.
몸과 마음 모두 행복하기를.

이렇게 자애를 보내면서 독송할 때마다 독송하려는 마음이 새로 거듭 생겨나서는 사라집니다. '행복하기를'이라고 마음 기울이는 자애 마음도 사라집니다. 독송하는 몸의 행위와 소리도 새로 거듭 생겨나서는 사라집니다. 그렇게 사라지는 물질과 정신을 독송할 때마다, 마음 기울일 때마다 관찰해 나가야 합니다.

그렇게 관찰하는 것이 위빳사나vipassanā입니다. 'khayato vayato sammasitvā 다하고 사라진다고 명상하고서' 아라한과까지 도달할 수 있다는 사실을 여러 주석서에서 분명하게 언급해 놓았습니다.(SA.i.270)[178] 따라서 독송할 때마다 '마음 기울이는 것', '독송하는 것'을 즉

178 독송을 한 뒤 사라진 소리를 관찰하는 내용은 "niruddhasaddaṃ khayato sammasati"라고 설명했다.(SA.i.270) 'khayato vayato sammasitvā'라고 엄밀하게 표현된 곳은 *Vācissara*, 『*Abhidhammāvatāra-Purāṇaṭīkā*(입아비담마론 옛 복주서)』, i.197뿐이다. 이 구절은 보시한 뒤 명상하는 것을 설명하는 내용이다.

시 관찰해 나가야 합니다. 이러한 사실을 염두에 두고 독송하면서 관찰해 보십시오.

모든 중생이 행복하기를.
위험과 장애가 없기를.
몸과 마음 모두 행복하기를.

반문해서는 안 된다

"'지혜로운 이들이 나무랄 일은 그 어떤 사소한 것도 행하면 안 된다'라는 구절 뒤에 '자애는 이렇게 닦아야 한다'라는 연결문구를 넣지 않고 '모든 중생이 행복하기를'이라고 설하신 것은 연결이 매끄럽지 않은 것 아닌가?"라고 반문할 수 있습니다. 부처님의 가르침은 알고 이해하는 이들을 위한 법문입니다. 가르침을 알고 이해하는 이들은 "sukhino vā"라는 구절이나 뒤에 이어지는 "ye keci" 등의 구절을 들으면 '이 구절은 자애를 닦는 모습을 나타내는구나'라고 알 수 있습니다.

또한 "어떤 내용을 다 말한 뒤 마지막에 '모두 행복하기를'이라고 끝맺으면 그 말은 그의 기원을 나타낸다. 여기서도 'sukhino vā'라는 구절은 단지 부처님께서 자애를 보내시는 내용 정도가 아닌가?"라고 반문할 수도 있습니다. 당시 이 법문은 부처님께서 가르침을 받아들이는 이dhammapaṭiggāhaka를 위해 설하신 것입니다. 그래서 법문을 듣는 비구들도 자신들이 실천해야 할 내용을 설하신 것이라고 알았습니다. 이 구절은 단지 부처님께서 자애를 보내시는 내용 정도가 아닙니다. 이러한 반문은 뒤에 나오는 "mātā yathā niyaṁ puttamāyusā 어머니가 하나밖에 없는 자식을 보호하듯이" 자애를 닦아야 한다고 격려하시는 구절을 근거로 해도 적당하지 않습니다.[179]

자세하게 자애를 닦는 방법

부처님께서는 "sukhino vā" 등으로 모든 중생을 모아서 자애를 보내는 간략한 방법을 설하신 뒤 그러한 중생들을 '동요하는 중생과 동요하지 않는 중생' 등으로 각각 나누어 자애를 보내는 자세한 방법을 보이시기 위해 "ye keci pāṇabhūtatthi"라고 이어서 설하셨습니다.

혹은 중생들의 마음은 여러 종류의 대상으로 옮겨다니기 때문에 처음부터 하나의 대상에 굳건하게 확립되지 않습니다. 대상을 여러 종류로 제시해야 그러한 대상을 따라가다가 차츰 확립됩니다. 그래서 "동요하거나 동요하지 않는" 등으로 여러 대상을 따라가면서 확립되기를 바라는 목적으로 "ye keci" 등의 게송을 설하셨다고도 설명합니다.

혹은 마음이라는 것은 분명한 대상에 쉽게 확립됩니다. 분명한 대상에 마음은 행복하게 머뭅니다. 그래서 당시 법문을 듣던 비구들이 여러 분명한 대상들에 마음을 확립하길 바라시면서 "동요하거나 동요하지 않는" 등으로 여러 종류의 대상을 보이시고자 "ye keci"라는 등의 게송을 설하셨다고도 설명합니다.(SnA.i.184)

이렇게 자세한 방법을 보이기 위해 중생들을 두 무리, 세 무리로 나누어 자애를 닦는 방법을 이어서 두 게송으로 설하셨습니다. 간략하게 요약하면 다음과 같습니다.[180]

---

179 이 단락은 『*Pareigyi Nissaya Thik*(新 보호경 대역)』, p.381을 참조했다.

180 요약한 내용은 편역자가 첨가했다.

■ 2개조 네 가지

①동요하는 중생과 동요하지 않는 중생

②보았던 중생과 보지 않았던 중생

③가까이 머무는 중생과 멀리 머무는 중생

④이미 있는 중생과 앞으로 태어날 중생

■ 3개조 세 가지

①긴 중생과 짧은 중생과 중간인 중생

②큰 중생과 작은 중생과 중간인 중생

③비대한 중생과 왜소한 중생과 중간인 중생

두 무리, 세 무리로 나누어 자애를 닦는 방법(1)

04 Ye keci pāṇabhūtatthi,

Tasā vā thāvarā vanavasesā;

Dīghā vā ye va mahantā[181],

Majjhimā rassakā aṇukathūlā.[182]

해석

살아있는 생명이면 그 어떤 것이든

동요하든 혹은 확고하든 남김없이

181 마 일부 본에서는 'vā'라거나 '-ntā'라고 장음으로 표현해야 할 곳에 작시법의 규칙을 맞추기 위해 'va'라거나 '-nta'라고 단음으로 표현했다. 뒤의 'aṇuka'나 'adiṭṭha'도 마찬가지로 알면 된다.

182 저본에서는 다섯 번째 게송을 여기서 소개했으나 대역이 뒷부분에 나오기 때문에 생략했다.

길거나 크거나 중간이거나
짧거나 작거나 비대하거나

대역

Tasā vā동요하든; 동요하는 범부나 수련자[183]든, thāvarā vā확고하든; 동요하거나 놀라지 않고 확고한 아라한이든 ye keci pāṇabhūtā그 어떤 모든 중생이 atthi있는데, anavasesā남김없이 ime sattā모든 이 중생이 sukhitattā bhavantu몸과 마음 행복하기를. ye dīghā vā길거나; 몸이 긴 중생들이거나 ye vā mahantā크거나; 몸이 큰 중생들이거나 ye vā majjhimā중간이거나; 몸이 길지도 않고 짧지도 않고 크지도 않고 작지도 않은 중간인 중생들이거나 ye vā rassakā짧거나; 몸이 짧은 중생들이거나 ye vā aṇukā 작거나; 몸이 매우 작은 중생들이거나 ye vā thūlā비대한; 몸이 비대한 중생들이 atthi있는데 anavasesā남김없이 ime sattā이러한 모든 중생이 sukhitattā bhavantu몸과 마음 행복하기를.

생명

게송의 "pāṇabhūtā"를 마하시 사야도는 '중생들'이라고 일반적인 의미로 대역했습니다. 그러나 해석에서는 '생명'으로 본래 의미를 살렸습니다. 단어 그대로의 뜻은 '생명존재'입니다. 주석서에서는 "생명

183 수련자sekkha·修練者에 대해서는 본서 부록 pp.339~340 참조.

들pāṇā이 존재들bhūtā이다. 그래서 '생명존재들'이다. 혹은 '숨을 쉰다 pāṇanti'라고 해서 '생명들pāṇā'이다. 이것은 들숨과 날숨에 매여 있는 다섯 무더기 중생[184]을 포함한다. 그리고 '생겨난다bhavanti'라고 해서 '존재들bhūtā'이다. 이것은 한 무더기 중생과 네 무더기 중생을[185] 포함한다"라고 설명했습니다.(SnA.i.185)

두 무리로 나누어 자애를 닦는 방법

'동요하는tasa' 경우에는 성냄으로 동요하는 경우와 갈애로 동요하는 경우가 있습니다.[186] '성냄으로 동요하는 중생'은 성냄이 아직 없어지지 않은 범부, 수다원, 사다함을 말합니다. '갈애로 동요하는 중생'은 범부, 수다원, 사다함, 아나함을 말합니다. '갈애로 동요하는 것'은 자신이 바라고 원하는 것을 얻지 못할까 걱정하는 성품입니다. 동요함이나 놀람이 없이 확고한 이들은 그러한 갈애가 없는 아라한들입니다. 그래서 '동요하는 중생'은 갈애가 아직 사라지지 않은 중생들, '동요하지 않고 확고한 중생'은 아라한들을 뜻합니다.[187] 부처님께서는 "tasā vā thāvarā vā"라는 구절을 통해 갈애가 없어지지 않은 중생과 갈애가 없어진 중생, 이렇게 두 무리로 나누어 자애를 닦는 방법을 설하셨습

184 31 탄생지 중 무상유정천과 무색계천 네 탄생지를 제외한 물질·느낌·인식·형성들·의식이라는 다섯 무더기를 가진 26 탄생지를 말한다. 31 탄생지는 본서 부록 p.344 참조.

185 한 무더기 중생은 무상유정천 중생, 네 무더기 중생은 무색계천 중생을 말한다.

186 '동요하다, 놀라다tasati'라고 해서 '동요하는 것tasa'이다. 여기에는 갈애와 함께하는 것sataṇhā과 두려움과 함께하는 것sabhaya이 있다.(SnA.i.185) 두려움의 법체는 성냄이다. 그래서 본문에 '성냄으로 동요하는 것'이라고 했다.

187 '확고하게 머문다tiṭṭhati'라고 해서 '확고한 것thāvara'이다. 이것은 갈애와 두려움이 제거된 아라한의 동의어이다.(SnA.i.185)

니다. 구체적으로는 다음과 같이 닦으면 됩니다.(SnA.i.185)

> Ye keci pāṇabhūtatthi tasā vā thāvarā vā anavasesā,
> imepi sabbe sattā bhavantu sukhitattā.
> 살아있는 생명이면 그 어떤 것이든 동요하든 혹은 확고하든 남김없이 모든 중생이 행복하기를.

긴 중생 등 나머지도 마찬가지입니다. 이 구절에 따라 소리 내어 자애를 닦으며 위빳사나도 함께 연결해서 관찰해야 합니다.

> 갈애남아 동요하는 범부와 수련자들이
> 몸과 마음 모두 행복하기를.
> 갈애없어 동요않고 확고한 아라한들이
> 몸과 마음 모두 행복하기를.
> 동요하는 중생들과 동요않는 아라한들이
> 몸과 마음 모두 행복하기를.[188]

세 무리로 나누어 자애를 닦는 방법

부처님께서 "살아있는 생명이면 그 어떤 것이든 ~ 짧거나 작거나 비대하거나"라는 구절을 통해서는 중생들을 세 무리로 나누어 자애를 닦는 방법 세 가지를 설하셨습니다. 첫 번째 방법은 몸의 '길이'에 따라

188 저본 뒷부분에서는 '모두가 행복하기를'이라고 했으나 앞부분과 통일시켰다.

길고, 짧고, 길지도 짧지도 않은 중간으로 나누어 닦는 것입니다. 그중 '몸이 긴 중생'이란 뱀, 용, 왕도마뱀, 지렁이 등을 말합니다. 주석서에서는 "대해에 사는 용들은 몸길이가 몇백 미터, 맛차고다Macchagodhā 물고기는 몇십 킬로미터나 된다"라고 설명합니다.(SnA.i.185) '짧은 중생'이란 닭, 새, 개구리 등을 말합니다. '중간인 중생'이란 말, 소, 돼지 등을 말합니다. 하지만 정확하게 나누는 것은 쉽지 않습니다. 몸의 길이에 따라 다음과 같이 세 무더기로 나누어 자애를 닦으면 됩니다.

몸이 긴 중생들이
행복하기를, 행복하기를, 행복하기를.
몸이 짧은 중생들이
행복하기를, 행복하기를, 행복하기를.
몸이 중간인 중생들이
행복하기를, 행복하기를, 행복하기를.
몸이 길고 짧고 중간인 모든 중생이
행복하기를, 행복하기를, 행복하기를.

세 무리로 나누어 자애를 닦는 두 번째 방법은 몸의 '크기'에 따라 크고, 작고, 크지도 작지도 않은 중간으로 나누어 닦는 것입니다. 그중 '몸이 큰 중생'이란 물속 중생으로는 큰 물고기, 큰 거북이 등을, 땅위 중생으로는 코끼리, 용왕 등을 말합니다. 천신들 중에는 큰 야차, 천신, 범천 등을 들 수 있습니다. '작은 중생'이란 매우 작은 벌레 등을 말합니다. '중간인 중생'이란 사람, 개, 돼지, 닭, 새 등을 취하면 적당합니다. 이렇게 세 무리로 결정하기도 쉽지 않습니다. 몸의 크기에 따라 다음과 같이 세 무리로 나누어 자애를 닦으면 됩니다.

몸이 큰 중생들이
행복하기를, 행복하기를, 행복하기를.
몸이 작은 중생들이
행복하기를, 행복하기를, 행복하기를.
몸이 중간인 중생들이
행복하기를, 행복하기를, 행복하기를.
몸이 크고 작고 중간인 모든 중생이
행복하기를, 행복하기를, 행복하기를.

세 무리로 나누어 자애를 닦는 세 번째 방법은 몸의 '덩치'에 따라 비대하고, 왜소하고, 비대하지도 왜소하지도 않은 중간으로 나누어 닦는 것입니다. 그중 '비대한 중생'이란 몸이 거대하고 둥글게 부푼 물고기, 거북이, 큰 홍합, 큰 조개 등을 말합니다. '왜소한 중생'이란 사람의 보통 눈으로는 볼 수 없는 매우 작은 벌레, 이 등을 말합니다. '중간인 중생'이란 눈으로 볼 수 있는 그리 비대하지도 왜소하지도 않은 중생들을 말합니다. 이 세 종류도 정확하게 결정하기란 어렵습니다. 그래서 "같은 종류의 중생들 중에서 크고 중간인 것보다 작은 중생, 비대하고 중간인 것보다 작은 중생을 'aṇuka 미세한 것'이라고 한다"라는 내용도 주석서에서 설명돼 있습니다.(SnA.i.185) 율장에 따르면 사람의 경우 키가 180cm가 넘고 몸무게가 70kg이 넘으면 크고 비대한 사람이라고, 키가 100cm보다 작고 몸무게가 45kg이 되지 않으면 작고 왜소한 사람이라고 취한 뒤 나머지 사람들을 중간인 사람이라고 취하면 적당합니다. 이것도 정확하게 결정하기가 어렵습니다. 그래서 정확하게 나누지 않고 몸의 덩치에 따라 다음과 같이 세 무리로 나누어 자애를 닦으면 됩니다.

몸이 비대한 중생들이
행복하기를, 행복하기를, 행복하기를.
몸이 왜소한 중생들이
행복하기를, 행복하기를, 행복하기를.
몸이 중간인 중생들이
행복하기를, 행복하기를, 행복하기를.
몸이 비대하고 왜소하고 중간인 모든 중생이
행복하기를, 행복하기를, 행복하기를.

두 무리로 나누어 자애를 닦는 방법(2)

05 Diṭṭhā vā ye va adiṭṭhā[189],
Ye va[190] dūre vasanti avidūre;
Bhūtā va sambhavesī va[191],
Sabbasattā bhavantu sukhitattā.

해석

보았거나 혹은 본 적이 없거나
멀리 머물거나 가까이 머물거나

---

189 adiṭṭha(일부 본).
190 ye ca(Se. Te. 등).
191 bhūtā vā sambhavesī vā(Te.).

이미 있거나[192] 앞으로 태어날
모든 중생이 행복하기를.

대역

Ye diṭṭhā vā보았거나; 본 적이 있는 어떤 중생이거나 ye va adiṭṭhā보지 않았거나; 본 적이 없는 어떤 중생이 atthi 있고, ye va어떤 중생들도 dūre멀리 vasanti머물거나 ye va어떤 중생들도 avidūre가까이 머물고, ye bhūtā va다 태어난 어떤 중생들이거나; 이미 있는 어떤 중생들이거나 ye sambhavesī va태어나고 있는 중생들이; 앞으로 태어날 중생들이 atthi있는데, ime sabbasattā이러한 모든 중생이 sukhitattā bhavantu몸과 마음 행복하기를.

두 무리로 나누어 자애를 닦는 또 다른 방법 세 가지

첫 번째 방법은 이전에 보았던 중생과 본 적이 없는 중생으로 나누어 자애를 닦는 방법입니다. 이 방법은 분명해서 알기 쉽습니다. 예를 들어 바다 건너나 산 너머, 다른 우주에 머물러 본 적이 없다면 그곳의 중생들은 '본 적이 없는 중생'입니다.(SnA.i.186) 이 방법에 따라 다음과 같이 두 무리로 나누어 자애를 닦으면 됩니다.

전에 보았던 중생들이
행복하기를, 행복하기를, 행복하기를.

192 일반적으로 '이미 태어난'이라고 해석한다.

보지 못한 중생들이
행복하기를, 행복하기를, 행복하기를.
보았거나 보지 못한 모든 중생이
행복하기를, 행복하기를, 행복하기를.

두 번째 방법은 근처에 있는 중생과 멀리 있는 중생으로 나누어 자애를 닦는 방법입니다. 가까운 지역이나 먼 지역은 각자 성품에 따라 나누어 대상으로 하면 됩니다. 자신의 몸 안에 사는 중생은 근처에서 지내는 중생이고 자신의 몸 밖에 사는 중생은 멀리서 지내는 중생입니다. 그와 마찬가지로 자신의 주변에 사는 중생과 주변보다 멀리 떨어져서 사는 중생, 자신이 사는 마을, 나라, 대륙, 우주 등으로 결정할 수 있습니다.(SnA.i.186) 이 방법에 따라 다음과 같이 두 무리로 나누어 자애를 닦으면 됩니다.

가까이 사는 중생들이
행복하기를, 행복하기를, 행복하기를.
멀리 사는 중생들이
행복하기를, 행복하기를, 행복하기를.
가까이나 멀리 사는 모든 중생이
행복하기를, 행복하기를, 행복하기를.

세 번째 방법은 태어남이 모두 다해서 다시 새로운 생에 태어날 일이 없는 아라한들인 'bhūtā 다 태어난' 중생과 번뇌가 아직 없어지지 않아 다시 새로운 생에 태어날 범부와 수련자sekkha들인 'sambhavesī

태어나고 있는' 중생으로 나누어 자애를 닦는 방법입니다. 빠알리어 문법에 따르면 'sambhava'는 다시 태어날 새로운 생, 'esī'는 구하고 있는 중생들을 뜻합니다. 새로운 생을 구하고 있는 중생들에게는 태어남이 끝나지 않았습니다. '태어나고 있는 중이다'라고 말할 수 있습니다. 그래서 '태어난'이라는 상대구절과도 대비되고, 의미도 부드럽게 하기 위해 '태어나고 있는'이라고 대역했습니다. 이 방법에 따라 다음과 같이 두 무리로 나누어 자애를 닦으면 됩니다.

다 태어난 아라한들이
행복하기를, 행복하기를, 행복하기를.
태어나고 있는 범부와 수련자들이
행복하기를, 행복하기를, 행복하기를.
태어났거나 태어나고 있는 모든 중생이
행복하기를, 행복하기를, 행복하기를.

또 다른 방법으로는 태생jalābuja의 경우[193] 모태에 재생연결한 뒤 모태에서 아직 나오지 않은 존재를 'sambhavesī 태어나고 있는' 중생이라고 하고 모태에서 완전히 나온 존재를 'bhūtā 다 태어난' 중생이라고 합니다. 마찬가지로 난생aṇḍaja의 경우 알에서 아직 나오지 않은 존재를 'sambhavesī 태어나고 있는' 중생이라고 하고 알에서 완전히 나온 존재를 'bhūtā 다 태어난' 중생이라고 합니다.

몸을 완전히 갖추고 태어나는 화생upapātika 중생과 습한 곳을 의

193 입태생gabbaseyyaka에 태생jalābuja과 난생aṇḍaja이 있다.

지해서 생겨나는 습생saṁsedaja 중생의 경우에는 재생연결 마음이 생겨나는 때를 'sambhavesī 태어나고 있는' 중생이라고 하고 그 다음을 'bhūtā 다 태어난' 중생이라고 합니다. 또 다른 방법으로는 화생과 습생의 경우 제일 첫 번째 자세 때를 'sambhavesī 태어나고 있는' 중생이라고 하고 그 다음을 'bhūtā 다 태어난' 중생이라고 합니다.(SnA.i.186) 이 방법에 따라 다음과 같이 자애를 닦으면 됩니다.

> 새로운 생에 태어나고 있는 중생들이
> 행복하기를, 행복하기를, 행복하기를.
> 새로운 생에 태어난 중생들이
> 행복하기를, 행복하기를, 행복하기를.
> 태어났거나 태어나고 있는 모든 중생이
> 행복하기를, 행복하기를, 행복하기를.[194]

고통이 사라지기를 바라면서 자애를 닦는 방법

지금까지는 번영과 행복을 바라면서 자애를 닦는 모습hitasukhā-gamapatthanāmettā을 설명했습니다. 하지만 'sukhino vā khemino vā hontu. 행복하기를, 안락하기를'이라고 마음 기울이는 것으로만 자애를 닦아서는 안 됩니다. 거기에서 더 나아가 '다른 이를 속이면 안 된다. 태생 등의 이유로 다른 이를 얕보면 안 된다. 분노나 증오 때문에 서로에게 고통을 바라면 안 된다'라고도 마음 기울이면서 자애를 닦아

---

194 '태어난'과 '태어났고'의 순서가 저본 게송에 바뀌어서 그대로 따랐다. 마지막은 표현을 고려해 앞 게송을 따랐다.

야 합니다.(SnA.i.187) 그래서 부처님께서는 여러 불이익과 고통이 사라지기를 바라면서 자애를 닦는 모습ahitadukkhānāgamapatthanāmettā을 이어서 설하셨습니다.

06 Na paro paraṁ nikubbetha,
Nātimaññetha katthaci na kañci[195];
Byārosanā paṭighasaññā[196],
Nāññamaññassa dukkhamiccheyya.

해석

서로가 서로를 속이면 안 된다네.
어느 곳 누구든지 얕보면 안 된다네.
분노 때문이든 증오 때문이든
서로에게 고통을 바라면 안 된다네.

대역

Paro다른 이가 paraṁ다른 이를 na nikubbetha속이지 마라; 속이지 말기를. katthaci어느 곳에서도; 도시에서나 마을에서나 여러 대중이 있는 곳 등 어떠한 곳에서도, kañci어떠한 이에 대해서도 naṁ그 다른 이를 na atimaññetha얕보지 마라; 얕보는 것이 없어지기를. byārosanā분노 때문이든; 몸으로 괴롭히든지 거친 말로 괴롭히든지 paṭighasaññā

195 naṁ kañci(Se.), naṁ kiñci(Te.), na kiñci(Ke.).

196 "Byārosanāya paṭighasaññāyā"라고 표현해야 하지만 "byārosanā paṭighasaññā"라고 설하셨다.(SnA.i.187) '분노 때문에, 증오 때문에'라고 '~때문에'라는 의미를 나타내는 '~ya'가 포함돼야 하지만 생략했다는 뜻이다.

증오[197] 때문이든; 성냄 마음으로 aññamaññassa서로에게 dukkhaṁ고통을 na iccheyya바라지 마라; 바라는 것이 없어지기를.[198]

속이지 마라

먼저 부처님께서는 "paro다른 이가 paraṁ다른 이를 na nikubbetha 속이지 마라; 속이지 말기를"이라고 설하셨습니다. '속인다'라고 할 때는 세상일과 관련해서 속이는 경우도 있고, 가르침과 관련해서 속이는 경우도 있습니다.

세상에서는 저울을 조작해서 파는 양을 속이기도 하고, 가짜 물건을 진짜인 것처럼 속이기도 합니다. 심지어 양곤 마하시 센터에서 열리는 연례훈계법회에서조차 한 사기꾼이 여성들을 상대로 지폐를 교환해서 이익을 얻을 수 있다고 속여서 돈만 받고 달아난 일도 있었다고 합니다. 어떤 이들은 투자금을 몇 배로 불려주겠다고 환심을 사서 돈을 받고는 그대로 떠나 버립니다. 이런 일 외에도 사업이 번창하도록, 자식들이 잘 되도록 해 주겠다고 부적 등을 파는 이들도 있습니다. 이렇게 세상에는 속이는 일이 많습니다.

가르침과 관련해서 속이는 행위들도 많습니다. 사실이 아닌 가르침

197 『아비담마 강설 1』 등 편역자의 이전 책에서는 'paṭigha'를 '적의'라고 표현했으나 본서에서는 독송하기 쉽도록 '증오'라고 표현했다.

198 일부 문헌에서 'byārosanā paṭighasaññā 분노 때문이든 증오 때문이든'을 'nātimaññetha 얕보면 안 된다네'와 연결하기도 한다. 주석서에서 'nāññamaññassa dukkhamiccheyya 서로에게 고통을 바라면 안 된다네'와 연결해서 해석했기 때문에 이 연결에 특히 주의해야 한다. 『*Pareigyi Nissaya Thik*(新 보호경 대역)』, p.392 참조.

과 실천을 사실이라고 설하는 것은, 설사 그 자신은 확고히 믿어서 그렇게 설한다 하더라도 그것을 받아들이고 믿는 이들에게 많은 불이익을 가져다줍니다. 그렇기 때문에 이러한 행위는 속이는 것에 해당합니다. 부처님 당시에도 이런 일이 있었습니다. 소처럼 실천하는 뿐나Puṇṇa와 개처럼 실천하는 세니야Seniya가 부처님을 찾아와 자신들이 행하는 소의 실천, 개의 실천이 어떠한 이익을 주는지 여쭈었습니다. 부처님께서는 그 질문을 그만하도록 두 번이나 제지하셨습니다. 하지만 그들이 세 번째로 여쭙자 부처님께서는 다음과 같이 대답하셨습니다.

"소처럼 실천하는 이는 완벽하게 실천하면 죽은 뒤에 소로 태어난다. 개처럼 실천하는 이는 완벽하게 실천하면 죽은 뒤에 개로 태어난다. 실천이 완벽하지 않으면 거짓으로 꾸미고 속이는 것에 해당하기 때문에 그 사견으로 인해 지옥이나 축생 중 어느 한 곳에 태어난다."

부처님의 대답을 들은 뿐나와 세니야는 통곡했습니다. 부처님께서 무엇 때문에 우는지 물으시자 그들은 소의 실천과 개의 실천을 통해 행복한 생, 행복한 세상에 도달할 수 있다는 한 스승의 설법을 믿고 오랫동안 그러한 실천을 해 왔는데 알고 보니 속았다는 것을 알았기 때문이라고 대답했습니다.(M57)

또 다른 일화도 있습니다. 딸라뿌따Tālapuṭa라는 연극단장이 부처님께 와서 "많은 사람을 기쁘고 즐겁게 해 주는 배우는 빠하야Pahāya라는 행복한 천신으로 태어난다고 스승 대대로 설하는 것을 들었습니다. 이것에 대해서 부처님께서는 어떻게 설하십니까?"라고 여쭈었습니다. 마찬가지로 부처님께서는 그 질문을 그만하도록 두 번이나 제지하셨습니다. 그런데도 그가 세 번째로 여쭙자 부처님께서는 다음과 같이 대답하셨습니다.

“탐욕과 성냄과 어리석음이 없어지지 않은 이들에게 배우가 탐욕과 성냄과 어리석음이 더욱 늘어나도록 보여준다. 그래서 죽은 뒤에 빠하야라는 지옥에 태어난다. 공연을 하는 것으로 천상에 태어난다고 확고하게 고집하고 있으면 그 삿된 견해 때문에 지옥이나 축생 중 어느 한 곳에 태어난다.”

그러자 딸라뿌따는 통곡했습니다. 부처님께서 무엇 때문에 우는지 물으시자 그는 “배우는 연극으로 많은 사람들을 기쁘고 즐겁게 하기 때문에 빠하야 천신으로 태어난다고 스승 대대로 오랫동안 설해져 왔습니다. 이제 그 가르침이 속임, 기만인 줄 알았기 때문입니다”라고 대답했습니다.(S42:2)

그 외에도 비슷한 일화가 많이 있습니다. 요즘에도 부처님의 가르침을 잘못 이해하고 부처님의 바람과 정반대로 설하고 있는 이들이 있습니다. 부처님께서 “모든 불선업을 제거하라. 모든 선업을 행하라. 계와 삼매와 통찰지의 실천을 실천해야 한다. 사마타와 위빳사나라는 수행을 해야 한다. 팔정도를 닦아야 한다”라고 확실하고 분명하게 설해 놓으셨는데도 그 설법과 반대로 설하고 있는 이들이 있습니다. 예를 들어 “불선업이나 번뇌는 항상하지 않다. 무상하기 때문에 제거할 필요가 없다. 살생을 삼가는 것보다 살생을 하도록 노력하는 것이 더욱 힘들다. 선업을 행하는 것은, 계와 삼매와 통찰지의 실천을 행하는 것은, 수행을 행하는 것은 ‘sabbe saṅkhārā dukkhā. 모든 형성들은 괴로움이다’라는 부처님의 가르침에 따라 괴로움일 뿐이다. 자신을 힘들게 하는 행위다. 행하는 모든 것은 괴로움일 뿐이다. 그러니 아무것도 노력하지 않고 조용히 지내는 것이 행복이다”라고 설하는 것입니다. 이러한 설법은 부처님께서 설하신 법과 정반대입니다.[199] 이렇게 정반대인 법을 부처님의 바람과 일치한다고 생각하고서 믿고 받아들이면 그러한 이들에게는 선업이 생겨나지 않고 불선업만 늘어날 것입니다. 나중에 언젠가 의지할 만한 선업이 없어 불선업이 결과를 줄 때가 되면 잘못된 법에 속아서 직접 괴로움을 경험할 것입니다. 많은 경우 마음의 불편함이 생겨날 것입니다.

지금까지 말한 대로 세상일이나 가르침과 관련해서 속은 이는 매우 큰 타격을 받습니다. 세상일보다 가르침과 관련해서 속으면 윤회하는 내내 괴로움을 겪어야 하기 때문에 더욱 큰 타격을 받습니다. 그래서 세상일이나 가르침 어느 쪽으로든 속이는 일이 없어야 합니다. 다른 이를 속이는 것은 자애가 없기 때문입니다. 그리고 속은 이는 화가 날 것입니다.[200] 이렇게 양쪽 모두에게 불이익이 늘어나기 때문에 '속이지 말기를'이라고 자애를 닦도록 부처님께서 설하신 것입니다.

한 사람이 다른 사람 속이지 말기를.
속임이 없기를. 속임이 없기를. 속임이 없기를.

얕보지 마라

이어서 부처님께서는 "katthaci어느 곳에서도; 도시에서나 마을에서나 여러 대중이 있는 곳 등 어떠한 곳에서도, kañci어떠한 이에 대해서도 naṁ그 다른 이를 na atimaññetha얕보지 마라; 얕보는 것이 없

199 마하시 사야도 법문, 비구 일창 담마간다 옮김, 『아낫딸락카나숫따 법문』, p.398 참조.
200 이 부분은 『*Pareigyi Nissaya Thik*(新 보호경 대역)』, pp.390~391을 참조했다.

어지기를"이라고 설하셨습니다. 여기서 "어느 곳에서도"란 '어느 공간에서나, 어느 마을에서나, 어느 땅에서나, 어느 친척들 사이에서나, 어느 개인 사이에서나'라는 뜻이고 "어떠한 이에 대해서도"란 '누구든지, 어느 왕족, 어느 바라문, 어느 장자, 어느 출가자, 어느 좋은 성품의 중생, 어느 나쁜 성품의 중생에 대해서도'라는 뜻입니다.(SnA.i.187)

다른 이를 얕보는 것은 자만에서 비롯되는데, 자만은 자애가 없는 이에게만 생겨납니다. 상대방을 매우 좋아하고 존경한다면 그에 대해 마음이 부드러워져 자만이 생겨나지 않습니다. 달리 말해 자만이 있다는 것은 곧 자애가 없다는 뜻입니다.

자만은 우쭐거리는 이와 무시당하는 이 양쪽 모두에게서 불이익이 늘어나게 합니다. 자신을 높이고 다른 이를 무시하거나 얕보는 이는 불선업을 늘리는 것이고, 나중에는 그로 인한 과보로 불이익이 생겨납니다. 그리고 무시당하는 이도 마음이 괴롭고, 자신을 무시하는 사람에게 적의를 품을 수도 있습니다. 윗사람이 아랫사람을 경시하는 경우도 있습니다. 비구들 중 일부 장로는 법랍이 낮은 스님을 경시하기도 합니다. 그러면 무시당하는 이에게 마음의 불편함이 많이 생겨납니다. 대부분 사람은 우쭐거리는 이를 보는 것을 불편해합니다. 무시하는 이의 측면에서도 그가 '다른 이의 입장을 생각하지 않는 이', '자애가 없는 이'라는 사실이 분명하게 드러납니다. 그래서 양쪽 모두 괴롭지 않도록 '무시하거나 경시하지 말기를'이라고 자애를 닦도록 부처님께서 설하신 것입니다. 서로가 서로를 무시하거나 얕보지 않고 자애의 마음을 가지고 상대방을 대한다면 온 세상이 편안할 것입니다.

어느 곳 누구든지 얕보지 말기를.
얕봄이 없기를. 얕봄이 없기를. 얕봄이 없기를.

고통을 바라지 마라

그리고 이 게송의 마지막에서 부처님께서는 "byārosanā분노 때문이든; 몸으로 괴롭히든지 거친 말로 괴롭히든지 paṭighasaññā증오 때문이든; 성냄 마음으로 aññamaññassa서로에게 dukkhaṁ고통을 na iccheyya바라지 마라; 바라는 것이 없어지기를"이라고 설하셨습니다. 다른 이를 몸으로 직접 때리는 것, 말로 비난하고 욕하거나 괴롭히도록 시키는 것, 성냄의 마음으로 괴롭히려고 도모하는 것 등은 그렇게 행하고 말하고 생각하는 이에게 불선업이 생겨나게 합니다. 그래서 그는 나중에 그 불선업 때문에 여러 괴로움을 겪게 됩니다. 괴롭힘을 당하는 이는 즉시 괴로움을 겪습니다. 그러한 여러 괴로움이 생겨나지 않도록 '몸과 말로 괴롭히는 것, 성냄 마음으로 고통을 도모하는 것으로 다른 이의 괴로움을 바라지 않기를'이라고 자애를 닦으라고 설하신 것입니다.

몸으로 괴롭혀서
다른 이의 고통을 바라지 않기를.
말로 괴롭혀서
다른 이의 고통을 바라지 않기를.
마음으로 도모해서
다른 이의 고통을 바라지 않기를.

「자애경」에 나오는 자애를 닦는 방법

「자애경」에서 설명한 자애를 닦는 방법을 정리하면 다음과 같습니다.[201]

① Sabbesattā - sukhino va khemino hontu, sukhitattā bhavantu.
모든 중생이 행복하고 안락하기를.
몸과 마음 모두 행복하기를.

②-1 Sabbesattā tasā - sukhino va khemino hontu, sukhitattā bhavantu.
갈애 있어 동요하는 범부와 수련자들이 몸과 마음 모두 행복하기를.

②-2 Sabbesattā thāvarā - sukhino va khemino hontu, sukhitattā bhavantu.
갈애 없어 동요 않고 확고한 아라한들이 몸과 마음 모두 행복하기를.

③-1 Sabbesattā dīghā - sukhino va khemino hontu, sukhitattā bhavantu.
몸이 긴 중생들이 몸과 마음 모두 행복하기를.

③-2 Sabbesattā rassakā - sukhino va khemino hontu, sukhitattā bhavantu.
몸이 짧은 중생들이 몸과 마음 모두 행복하기를.

201 『*Mettācaga*(자애의 말)』, pp.190~191 참조.

③-3 Sabbesattā majjhimā - sukhino va khemino hontu, sukhitattā bhavantu.

몸이 중간인 중생들이 몸과 마음 모두 행복하기를.

④-1 Sabbesattā mahantā - sukhino va khemino hontu, sukhitattā bhavantu.

몸이 큰 중생들이 몸과 마음 모두 행복하기를.

④-2 Sabbesattā khuddakā - sukhino va khemino hontu, sukhitattā bhavantu.

몸이 작은 중생들이 몸과 마음 모두 행복하기를.

④-3 Sabbesattā majjhimā - sukhino va khemino hontu, sukhitattā bhavantu.

몸이 중간인 중생들이 몸과 마음 모두 행복하기를.

⑤-1 Sabbesattā thūlā - sukhino va khemino hontu, sukhitattā bhavantu.

몸이 비대한 중생들이 몸과 마음 모두 행복하기를.

⑤-2 Sabbesattā aṇukā - sukhino va khemino hontu, sukhitattā bhavantu.

몸이 왜소한 중생들이 몸과 마음 모두 행복하기를.

⑤-3 Sabbesattā majjhimā - sukhino va khemino hontu, sukhitattā bhavantu.

몸이 중간인 중생들이 몸과 마음 모두 행복하기를.

⑥-1 Sabbesattā diṭṭhā - sukhino va khemino hontu, sukhitattā bhavantu.

전에 보았던 중생들이 몸과 마음 모두 행복하기를.

⑥-2 Sabbesattā adiṭṭhā - sukhino va khemino hontu, sukhitattā bhavantu.

전에 보지 못한 중생들이 몸과 마음 모두 행복하기를.

⑦-1 Sabbesattā dūrevasantā - sukhino va khemino hontu, sukhitattā bhavantu.

멀리 사는 중생들이 몸과 마음 모두 행복하기를.

⑦-2 Sabbesattā avidūrevasantā - sukhino va khemino hontu, sukhitattā bhavantu.

가까이 사는 중생들이 몸과 마음 모두 행복하기를.

⑧-1 Sabbesattā bhūtā - sukhino va khemino hontu, sukhitattā bhavantu.

다 태어난 아라한들이 몸과 마음 모두 행복하기를.

⑧-2 Sabbesattā sambhavesī - sukhino va khemino hontu, sukhitattā bhavantu.

태어나고 있는 범부와 수련자들이 몸과 마음 모두 행복하기를.

⑨ Sabbesattā paro paraṁ na nikubbetha.

모든 중생이 서로가 서로를 속이지 말기를.

⑩ Sabbesattā katthaci na kiñci nātimaññantu.

모든 중생이 어느 곳 누구든지 얕보지 말기를.

⑪ Sabbesattā amaññassa dukkhaṁ na icchantu.

모든 중생이 다른 이의 고통을 바라지 않기를.

진정한 자애를 닦는 모습의 비유

자애를 닦을 때는 단지 건성으로 독송하기만 해서는 안 됩니다. 다른 이가 행복하기를 바라는 진정한 자애의 마음으로 정성을 다해, 진심으로 닦아야 합니다. 이 내용을 이어서 비유로 설하셨습니다.

07 Mātā yathā niyaṁ puttamāyusā
Ekaputtamanurakkhe;
Evampi sabbabhūtesu,
Mānasaṁ bhāvaye aparimāṇaṁ.

해석

마치 어머니가 하나밖에 없는
자식을 목숨 걸고 보호하듯이
이와 같이 또한 모든 존재 향해서
한계 없는 마음을 닦아야 한다네.

대역

Mātā어머니가; 자식을 직접 낳은 어머니가 niyaṁ puttaṁ 자신이 친히 낳은 ekaputtaṁ하나밖에 없는 자식을 āyusā 자신의 목숨을 걸고서라도; 자신의 목숨을 버리면서까지 anurakkhe yathā계속 보호하는 것처럼 evampi이와 마찬가지로 sabbabhūtesu모든 존재에 대해[202] aparimāṇaṁ 한계가 없는 mānasaṁ마음을; 행복하기를 바라는 자애의

202 저본에서는 '모든 존재가'라고 주어로 표현됐으나 뒤의 설명을 참조해서 '모든 존재에 대해'라고 해석했다.

마음을 bhāvaye닦기를; 거듭 닦기를.

진정한 자애

"Mātā어머니가; 자식을 직접 낳은 어머니가 niyaṁ puttaṁ자신이 친히 낳은 ekaputtaṁ하나밖에 없는 자식을 āyusā자신의 목숨을 걸고서라도; 자신의 목숨을 버리면서까지 anurakkhe yathā계속 보호하는 것처럼"이라는 부분은 비유를 통해 진정한 자애를 나타낸 구절입니다. 일반적으로 어머니가 아버지보다 자식을 더욱 사랑하고 보호합니다. 어머니는 자식이 아홉 달, 열 달 동안 뱃속에 있을 때 음식과 행동을 가려가며 힘들게 자식을 보호하고, 자식이 태어난 후에도 직접 젖을 먹이고 대소변을 받아내며 정성껏 기르기 때문입니다. 이렇게 뱃속에서부터 길러온 정이 있기 때문에 보통은 입양한 자식보다 친자식을 사랑하고 보호하는 힘이 더 큽니다. 만약 자식이 여러 명이라면 사랑하고 보호하는 힘이 분산되겠지만 자식이 한 명뿐이라면 사랑하고 보호하는 힘이 오롯이 그에게만 집중될 것입니다. 이처럼 하나뿐인 자식에 대한 어머니의 지극한 사랑은 자식이 없는 이는 가늠하기조차 어렵습니다. 그래서 부처님께서는 이 게송에서 진정한 자애를 하나밖에 없는 친자식에 대한 어머니의 사랑에 비유하셨습니다. 이 비유와 같이 자신의 목숨을 버리면서까지 보호해야 자식이 위험에서 벗어난다면 어머니는 그 하나밖에 없는 자식을 위해서 자신의 목숨을 버리면서까지 보호하는 것처럼 자애를 닦을 때도 스스로를 고려하지 말고 중생들이 행복하기를 바라는 진정한 마음으로 닦아야 합니다. 매우 심오한 비유입니다.

경계 허물기와 진정한 자애

이 내용은 『위숫디막가』에 소개된 경계 허물기sīmāsambheda와 비교해 보아야 합니다. '경계 허물기'란 사람들을 구분하고 나누는 경계를 무너뜨리는 것입니다. 앞에서 설명한 것과 같이[203] 좋아하는 이, 좋아하지도 않고 싫어하지도 않는 중간인 이, 원수, 자신, 이렇게 네 명이 같이 있는데 강도가 와서 한 사람의 목숨을 달라고 했을 때 어느 누구도 주지 못할 정도가 돼야 경계 허물기가 된 것입니다. 자신을 주려고 하는 것도 경계 허물기가 되지 않은 것입니다. 한편 「자애경」에서는 자식을 보호하는 어머니처럼 목숨까지 버리면서 다른 이가 행복하기를 바라는 마음이 있어야 한다고 했습니다.

『위숫디막가』라는 주석서의 설명과 「자애경」이라는 성전의 설명을 어떻게 받아들여야 할까요? 「자애경」의 구절이 근본적으로 의미하는 바는 목숨을 버려야 한다는 것이 아닙니다. 목숨을 버려서라도 자식을 보호하는 어머니처럼 중생들이 행복하기를 바라는 자애의 마음을 진심으로 생겨나게 해야 한다는 뜻입니다. 『위숫디막가』의 설명과 마찬가지로 '다른 중생들을 자신과 동일한 위치에 두고 자애의 마음을 생겨나게 해야 한다'는 것이 원래 의미하는 바라고 그 뜻을 취해야 합니다. 그래서 부처님께서 여러 성전에서 자애를 닦는 모습을 "sabbattatāya 모든 중생을 자신과 동일한 위치에 두고" 자애를 닦아야 한다고 설하셨습니다.(D.i.234 등) 다른 중생을 자신보다 더 사랑해야 한다는 구절은 없습니다. 주석서에서도 "마치 어머니가 직접 낳은 하나밖에 없는

203 본서 p.145 참조.

자식이 위험에 처하면 자신의 목숨까지 버리면서 보호하듯이 모든 중생에 대해 이러한 자애의 마음을 닦아야 한다. 거듭 생겨나게 해야 한다. 늘어나게 해야 한다"라고 설명했습니다.(SnA.i.187)

그리고 이 게송의 뒤의 두 구절에서처럼 자애를 닦을 때는 가능하면 한 명의 중생도 남겨두지 않고 경계와 구분 없이 닦아야 합니다. 그래서 이어서 "aparimāṇaṁ 한계가 없는"이라는 내용을 설하셨습니다.

한계 없는 마음

자애를 닦을 때 일부는 제외하고 일부에 대해서만 자애를 닦는 것을 '한계가 있는parimāṇa 자애'라고 말합니다. 누구도 제외하지 않고 모두를 대상으로 자애를 닦는 것을 '한계 없는aparimāṇa 자애'라고 말합니다. '한계 없는'이라는 단어를 통해 이렇게 경계가 없이 모든 존재를 대상으로 자애를 닦아야 한다는 사실을 표현했습니다. 또한 한 존재에 대해서도 '몸의 이 부분에만 보내리라. 다른 부분에는 보내지 않으리라'라고 닦으면 한계가 있는 자애입니다. 그러지 않고 자애를 보내는 대상의 몸의 어느 한 부분도 남겨두지 않고 모든 부분에 대해 자애를 보내야 한계가 없는 자애가 됩니다. 주석서에서도 "aparimāṇasattārammaṇavasena vā한계가 없는 중생 대상을 통해서나 ekasmiṁ satte한 중생에서도 anavasesapharaṇavasena vā남김없이 펼치는 것을 통해 aparimāṇaṁ한계 없음을; 한계 없는 자애를 bhāvayeti닦아야 한다"라고 설명했습니다.(SnA.i.188)[204]

204 이 단락은 『*Pareigyi Nissaya Thik*(新 보호경 대역)』, pp.394~395를 참조했다.

한계 없이 광범위하게 닦는 모습

08 Mettañca sabbalokasmi,
Mānasaṁ bhāvaye aparimāṇaṁ;
Uddhaṁ adho ca tiriyañca,
Asambādhaṁ averamasapattaṁ.

해석

또한 온 세상에 자애로 가득한
한계 없는 마음을 닦아야 한다네.
위로, 아래로, 그리고 옆으로도
좁지 않게, 원한과 적이 없이.

대역

Ca또한; 한계가 없이 광범위하게 자애 닦는 모습을 상설하자면 uddhaṁ위로도, adho아래로도, tiriyaṁ옆으로도; 팔방으로도 sabbalokasmiṁ[205]모든 세상에; 모든 중생 세상에 aparimāṇaṁ한계 없는 mettaṁ mānasaṁ자애의 마음을 bhāvaye닦아야 한다; 생겨 늘어나게 해야 한다. asambādhaṁ좁지 않게; 광범위하게; 광범위한 자애의 마음을 averaṁ원한 없이; 내부의 적이라는 성냄 마음부수가 없는 자애의 마음을; 내부의 원한이 없게 하면서 asapattaṁ적이 없이; 자신을 괴롭히는 외부의 적도 없는 자애의 마음을; 외부의 적도 없게 하면서 bhāvaye닦아야 한다.

205 저본에 "sabbalokasmi"를 "sabbalokasmiṁ"으로 대역해서 그대로 따랐다.

한계가 없다

"Uddhaṁ adho ca tiriyañca"라는 구절을 "uddhaṁ위로도, adho 아래로도, tiriyaṁ옆으로도; 팔방으로도"라고 대역했습니다. 이것은 "mettāsahagatena cetasā ekaṁ disaṁ pharitvā viharati … iti uddhamadho tiriyaṁ. 자애와 함께하는 마음으로 한쪽 방향에 펼쳐서 지내고 … 이렇게 위와 아래와 옆에"라는(M.ii.405/M97 등) 성전과 그 성전을 주석한 여러 주석서에 일치하게 해석한 의미입니다.[206] 이 세 단어를 통해 시방을 나타냈습니다.[207] 「자애경」의 주석에서는 'uddhaṁ'이라는 단어로 무색계 존재를, 'adho'라는 단어로 욕계 존재를, 'tiriyaṁ'이라는 단어로 색계 존재를 나타낸다고 설명했습니다.(SnA.i.188) 아신 와셋타비왐사*Ashin Vāseṭṭhābhivaṁsa*는 "혹은 'uddhaṁ'이라는 단어로 위로는 존재꼭대기라는 비상비비상처까지, 'adho'라는 단어로 아래로는 무간지옥까지, 'tiriyaṁ'이라는 단어로 중간의 모든 곳을 취하기도 한다. 어떠한 방법으로든 모든 세상을 포함하는 것은 동일하다. 부처님께서 설법하실 때 법문을 듣던 비구들 중에서 다르게 의미를 취하는 경우가 있었을 것이다. 하지만 모든 중생 세상을 뜻하는 것으로는 동일하다"라고 설명했습니다.[208]

요약하면 "한계가 없는 자애를 닦아야 한다"라는 것은 아래의 장소, 위의 장소, 주위 팔방의 장소, 이렇게 시방에 있는 모든 중생이 행복하기를 바라는 자애의 마음을 닦아야 한다는 뜻입니다. 이렇게 닦을 때

---

206 전체 구절은 본서 pp.152~153 참조.

207 *Mahāsi Sayadaw*, 『*Brahmavihāra tayataw*(거룩한 머묾 법문)』, p.168.

208 『*Pareigyi Nissaya Thik*(新 보호경 대역)』, p.396.

장소도 한계가 없어야 하고 중생도 한계가 없어야 합니다. 영역이 매우 광범위합니다. 좁지 않습니다. 이렇게 광범위하게 닦아야 한다는 뜻입니다.

좁지 않다

한계나 제한이 있는 것을 'sambādha 좁은'이라고 합니다. 한계가 무너져야 넓습니다. 여기서는 원수를 'sīmā 한계'라고 말합니다. 자애를 닦을 때 '이 자가 나의 원수다'라며 그 사람에게 자애를 보내지 않고 남겨두면 한계가 있는 것이 됩니다. 'bhinnasīmā 한계를 부순' 자애가 되도록 원수도 남겨두지 않고 자애를 보내야 'asambādha 좁지 않은, 넓은, 한계 없는' 자애가 됩니다.

다른 방법으로 설명하자면 수행이 아직 무르익지 않았을 때는 온 세상으로 자애의 마음을 펼쳐서 보내는 것이 쉽지 않지만 수행이 무르익으면 어떠한 중생에게도 남김없이 펼칠 수 있습니다. 이렇게 모든 탄생지에 펼쳐서 보낼 수 있는 자애를 '좁지 않은asambādha 자애'라고 말합니다. 이 내용을 통해 한계 없는 자애가 생겨나게 하려면 한계를 부술 정도로 수행의 힘이 좋아야 하므로 엄밀하게는 근접삼매나 몰입삼매를 얻은 수행자만이 확실하게 한계 없는 자애를 보낼 수 있다고 알아야 합니다.[209]

원한이 없다

209 이 단락은 『*Pareigyi Nissaya Thik*(新 보호경 대역)』, pp.396~397을 참조했다.

"averaṁ 원한이 없다"에서 'vera 원한'은 내부의 적인 성냄을 말합니다. 성냄이 없어야 자애를 닦을 수 있기 때문입니다. 사실 자애 자체에는 성냄이 있을 수 없습니다. 수행 중간중간에 가끔씩 '원한의 의도 veracetanā'가 생겨나지 않도록 해야 한다는 뜻입니다. 어떤 수행을 하든 삼매의 힘이 아직 좋지 않을 때는 이전에 경험했던 대상들이 떠오르기 마련입니다. 가끔 어떤 이가 자신에게 불이익을 행했던 것, 비방하거나 거칠게 대했던 것이 현재 당하고 있는 것처럼 드러나기도 합니다. 그때 참을 수 없을 정도로 성냄이 일어납니다. 자애를 닦는 동안에 그러한 성냄이 일어나면 'savera 원한이 있는' 자애가 됩니다. 중간중간 그러한 성냄이 일어나지 않도록 닦아야 'avera 원한이 없는' 자애가 됩니다. 이러한 원한은 삼매의 힘이 좋지 않을 때 일어납니다. 삼매의 힘이 좋을 때는 일어나지 않습니다. 따라서 '원한이 없도록 자애를 닦아야 한다'라는 구절은 '삼매의 힘이 좋아질 때까지 닦아야 한다'라는 의미입니다. 이 구절을 통해서도 근접삼매나 몰입삼매에 이를 때까지 자애를 닦아야 한다는 사실을 나타냅니다.[210]

적이 없다

"asapattaṁ 적이 없다"는 것은 자신을 괴롭히는 외부의 적이 없다는 뜻입니다. 자애를 닦는 이는 어떠한 중생도 적으로 생각하지 않기 때문에 외부의 적이 없습니다. 자애로 지내는 이를 사람들도 좋아하고 사람 아닌 존재들도 좋아합니다. 그래서 그에게는 어떠한 적도 없습니

210 이 단락은 『*Pareigyi Nissaya Thik*(新 보호경 대역)』, pp.399~400을 참조했다.

다. 이러한 그의 마음은 적이 없는 상태이기 때문에 '적이 없는 것'이라고 말합니다. 이것은 비유해서 말한 것입니다.(SnA.i.188) 'asapatta'란 원래 '적이 없는 사람'이라는 뜻인데 적이 없는 사람의 마음도 'asapatta'라고 표현했다는 뜻입니다. 이렇게 내부와 외부의 적 둘 모두가 없도록 닦아야 합니다.

게송의 연결

부처님께서는 "이와 같이 또한 모든 존재 향해서 한계 없는 마음을 닦아야 한다네"라고 한계 없는 마음을 모든 중생에 대해서 늘어나게 해야 한다고 앞에서 설하셨습니다. 그러면 "어떻게 늘어나게 하는가?"라고 질문을 할 수 있습니다. 그에 대한 대답으로 이어서 "위로, 아래로, 그리고 옆으로도"라고 설하셨습니다. 이어서 그렇게 닦을 때도 "좁지 않게, 원한과 적이 없이" 닦아야 한다고 설하셨습니다.

주석서에서는 "'좁지 않게'는 공간 세상의 측면으로 말한 것이고 '원한 없이'는 다른 이에 대해 원한이 없는 측면으로 말한 것이고 '적이 없이'란 다른 이에 대해서는 물론이고 자신에 대해서도 원한이 없는 측면으로 말한 것이다"라고 설명했습니다.(SnA.i.188)

이 게송의 설명에 따라 시방에 있는 모든 중생을 대상으로 자애를 닦으면 됩니다. 다음과 같이 게송을 독송하며 자애를 닦은 후 독송할 때 생겨난 물질과 정신도 관찰해야 합니다.

위의 장소에 있는 모든 중생이

행복하기를, 행복하기를, 행복하기를.
아래 장소에 있는 모든 중생이
행복하기를, 행복하기를, 행복하기를.
주위 팔방에 있는 모든 중생이
행복하기를, 행복하기를, 행복하기를.

자애송

Uddhaṁ yāva bhavaggā ca,
Adho yāva avīcito;
Samantā cakkavāḷesu,
Ye sattā pathavīcarā.[211]
Abyāpajjhā niverā ca,
Niddukkhā ca nupaddavā.[212]

해석

위로는 존재 꼭대기까지,
아래로는 무간지옥에 이르기까지
온 우주 전체에 걸쳐,
땅에서 활동하는 그 모든 중생이
근심이 없기를, 원한이 없기를.
고통이 없기를, 재난이 없기를.

211 이 구절까지는 『Sīmavisodhananīpāṭha(계단戒壇 청정구)』, p.115에 나온다.
212 이 구절에 대한 출전은 원문에도, CST4에도 나오지 않는다. 「자애송」의 구절이다.

대역

Uddhaṁ위로는 yāva bhavaggā ca존재꼭대기라는 비상비비상처 탄생지까지, adho아래로는 yāva avīcito무간까지; 무간지옥 탄생지까지 samantā cakkavāḷesu우주 전체에서 pathavīcarā땅에서 활동하는 ye sattā어떤 중생들이 atthi 있는데[213] te sattā그 중생들이 abyāpajjhā근심이 없게; 괴롭히는 분노가 없게; 마음의 괴로움이 없게, niverā ca원한이 없게, niddukkhā ca고통이 없게; 몸의 고통이 없게, nupaddavā ca재난이 없게; 가까이 다가와서 괴롭히는 재난이 없게 hontu되기를.

최근 많이 독송되는 「자애송」도 「자애경」의 "uddhaṁ adho ca tiriyañca(위로, 아래로, 그리고 옆으로도)"라는 구절을 참고해서 만든 것으로 생각됩니다.[214] 마지막의 "재난upaddava"이란 '어떻게 위험이 닥칠 것이다'라고 예고하지 않고 찾아와서 괴롭히는 위험과 장애를 말합니다. 갑자기 맞닥뜨린 나쁜 존재, 질병, 사고 등의 여러 장애와 위험을 말합니다.

자애를 닦는 자세와 시간

부처님께서는 「자애경」 여덟 번째 게송에서 장소와 개인에 한계를

213 다음 게송에서는 "udakecarā물에서 활동하는"이라고, 그 다음 게송에서는 "ākāsecarā공중에서 활동하는"이라고 바꾸어 첨가하면 된다. 『*Brahmavihāra tayataw*(거룩한 머묾 법문)』, p.170.

214 『*Brahmavihāra tayataw*(거룩한 머묾 법문)』, p.170.

두지 않고 광범위하게 자애를 닦는 모습을 보이셨습니다. 이어서 자애를 닦는 자세와 시간을 설하셨습니다.

09 Tiṭṭhaṁ caraṁ nisinno va[215],
Sayāno yāvatāssa vitamiddho[216];
Etaṁ satiṁ adhiṭṭheyya,
Brahmametaṁ vihāramidhamāhu.

해석

서서나 걷거나 또는 앉아서나
누워서나 언제나 깨어있는 한
자애의 새김을 굳건히 해야 하네.
여기서는 이것이 거룩한 삶이라네.

대역

Tiṭṭhaṁ서서나; 서 있을 때나 caraṁ걷거나; 걷고 있을 때나 nisinno vā[217]앉아서나; 앉아 있을 때나 sayāno vā누워서나; 누워 있을 때나 yāvatā어느 기간 동안 vitamiddho assa혼침이 없다면; 졸음이 없다면 tāvatā그 기간에는; 혼침이 없고 졸림이 없는 그 시간에는 계속해서 etaṁ satiṁ 그 새김을; 자애를 앞에 둔 새김법을 adhiṭṭheyya굳건히 해야 한다; 수지하는 것으로 생겨나게 해야 한다. etaṁ이 것을; 이 자애법을 닦는 것을 idha여기서는; 이 교법에서

215 vā(Se. Te.).
216 vigatamiddho(다른 여러 본).
217 저본에서 게송은 'va'로, 대역은 'vā'로 표현했기 때문에 그대로 따랐다.

는 brahmavihāraṁ거룩한 삶이라고; 거룩한 머묾이라고 āhu말한다; 부처님들께서 설하시고 칭송하신다.

자세에 상관없다

"Tiṭṭhaṁ서서나; 서 있을 때나 caraṁ걷거나; 걷고 있을 때나 nisinno vā[218]앉아서나; 앉아 있을 때나 sayāno vā누워서나; 누워 있을 때나 yāvatā어느 동안 vitamiddho assa혼침이 없다면; 졸음이 없다면 tāvatā그 동안은; 혼침이 없고 졸림이 없는 그 시간에는 계속해서"라는 구절을 통해 자애는 앉아서만 닦는 것이 아니라는 사실을 알 수 있습니다.

부처님께서 들숨날숨새김을 닦을 때는 "nisīdati pallaṅkaṁ ābhujitvā ujuṁ kāyaṁ paṇīdhāya. 가부좌를 하고 몸의 윗부분을 곧추세워 앉는다"라고 자세를 명시하셨지만 자애를 닦을 때는 그렇게 자세를 명시하지 않으셨습니다. 서거나 앉거나 눕는 등 각자 편안한 자세로 닦으면 됩니다. 또한 앉아서 자애를 닦다가 저리거나 뻐근해지면 서거나 걷는 등 다른 자세로 바꿔서 계속 닦아도 됩니다. 다만 끊임없이 닦아야 합니다. 서 있을 때, 경행할 때도 닦아야 합니다. 누워 있을 때도 잠들기 전 깨어 있는 동안에는 끊임없이 닦아야 합니다. 잠에 빠져 있을 때는 자애를 닦을 수 없습니다. 이때가 수행을 쉬는 유일한 시간입니다. 잠에서 깨어나 정신을 차렸다면 그때부터 다시 끊임없이 닦아야 합니다. 잠들어 있을 때를 제외하고 서 있거나, 걷고 있거나, 앉아 있

218 저본에서 게송은 'va'로, 대역은 'vā'로 표현했기 때문에 그대로 따랐다.

거나, 누워 있거나 언제나 자애와 결합한 새김을 끊임없이 닦아야 합니다. 선정을 얻은 이라도 자애선정과 결합한 새김을 닦아야 합니다. 자애선정에 입정해 있으면 됩니다.

앞서 말했듯이 어떠한 수행을 하든 삼매의 힘이 아직 좋지 않을 때는 도중에 졸릴 수 있습니다. 삼매의 힘이 좋아지고 수행이 능숙해지면 졸림이나 흐리멍덩함 없이 깨끗하게 닦을 수 있습니다. 자애수행의 경우에도 능숙한 상태vasībhāva에 도달해서 삼매의 힘이 좋아진 수행자는 어떠한 자세로 수행해도 졸림 없이 깨끗한 마음으로 닦을 수 있습니다. 서서나 걷거나 앉아서나 누워서나 어떠한 자세에서도 자애선정새김이 굳건히 유지된다면 자세는 장애가 되지 않습니다. 혼침이 없다면 그 동안에는 둔한 상태가 없습니다. 이렇게 자애를 닦는 자세뿐만 아니라 능숙한 상태를 보이시려고 "서서나 걷거나" 등으로 설하신 것입니다.(SnA.i.189)

자애의 새김

"Etaṁ satiṁ그 새김을; 자애를 앞에 둔 새김법을 adhiṭṭheyya굳건히 해야 한다; 수지하는 것으로 생겨나게 해야 한다"라는 구절의 "satiṁ 새김"을 "mettājhānasatiṁ 자애선정새김"이라고 주석서에서 설명했습니다.(KhpA.213) 그래서 '서서나 걷거나' 등은 자애선정을 이미 얻은 수행자에 해당되는 내용이라고 볼 수 있습니다. 앞에 나오는 "온 세상에 자애로 가득한" 등의 게송이 몰입삼매까지 제시한 내용이므로 여기서는 선정까지 도달한 자애새김만 취하는 것이 적당합니다. 선정을 얻은 수행자가 어떤 자세에서도 자애를 닦을 수 있는 것처럼

처음 자애를 닦기 시작한 수행자도 원하는 자세로 닦을 수 있다는 사실을 보여 줍니다.[219]

거룩한 머묾

"Etaṁ이것을; 이 자애법을 닦는 것을 idha여기서는; 이 교법에서는 brahmavihāraṁ거룩한 삶이라고; 거룩한 머묾이라고 āhu말한다; 부처님들께서 설하시고 칭송하신다"라는 구절을 통해 자애를 닦는 것이 거룩한 머묾에도 해당한다는 사실을 알 수 있습니다. 게송에서는 '삶'이라고 번역한 '머묾vihāra'에는 다음과 같은 네 종류가 있습니다.

①자세 머묾iriyāpathavihāra
②천신 머묾dibbavihāra
③성스러운 머묾ariyavihāra
④거룩한 머묾brahmavihāra

①'자세 머묾'이란 가끔씩 걷고, 서고, 앉고, 누우면서 네 가지 자세로 적당하게 지내는 것을 말합니다. 이것은 재가자든 출가자든 모든 중생과 관련됩니다. 특별한 것이 아닙니다.
②'천신 머묾'이란 범천brahma이라는 특별한 천신이 되게 하는 두루채움 선정 등 고귀한 선정들에 입정해서 지내는 것을 말합니다.
③'성스러운 머묾' 혹은 '성자들의 머묾'이란 수다원과, 사다함과, 아나

219 뒷부분은 『*Pareigyi Nissaya Thik*(新 보호경 대역)』, pp.401~403을 참조했다.

함과, 아라한과라는 네 가지 과에 입정해서 지내는 것을 말합니다.

④'거룩한 머묾'이란 자애선정, 연민선정, 같이 기뻐함 선정, 평온선정이라는 네 가지 선정에 입정해 지내는 것을 말합니다. 허물이 없이 특별히 높고 거룩하기 때문에 '거룩한 머묾', 즉 거룩하게 머무는 것이라고 말합니다. 「자애경」 아홉 번째 게송에서 부처님께서 자애를 거룩한 머묾이라고 설하신 것도 이 네 번째 머묾을 말합니다.

특별히 거룩한 이가 칭송하면 많은 이가 그것에 관심을 보이며 따라 실천하려고 노력합니다. 그래서 매우 특별하고 존경받고 존중받는 부처님께서 수행자들로 하여금 실천하도록 이끌고자 자애수행을 "거룩한 삶이라네"라고 칭송하셨습니다.

거룩하기 때문에, 성냄이 없기 때문에 'brahma'라고 부릅니다. 자애수행을 제외한 다른 수행주제는 순전히 자신의 이익을 위한 실천입니다. 하지만 중생들이 행복하길 바라며 닦는 자애는 자신의 이익뿐만 아니라 다른 중생의 이익을 위한 실천이기도 합니다. 이처럼 나와 남, 다른 많은 이의 이익을 위한 실천이기 때문에 자애를 '거룩한 머묾 brahmavihāra'이라고 합니다.[220]

무량과 청정범행

자애선정, 연민선정, 같이 기뻐함 선정, 평온선정이라는 거룩한 머

220 이 단락은 『*Pareigyi Nissaya Thik*(新 보호경 대역)』, pp.402~403을 참조했다.

묾 네 가지를 아비담마 『위방가』 성전에서는 '무량appamaññā'이라고, (Vbh.284) 『디가 니까야(마하왁가)』 「마하고윈다숫따Mahāgovinda-sutta(마하고윈다 경)」에서는 '청정범행brahmacariya'이라고 설명합니다. (D19) '청정범행'은 '거룩한 실천행'이라는 뜻입니다.

사견을 제거해서 입태하지 않도록 실천하라

자애를 닦을 때는 '○○가 행복하기를. 중생들이 행복하기를' 등으로 개인이나 중생 개념을 대상으로 닦습니다. 그래서 개인이나 중생이라는 것이 실제로 존재하고 있는 것처럼 생각하고 집착해서 자아사견attadiṭṭhi이 생겨나기 쉽습니다. 그러한 자아사견이 생겨나지 않도록, 생겨날 기회가 있는 자아사견은 제거하도록, 성스러운 도와 과에 도달하도록 부처님께서 마무리하는 의미로 마지막 게송을 다음과 같이 설하셨습니다. (SnA.190)

10 Diṭṭhiñca anupaggamma,
Sīlavā dassanena sampanno;
Kāmesu vinaya[221] gedhaṁ,
Na hi jātuggabbhaseyya punareti.

해석

삿된 견해에 빠지지 않고
계행을 구족하고 지견을 갖추어

221 vineyya(Se. Te.).

감각욕망 집착을 제거한다면
다시는 입태하지 않을 것이네.

대역

So그는; 그 자애선정을 얻은 이는 diṭṭhiñca사견에도; 개인이나 중생이나 자아가 실제로 존재한다고 생각하고 집착하는 자아사견에도 anupagamma[222]빠지지 않고; 위빳사나 지혜와 도의 지혜를 통해 자아사견을 제거하여 sīlavā계를 구족하고; 성스러운 계를 구족하고 dassanena지견을; 형성 괴로움이 소멸된 열반을 직접 경험하여 보는 수다원도의 지혜라는 지견을 sampanno갖추어 kāmesu감각욕망에; 원할 만한 대상인 감각욕망거리에 gedhaṁ집착을; 애착하고 들러붙는 감각욕망 갈애를 vinaya제거하여; 아나함도의 지혜로 제거하여; 제거하면 so그는; 그러한 이는 gabbhaseyyaṁ입태에; 모태에 들어가야 하는 새로운 생에 태어남에 puna다시 na hi jātu ehi확실하게 도달하지 않을 것이다; 모태에 다시 태어나지 않고 완전한 열반에 들 것이다.

부처님께서는 「자애경」 마지막 게송에서 먼저 "diṭṭhiñca사견에도; 개인이나 중생이나 자아가 실제로 존재한다고 생각하고 집착하는 자아사견에도 anupagamma빠지지 않고; 위빳사나 지혜와 도의 지혜를 통해 자아사견을 제거하여"라고 설하셨습니다. '개인이나 중생이나 자

222 마 게송에서 'anupaggamma'라고 'g'를 복자음으로 쓴 것은 작시법 때문이다.

아가 실제로 존재한다고 생각하고 집착하는 자아사견을 위빳사나 지혜와 도의 지혜로 제거하고'라는 뜻입니다. 이 구절을 통해 "'○○가 행복하기를. 중생들이 행복하기를'이라고 개인이나 중생을 대상으로 자애를 닦기는 하지만 개인이나 중생이라는 것은 세상의 표현일 뿐이다. 개인이나 중생이나 자아라는 것은 실제로는 없다. 순간도 끊임없이 생멸하고 있는 물질과 정신의 연속만 존재한다고 스스로의 지혜로 알고 자아사견을 제거해야 한다"라는 사실을 알 수 있습니다.

그렇다면 자아사견은 어떻게 제거해야 할까요? 수행하기 전에 미리 듣고 기억해서 아는 '들어서 아는 지혜sutamayañāṇa'를 통해 제거해야 합니다. 자애선정을 얻은 이라면 자애선정에 입정한 뒤 선정에서 출정했을 때 선정 구성요소나 선정 마음, 선정의 토대물질을 관찰해서 그러한 물질과 정신을 바르게 아는 것으로도 제거해야 합니다. 자애선정을 바탕으로 해서 계속해서 드러나는 물질과 정신을 관찰하여 아는 것으로도 제거할 수 있습니다. 선정을 얻지 못한 이는 '행복하기를, 행복하기를'이라고 자애를 닦을 때마다 생겨나는 마음, 의지하는 토대물질, 독송하는 물질을 관찰해서 사실대로 바르게 아는 것으로 제거해야 합니다.

이러한 여러 방법 중 들어서 아는 지혜를 통해 제거하는 방법은 특별히 설명할 필요가 없습니다. 물질·정신 성품법들에 관한 내용을 할 수 있는 만큼 듣고 기억하고 숙고하는 것으로 제거하면 됩니다.

선정에 입정해서 그 선정 등을 관찰해서 아는 것으로 제거하는 방법은 다음과 같습니다. 먼저 자애선정에 입정한 뒤 선정에서 출정했을 때 선정 구성요소나 선정 마음, 선정의 토대물질을 관찰해야 합니다. 선정에 입정했다가 다시 그 선정 마음을 관찰했다가, 이렇게 거듭

반복해서 관찰해서 알고 있어야 합니다. 선정이 없는 이라면 생각해서 아는 마음을 알고 나면 그때마다 관찰해서 알면 됩니다. 그렇게 관찰하고 있으면 '행복하기를'이라고 기울이는 마음이 따로, 의지하는 물질이 따로, 관찰해서 아는 위빳사나 마음이 따로, 이렇게 구별돼 드러날 것입니다. 그렇게 드러나면 대상을 알지 못하고, 마음이 의지하는 곳인 물질이 따로, '행복하기를'이라고 기울이는 선정 마음과 관찰해서 아는 마음이 따로 구별돼 드러날 것입니다. 그래서 대상을 아는 것과 알지 못하는 것이라는 두 가지만 있다는 사실, 계속 살아 있는 어떤 개인이나 중생이나 자아라는 실체는 없다는 사실을 스스로의 지혜로 구분해서 알 수 있습니다. 그렇게 알게 되면 자아나 변하지 않는 실체로 집착하는 자아사견이 사라져 버립니다. 이것이 자애선정을 한 차례, 위빳사나를 한 차례 노력해서 정신·물질 구별의 지혜라는 첫 번째 위빳사나 지혜로 사견을 제거하는 모습입니다.

그 뒤 선정에 입정했다가, 다시 그 선정을 관찰하는 등 계속 노력해 나가면 조건과 결과만 있다는 사실을 스스로의 지혜로 알고 사견을 제거합니다. 이어서 선정과 관찰하는 마음, 의지하는 물질이 순간도 끊임없이 생멸하고 있는 것을 경험해서 무상의 지혜, 괴로움의 지혜와 더불어 무아의 지혜로도 사견을 제거해 나갑니다. 마지막에는 수다원도의 지혜로 자아사견을 남김없이 제거합니다. 이것이 바로 선정과 위빳사나를 번갈아가며 닦아서 사견을 제거하는 모습입니다.

'행복하기를'이라고 자애를 닦은 후 그 자애 마음과 물질을 관찰하여 아는 방법으로 사견을 제거하는 모습도 지금 말한 제거 방법과 성품으로 동일합니다. 선정 자애와 선정 없는 일반 자애, 이 정도만 다를 뿐 관찰하는 모습은 동일합니다.

이 지역에 있는 모든 사람, 천신, 중생이
행복하기를, 행복하기를, 행복하기를.
이 도시에 있는 모든 사람, 천신, 중생이
행복하기를, 행복하기를, 행복하기를.
이 나라에 있는 모든 사람, 천신, 중생이
행복하기를, 행복하기를, 행복하기를.
모든 중생이
행복하기를, 행복하기를, 행복하기를.

자아사견을 제거하도록 노력하는 모습

자애선정에서 출정해서 그 선정을 관찰한 뒤 생각해서 아는 것, 닿아서 아는 것, 듣는 것, 보는 것 등 드러나는 대상을 따라가면서 관찰하는 것으로 사견을 제거하는 모습은 위빳사나 수행자들이 관찰하는 모습과 성품으로는 동일합니다. 선정이라는 토대가 있느냐 없느냐 정도만 다릅니다.

선정을 닦은 수행자라면 선정을 바탕으로 드러나는 대상을 관찰하다가 몸과 마음이 피곤해지면, 다시 말해 관찰과 앎이 둔해지면 다시 자애선정에 입정해야 합니다. 선정에 입정해서 몸과 마음이 편안하고 행복해졌을 때 다시 드러나는 대상에 따라서 관찰하면 됩니다.[223]

그와 마찬가지로 위빳사나를 시작으로 관찰하는 수행자도 처음에는 배의 부풂과 꺼짐을 기본으로 관찰합니다. 이렇게 관찰하다가 생각이

223 자세한 설명은 『위빳사나 수행방법론』 제1권, pp.122~123; 『맛지마 니까야』, pp.270~271 참조.(MA.i.318/M19)

나 망상이 생겨나면 그 생각과 망상을 관찰해야 합니다. 그리고 다시 배의 부풂과 꺼짐으로 돌아와서 관찰해야 합니다. 몸에서 아픔, 저림, 뜨거움 등이 생겨나면 그 아픔 등을 관찰한 후 다시 배의 부풂과 꺼짐으로 돌아와서 관찰해야 합니다. 팔다리를 굽히고 펴는 등 몸의 움직임이 생겨나면 그것도 따라가며 관찰해야 합니다. 이러한 방법으로 계속해서 드러나는 것을 따라가며 관찰하다 보면, 알아지는 물질과 아는 정신을 구별해서 알게 됩니다. 조건과 결과도 구별해서 알게 됩니다. 생겨남과 사라짐, 무상과 괴로움과 무아의 성품도 스스로의 지혜로 알 수 있습니다. 이렇게 계속 알아 나가다가 무너짐의 지혜bhaṅgañāṇa가 성숙되면 온몸의 여러 감촉을 시작으로 드러나는 모든 것을 생겨나는 차례대로 펼쳐서 관찰해야 합니다. 그렇게 관찰하다가 몸과 마음이 피곤해지면, 다시 말해 관찰과 앎이 둔해지면 원래 관찰하던 배의 부풂과 꺼짐을 다시 관찰해야 합니다. 몸과 마음이 편안해졌을 때 다시 온몸에서 드러나는 것을 따라가며 관찰해야 합니다.

이러한 모습, 이러한 방법으로 관찰해서 두려움의 지혜bhayañāṇa, 허물의 지혜ādīnavañāṇa, 염오의 지혜nibbidāñāṇa, 벗어나려는 지혜muñcitukamyatāñāṇa, 재성찰의 지혜paṭisaṅkhāñāṇa가 생겨난 뒤 형성평온의 지혜saṅkhārupekkhāñāṇa에 도달합니다. 형성평온의 지혜에 도달하면 특별히 애쓰지 않아도 알아지는 대상이 저절로 계속 드러납니다. 관찰하여 아는 위빳사나 지혜도 저절로 계속 생겨납니다. 이때는 온몸의 여러 감촉으로 대상을 펼쳐서 관찰하지 못하고, 원래 관찰하던 대상만 저절로 알고 있습니다. 몸이 사라진 것처럼 대상이 매우 미세하고 섬세하고, 대상을 아는 앎 또한 매우 깨끗합니다. 부풀어 오르는 성품, 꺼져 들어가는 성품, 빳빳하게 앉아 있는 성품, 이러한 세 가지 성품만 번갈아가며 끊임없이 관찰할 때도 있습니다. 그러다가 앉아 있는 것이 드러나지 않아 배의 부풂과 꺼짐, 이 두 가지만 계속 알고 있을 때도 있습니다. 배의 부풂과 꺼짐도 드러나지 않아 깨끗하게 아는 마음만 〈안다, 안다〉라고 관찰할 때도 있습니다.[224] 이렇게 계속 알아나가다가 특별히 매우 빠르고 신속한 앎들이 생겨난 뒤 알아지는 대상과 관찰해서 아는 마음이 갑자기 소멸해 버린 성품을 경험하게 됩니다. 이렇게 물질과 정신이 모두 소멸해 버린 성품을 보는 것이 도의 지혜입니다.[225]

사실 도의 지혜가 생겨나기 전 앞부분부터 물질과 정신만 존재한다고 계속해서 아는 위빳사나 지혜를 통해 대상잠재ārammaṇānusaya라는 자아사견을 제거해 왔습니다. 모든 물질·정신 형성이 소멸한 성품을 알고 보는 성스러운 도는 상속잠재santānānusaya라는 자아사견을 남김없이 제거해 버립니다.[226] 이때부터 어떤 개인이나 중생, 자아, 영혼이라고 생각하고 집착하는 것이 모두 없어집니다. 이러한 모습은 "diṭṭhiñca사견에도; 개인이나 중생이나 자아가 실제로 존재한다고 생각하고 집착하는 자아사견에도 anupagamma빠지지 않고; 위빳사나 지혜와 도의 지혜를 통해 자아사견을 제거하여"라고 설하신 부처님의 가르침과도 일치합니다. 지금까지 중생 개념을 대상으로 자애를 닦더라도 자아실체로 집착하지 않고 자아사견을 제거하도록 노력하는 모습을 설명했습니다. 이렇게 관찰하고 노력해서 자아사견을 제거하면

224 형성평온의 지혜의 평온한 덕목 세 가지와 특별한 덕목 세 가지에 대해서는 『아낫딸락카나숫따 법문』, pp.407~415 참조.

225 지혜단계에 대해서는 본서 부록 pp.342~343 참조.

226 대상잠재와 상속잠재의 의미는 본서 부록 pp.340~341 참조.

잘못된 견해인 사견들이 모두 없어져 버립니다.

이어서 부처님께서는 "sīlavā계를 구족하고; 성스러운 계를 구족하고"라고 설하셨습니다. 재가자의 경우에는 수행의 바탕인 오계, 팔계, 십계를 수지하고 정성스럽게 지키고 있다면 계를 갖춘 것입니다. 계가 청정한 것입니다. 출가자의 경우에는 계목단속계를 정성스럽게 지키고 있으면 계를 갖춘 것입니다. 이러한 재가자의 계, 출가자의 계는 수행하기 전에 미리 갖춰야 합니다. 「자애경」에서는 "karaṇī-yamatthakusalena(행해야 한다네, 이익에 능숙하여)"라는 구절을 통해 이미 계를 구족해야 한다는 사실을 알 수 있습니다.

여기서 성스러운 도의 계는 성스러운 도 안에 포함되기 때문에 "자아사견에 빠지지 않고, 자아사견을 제거해서"라는 구절에 저절로 포함됩니다. 하지만 그렇게 "성스러운 도의 계도 갖춰야 한다"라는 사실을 더욱 분명하게 드러내기 위해 "sīlavā계를 구족하고; 성스러운 계를 구족하고"라고 다시 설하신 것입니다.

이어서 "dassanena지견을; 형성 괴로움이 소멸된 열반을 직접 경험하여 보는 수다원도의 지혜라는 지견을 sampanno갖추어"라고 설하셨습니다. "형성 괴로움이 모두 소멸된 열반을 직접 경험하여 보는 수다원도의 지혜라는 지견을 갖추어"라는 뜻입니다. 이 내용도 '사견에 빠지지 않는다. 사견을 제거한다. 성스러운 계를 구족한다'라는 구절과 같은 의미입니다. 의미를 분명하게 하기 위해 부처님께서 다시 설하신 것입니다.

입태가 없도록 실천하는 모습

이어서 "kāmesu감각욕망에; 원할 만한 대상인 감각욕망거리에 gedhaṁ집착을; 애착하고 들러붙는 감각욕망 갈애를 vinaya제거하여; 아나함도의 지혜로 제거하여; 제거하면"이라고 설하셨습니다. "원할 만한 대상인 감각욕망거리에 애착하고 들러붙는 감각욕망갈애를 아나함도의 지혜로 제거한다면"이라는 뜻입니다.

수다원이 된 후 이어서 계속 관찰하면 사다함도로 거친 감각욕망갈애를 제거합니다. 그렇게 사다함도로 거친 감각욕망 갈애를 제거하면 사다함과에 도달하여 사다함이 됩니다. 그 뒤 다시 이어서 관찰하면 아나함도로 감각욕망갈애를 남김없이 제거합니다. 그리고 아나함과에 도달하여 아나함이 됩니다. 그렇게 감각욕망갈애를 남김없이 제거한 아나함은 인간 세상에서 죽은 후 일반적으로 정거천suddhāvāsa이라는 범천 세상에 태어납니다.

정거천 다섯 곳 중에 제일 아래인 무번천Avihā에 태어납니다. 무번천에서 아라한이 돼 완전열반에 드는 경우도 있습니다. 만약 무번천에서 아라한이 되지 못한다면 무번천의 수명인 1천 대겁이 지났을 때 죽어서 무열천Atappā에 태어납니다. 무열천에서 아라한이 돼 완전열반에 드는 경우도 있고, 무열천에서 아라한이 되지 못한다면 무열천의 수명인 2천 대겁이 지났을 때 죽어서 선현천Sudassā에 태어납니다. 선현천에서 아라한이 돼 완전열반에 드는 경우도 있고, 선현천에서 아라한이 되지 못한다면 선현천의 수명인 4천 대겁이 지났을 때 죽어서 선견천Sudassī에 태어납니다. 선견천에서 아라한이 돼 완전열반에 드는 경우도 있고, 선견천에서 아라한이 되지 못한다면 선견천의 수명인 8천 대겁이 지났을 때 죽어서 색구경천Akaniṭṭhā이라는 정거천 중 제일 높은 탄생지에 태어납니다. 색구경천은 수명이 1만6천 대겁입니다. 그

1만6천 대겁 안에 확실히 아라한이 돼 완전열반에 듭니다.[227] 완전열반이란 아라한에게, 죽음 무더기라는 현생의 마지막 물질·정신 무더기가 소멸한 후에 새로운 생의 물질·정신 무더기가 생겨나지 않고 끊어져 완전히 소멸해 버리는 것을 말합니다. 그렇게 완전히 소멸해 버리면 모든 고통이 남김없이 사라집니다. 더 이상 늙지 않고, 병들지 않고, 죽지 않게 됩니다. 몸에서 비롯된 몸의 고통과 마음의 고통이 더 이상 생겨나지 않습니다. 정신에서 비롯된 몸의 고통과 마음의 고통도 더 이상 생겨나지 않습니다. 완전히 고요해집니다.

그렇게 정거천 탄생지에 도달하면 완전열반에 들어가는 것만 남습니다. 사람의 생으로 다시 돌아올 일, 모태에 다시 생겨날 일은 없습니다. 이 내용을 부처님께서 「자애경」 마지막 게송에서 "삿된 견해에 빠지지 않고 / 계행을 구족하고 지견을 갖추어 / 감각욕망 집착을 제거한다면 / 다시는 입태하지 않을 것이네"라고 밝히신 것입니다.

지금까지 설명한 것으로는 "자애를 닦으면 선정을 얻고, 그 선정을 바탕으로 위빳사나 관찰을 하면 아나함까지 돼 모태에 태어나는 생이 더 이상 없다. 정거천 탄생지에 태어나 아라한이 돼 완전열반에 든다"라는 정도만 분명합니다. 하지만 부처님께서 바라시는 바는 다음 생이 아니라 바로 이번 생에서 아라한 도와 과에 도달해 완전열반에 드는 것입니다. 그래서 "모태에 들어가야 하는 재생연결은 물론이고 새로운 생에 태어나는 모든 재생연결을 제거해야 한다"라고 게송의 의미를 취할 수 있습니다. 이렇게 의미를 취하면 부처님의 바람과 일치하기 때문에 더 적당하다고 말할 수 있습니다. 하지만 이러한 의미까지 포함

---

227 다섯 정거천은 본서 부록 p.344 참조.

하도록 번역하기란 쉽지 않습니다. “kāmesu감각욕망에”라는 단어로 감각욕망거리만 취하지 않고 원하고 바랄 만한 색계 존재, 무색계 존재의 생까지 포함한다고 취하면 가능합니다. 그래서 「자애경」의 마지막 두 구절을 다음과 같이 대역할 수도 있습니다.

> Kāmesu감각욕망에; 원할 만한 모든 대상에 gedhaṁ집착을; 애착하고 들러붙는 갈애를 vinaya제거하여; 성스러운 도 네 가지를 통해 제거하면; 제거했기 때문에 so그는; 그러한 이는 gabbhaseyyaṁ입태에; 모태에 들어가야 하는 재생연결을 비롯한 새로운 생에 태어남에 puna다시 na hi jātu ehi확실하게 도달하지 않을 것이다; 새로운 생에 다시 태어나지 않고 바로 현재 생에서 완전한 열반에 들 것이다.

이렇게 의미를 취하는 것은 빠알리어 문법에 따라 일반적으로 대역한 것은 아니지만 부처님의 바람과 일치합니다. 부처님께 처음 「자애경」을 듣고 수지해서 수행했던 비구 500명 모두가 아라한이 됐다는 사실과도 일치합니다. 그리고 자애선정을 바탕으로 위빳사나 관찰을 하면 아라한 도와 과까지 도달할 수 있다는 가르침과도 일치합니다. 생겨나는 차례와 순서인 자연적인 성품과도 일치합니다. 그래서 자애선정을 바탕으로 위빳사나 관찰을 해서 아라한까지 돼 새로운 생에 태어나지 않는다는 이 의미가 더욱 적당합니다.

부록

부록1

보호경 독송의 의미

몸을 치료하는 약에 복용하는 약이 있고 바르는 약이 있듯이 부처님의 가르침이라는 약에도 복용하는 약이 있고 바르는 약이 있습니다. 사마타와 위빳사나 수행으로 내부의 번뇌를 직접 치료하는 것이 가르침이라는 약을 복용하는 것이라면, 외부의 여러 위험으로부터 미리 자신을 안전하게 보호하도록, 또는 생겨난 위험이 사라지도록 보호경이나 경전, 게송을 독송하는 것이 바로 가르침이라는 약을 바르는 것입니다.

그중에서 외부의 여러 위험으로부터 보호해 주는 특별한 위력이 있는 경전들을 모은 것이 보호경입니다. 여러 외부의 위험이 생겨나지 않도록, 생겨난 외부의 위험이 빨리 사라지도록 각각의 상황마다 해당되는 경전들을 잘 독송해서 자신을 보호해야 합니다. 하지만 일반적으로는 스님들이나 여법하게 독송하는 이들을 초청해서 독송을 듣기도 합니다.

빠릿따빠리깜마Parittaparikamma · 보호경의 준비

천신들은 언제나 부처님의 경전, 법문을 듣고자 합니다. 그래서 보호경을 독송하기 전에 천신들을 초청하게 되면, 천신들이 보호

경을 듣고 기뻐하며 독송하는 이에 대해 자애심을 가지게 됩니다. 따라서 어떠한 보호경을 독송하든지 미리 준비하는 의미로 「빠릿따빠리깜마」를 전부 독송하든지, 혹은 적어도 처음부터 "나모 땃사 바가와또 아라하또 삼마삼붓닷사"까지라도 독송한 후에 보호경을 독송하는 것이 좋습니다.

망갈라숫따Maṅgalasutta· **길상경**

생일이나 개업식 등의 경사스러운 행사에서 축복과 번영을 기원할 때 많이 독송합니다. (Sn.258~269)

라따나숫따Ratanasutta· **보배경**

기근과 질병, 좋지 않은 존재들의 위험이 있을 때 그것들로부터 보호하기 위해 독송합니다. (Sn.222~236)

멧따숫따Mettāsutta· **자애경**

거의 모든 경우에 기본으로 독송하는 경입니다. 시간이 날 때마다 자주 독송하는 것이 좋으며, 모든 존재에게 자애를 펼치는 경이기 때문에 이사했거나 새로운 수행 장소에 도착한 경우 특히 열심히 독송하면 좋습니다. (Sn.143~152)

칸다숫따Khandhasutta· **무더기 경**

숲속에서 지낼 때 뱀이나 다른 위험한 동물들로부터 보호하기 위해 독송합니다. (A4:67)

모라숫따Morasutta· 공작경

덫이나 함정으로부터 보호하기 위해 독송합니다.(J159)

왓따숫따Vaṭṭasutta· 메추라기 경

불로부터 보호하기 위해 독송합니다. 이 경도 「자애경」과 마찬가지로 새로 이사한 집에 불이 나지 않도록 해 주기 때문에 이사했거나 개업을 했을 때 독송하면 좋습니다.(J35)

다작가숫따Dhajaggasutta· 깃발 꼭대기 경

여러 이유로 두려움이나 전율, 모골의 송연함이 생겨났을 때 그로부터 보호하기 위해 독송합니다. 하지만 여기에 포함되는 내용은 부처님, 가르침, 승가의 공덕입니다. 수행 중이나 일상생활 중에 두려움, 공포가 찾아온다면 이렇게 부처님, 가르침, 승가의 공덕을 마음에 새기거나 소리 내어 독송하면 됩니다.(S11:3)

아따나띠야숫따Āṭānāṭiyasutta· 아따나띠야 경

야차나 귀신 등 좋지 않은 존재들로부터 보호해 주는, 매우 위력이 큰 보호경입니다. 그래서 바로 이 경을 독송하지 않고 「자애경」, 「깃발 꼭대기 경」, 「보배경」을 먼저 7일간 독송해야 합니다. 그래도 야차 등이 떠나지 않았을 때 이 경을 독송합니다. 독송할 때도 여법한 절차에 따라야 매우 큰 위력을 발휘할 수 있습니다.(D32)[228]

---

228 자세한 내용은 밍군 사야도 지음, 최봉수 역, 『대불전경』 제6권, pp.64~66 참조.

앙굴리말라숫따Aṅgulimālasutta· 앙굴리말라 경

임산부의 건강과 순산을 위해 독송하는 보호경입니다. (M86)

봇장가숫따Bojjhaṅgasutta· 깨달음 구성요소 경

병에 걸렸을 때 그 병으로부터 벗어나도록 독송하는 보호경입니다. (S46:14~16)

뿝반하숫따Pubbaṇhasutta· 아침 경

한 나라나 개인을 전염병, 전쟁, 기근으로부터 보호하기 위해 독송하는 보호경입니다. (A3:150)[229]

---

229 한국마하시선원, 『수행독송집』, pp.380~384; 보호경 각각의 유래와 자세한 설명은 빤디따라마 서울 위빳싸나 명상센터, 『예경독송문』, pp.586~604 참조.

부록2

보충설명

수용 네 가지(본서 149쪽)

출가자들이 필수품을 수용paribhoga·收用하는 데는 네 가지가 있습니다. ①도둑 수용theyya paribhoga은 파계승이 승가 가운데 버젓이 앉아 필수품을 수용하는 것입니다. ②빚 수용iṇa paribhoga은 지계승이 반조하지 않고 필수품을 수용하는 것입니다. ③상속 수용dāyajja paribhoga은 수다원 등 수련자들이 필수품을 수용하는 것입니다. ④주인 수용sāmi paribhoga은 아라한들이 필수품을 수용하는 것입니다. 자세한 내용은 『청정도론』 제1권, pp.191~193; 『위빳사나 수행방법론』 제1권, pp.70~75를 참조하십시오.

현생에 즉시 과보를 주는 조건 네 가지(본서 165쪽)

현생에 즉시 과보를 주는 업을 '현생감수업diṭṭhadhammavedanīya kamma'이라고 합니다. 특히 보시 선업이 현생에 바로 과보를 주는 조건에는 네 가지가 있습니다. ①토대의 성취vatthusampadā로 보시 받는 이가 아나함이나 아라한이어야 합니다. ②보시물의 성취paccayasampadā로 보시하는 물건이 바른 생계로 구한 것이어야 합니다. ③의도의 성취cetanāsampadā로 보시하기 전과 보시하는 동안과 보시한 후라는 세 가지 시기 모두 즐거움과 함께하고 지혜와 결합된 마음이어야 합니다. ④뛰어난 덕목의 성취guṇātirekasampadā로 보시 받는 이가 멸진증득에서 갓 출정한 상태여야 합니다. 이 네 가지 조건을 갖춘 보시로 바로 현생에 매우 큰 영화를 얻습니다.(DhpA.ii.59) 『가르침을 배우다』, p.327을 참조하십시오.

기질에 따른 수행주제(본서 215쪽)

부처님께서는 수행자의 기질에 따라 수행주제를 다르게 설하셨습니다. 애착의 기질rāgacarita에게는 열한 가지 더러움 수행주제를, 성냄의 기질dosacarita에게는 자애 등의 수행주제를, 어리석음의 기질mohacarita에게는 죽음새김 등의 수행주제를, 사유의 기질vitakkacarita에게는 들숨날숨이나 땅 두루채움 등의 수행주제를, 믿음의 기질saddhācarita에게는 부처님 거듭새김 등의 수행주제를, 깨달음의 기질buddhicarita에게는 네 가지 요소 분별 등으로 8만4천의 종류가 있는 기질에 따라 수행주제를 설하셨습니다.(SnA.i.175) 전재성 역주, 『숫타니파타』, p.487 주1653을 참조하십시오.

올바르지 않은 방법 21가지(본서 223쪽)

①~⑨대나무, 잎, 꽃, 과일, 치목, 세숫물, 세수가루, 목욕가루, 흙가

루 주기

⑩아첨하기

⑪반쯤만 사실인 말을 하기

⑫다른 이의 아이 귀여워하기

⑬심부름 가기

⑭사자使者로 가기

⑮치료하기

⑯재가자가 시키는 일 하기

⑰탁발음식 주기

⑱농사

⑲점성술

⑳관상

㉑가지 말아야 할 여섯 가지 비영역에 가기

(여섯 가지 비영역이란 ①기생집, ②과부, ③노처녀, ④성이상자, ⑤비구니, ⑥술집이다.)[230] (SnA.i.177)

허용된 공양청과 관련된 성전의 근거(본서 243쪽)

Atirekalābho – saṅghabhattaṁ, uddesabhattaṁ, nimantanaṁ, salākabhattaṁ, pakkhikaṁ, uposathikaṁ, pāṭipadikaṁ. (Vin.iii.73)

해석

230 여섯 가지 비영역agocara은 『청정도론』 제1권, p.150 참조.

여분으로 얻을 수 있는 것에는 승가식, 지정식, 초청식, 추첨식, 보름공양, 포살공양, 초하루공양이 있다.

공양기금과 관련된 계목(본서 243쪽)

Yo pana bhikkhu jātarūparajataṁuggaṇheyya vāuggaṇhāpeyya vā upanikkhittaṁ vā sādiyeyya nissaggiyaṁpācittiyaṁ. (Vin.i.12/상실죄 18조)

해석

어떤 비구가 금은을 받거나 받게 하거나 두는 것을 허락하면 상실죄에 해당된다.

고급음식과 관련된 계목(본서 243쪽)

Yāni kho pana tāni paṇītabhojanāni, seyyathidaṁ-sappi, navanītaṁ, telaṁ, madhu, phāṇitaṁ, maccho, maṁsaṁ, khīraṁ, dadhi. yo panan bhikkhu evarūpāni paṇītabhojanāni agilāno attano atthāya viññāpetvā bhuñjeyya pācittiyaṁ. (Vin.ii.118/속죄죄 39조)

해석

고급음식이 있으니 버터, 버터기름, 기름, 꿀, 당밀, 생선, 고기, 우유, 응유[231]다. 어떤 비구가 이와 같은 고급음식을

231 응유凝乳란 우유나 탈지유를 락트발효, 응유효소의 작용 등으로 커드를 형성시킨 것의 총칭이다.

환자가 아니면서 스스로 자신을 위해 달라고 해서 먹으면 속죄죄에 해당된다.

범계 일곱 종류(본서 243쪽)

비구의 범계에는 일곱 종류가 있습니다.

① 추방죄pārājika·波羅夷罪

이 죄를 범하면 승단에서 축출됩니다.

② 승단잔류죄saṅghādisesa·僧殘罪

이 죄를 범하면 그 죄를 숨긴 날수만큼 격리돼 생활해야 하는 격리처벌parivāsa을 받습니다. 그후 6일 동안 다시 격리돼 참회하면서 생활해야 하는 참회처벌mānatta을 또 받습니다. 마지막으로 20명의 승가 앞에서 원상회복의 절차를 거쳐 출죄됩니다.

③ 추악죄thullaccaya·粗罪

추방죄와 승단잔류죄를 범하려다가 미수로 끝난 죄입니다. 이 죄를 범하면 분명히 실토해서 죄를 명백히 드러내고 그 죄목에 해당되는 처벌을 받은 후 출죄됩니다.

④ 속죄죄pācittiya·單墮罪

참회하는 것으로 출죄됩니다.

⑤ 고백죄pāṭidesanīya·悔過罪

참회하는 것으로 출죄됩니다.

⑥ 악설죄dubbhāsita·惡說罪

모욕하려는 의도 없이 종족 등에 대해 농담했을 때 적용되는 죄입니다. 참회하는 것으로 출죄됩니다.

⑦ 악작죄dukkaṭa · 惡作罪

수련항목sekhiya을 범한 경우의 죄입니다. 참회하는 것으로 출죄됩니다.

이외에 부정죄aniyata · 不定罪(죄는 불분명하지만 혐의를 받을 만한 죄), 상실죄nissaggiya · 喪失罪(얻은 것을 버리고 난 뒤 속죄해야 하는 죄)가 있습니다. 비구계의 경우 추방죄 4가지, 승단잔류죄 13가지, 부정죄 2가지, 상실죄 30가지, 속죄죄 92가지, 고백죄 4가지, 악작죄 75가지와 분쟁해결법 7가지를 합해 모두 227계입니다 .[232]

바른 앎 네 가지(본서 256쪽)

바른 앎sampajañña에는 네 종류가 있습니다. ①이익 바른 앎sātthaka sampajañña은 어떤 행위가 이익이 있는지 없는지 바르게 아는 것입니다. ②적당함 바른 앎sappāya sampajañña은 이익이 있더라도 적당한지 그렇지 않은지 아는 것입니다. ③영역 바른 앎gocara sampajañña은 관찰 대상을 계속 관찰하는 것입니다. '영역'이란 수행 대상을 말하는 것으로 위빳사나의 경우 분명하게 드러나는 몸·느낌·마음·법 등의 물질·정신입니다. ④미혹없음 바른 앎asammoha sampajañña은 관찰을 통해 무상 등을 분명하게 아는 지혜입니다. 『마하사띠빳타나숫따 대역』, pp.110~133을 참조하십시오.

232 『청정도론』 제1권, p.159; 용어는 『비나야삐따까』, pp.44~47 참조.

부록3

용어설명

▌개념 성품paññattiattha이란 남자, 여자, 사람, 소 등 생명 있는 중생들과 물, 땅, 숲, 산 등 생명 없는 것들의 명칭이나 그 명칭이 뜻하는 의미를 말합니다. 서로 의사소통을 하기 위해 사람들이 정해 놓은 의미에 따라서 생겨났기 때문에 '관습적 성품sammutiattha'이라고도 합니다. 『아비담마 강설 1』, pp.51~52를 참조하십시오.

▌경각심驚覺心이란 빠알리어 'saṁvega'의 번역술어입니다. 이 단어는 원래 '놀라다saṁvijjati'라는 단어에서 유래했습니다. 단순히 사자 등을 보고 놀라는 것은 마음동요 경각심cittutrāsa saṁvega이고 법체로는 성냄dosa입니다. 악행을 행하는 것을 두려워하는 것은 두려움 경각심ottappa saṁvega이고 법체로는 두려움ottappa입니다. 선행, 특히 수행을 하도록 놀라게 하고 경책하고 깨닫게 하는 것은 지혜 경각심ñāṇa saṁvega입니다. 법체로는 두려움과 결합한 어리석음없음, 즉 통찰지 마음부수입니다. 특히 아라한들이 갖춘 지혜 경각심을 '법 경각심dhamma saṁvega'이라고 합니다. 그래서 '경각'을 한자로 보통 '警覺'이라고 표현하지만 '놀라다'라는 의미를 나타내기 위해 '驚覺'이라고 표현했습니다. 그리고 성냄, 두려움, 지혜 등 여러 법

체가 포함되기 때문에 정신법들의 대표인 마음을 덧붙여서 '경각심'이라고 번역했습니다. '경각심'이라는 단어가 많이 사용되기도 하고 특히 수행과 관련된 지혜 경각심은 법체가 '지혜'이기 때문에 '覺'이라는 표현과도 잘 어울립니다. 『부처님을 만나다』, pp.338~339; 『가르침을 배우다』, p.379를 참조하십시오.

▌'맘'이란 빠알리어 'mano'의 번역술어입니다. 'mano'는 '생각함 manana'이라는 단어에서 유래했습니다. "mananamattaṁ mano. 단지 아는 것을 'mano'라고 한다"라는 설명처럼 '단지 아는 성품'을 뜻합니다. 법체로는 'citta 마음', 'viññāṇa 의식'과 동일합니다. 하지만 부처님께서 각각 상황에 따라 다른 표현을 하셨기 때문에 되도록 빠알리어 원어를 가늠할 수 있도록 'mano'를 '맘'으로, 'citta'를 '마음'으로, 'viññāṇa'를 '의식'으로 구분해서 표현했습니다.

▌'맘 감각장소manāyatana'란 내부 감각장소āyatana 여섯 가지 중 하나입니다. 부처님께서는 전체 법들을 여러 범주로 다양하게 설법하셨는데, 그중 하나가 '감각장소' 범주입니다. '자신과 관련된 결과법들을 생겨나게 하려고 애쓴다āyatati'고 해서 '감각장소āyatana'라고 합니다. 감각장소에는 내부 감각장소 여섯 가지와 외부 감각장소 여섯 가지가 있습니다. 내부 감각장소 여섯 가지란 눈 감각장소cakkhāyatana, 귀 감각장소sotāyatana, 코 감각장소ghānāyatana, 몸 감각장소kāyāyatana, 맘 감각장소manāyatana입니다. 그중 맘 감각장소는 마음 89가지라는 정신법입니다. 마음 89가지에 대해서는 『아비담마 강설 1』을 참조하십시오. 외부 감각장소 여섯 가지란 형색 감각장

소rūpāyatana, 소리 감각장소saddāyatana, 냄새 감각장소gandhāyatana, 맛 감각장소rasāyatana, 감촉 감각장소phoṭṭhabbāyatana, 법 감각장소dhammāyatana입니다. 감각장소에 대해서는 마하시 사야도 법문, 비구 일창 담마간다 옮김, 『헤마와따숫따 법문』, pp.327~334를 참조하십시오.

▌'맘 요소manodhātu'란 요소dhātu 18가지 중 하나입니다. 감각장소와 마찬가지로 부처님께서는 전체 법들을 여러 범주로 다양하게 설법하셨는데, 그중 하나가 '요소' 범주입니다. '각자의 성품을 지닌다dhāreti'라고 해서 '요소dhātu'라고 합니다. 요소에는 눈 요소cakkhudhātu, 귀 요소sotadhātu, 코 요소ghānadhātu, 혀 요소jivhādhātu, 몸 요소kāyadhātu, 맘 요소manodhātu, 형색 요소rūpadhātu, 소리 요소saddadhātu, 냄새 요소gandhadhātu, 맛 요소rasadhātu, 감촉 요소phoṭṭhabbadhātu, 법 요소dhammadhātu, 눈 의식 요소cakkhuviññāṇadhātu, 귀 의식 요소sotaviññāṇadhātu, 코 의식 요소ghānaviññāṇadhātu, 혀 의식 요소jivhāviññāṇadhātu, 몸 의식 요소kāyaviññāṇadhātu, 맘 의식 요소manoviññāṇadhātu라는 18가지가 있습니다. 그중 맘 요소란 오문전향 마음과 두 가지 접수 마음을 뜻합니다. 오문전향 마음은 『아비담마 강설 1』, p.201을, 접수 마음은 p.181을 참조하십시오. 요소 18가지에 대한 자세한 설명은 대림스님/각묵스님 옮김, 『아비담마 길라잡이』 제2권, pp.156~158을 참조하십시오.

▌'멸진증득'이란 빠알리어 'nirodhasamāpatti'의 번역술어입니다. 사

마타 수행으로 색계 네 가지 선정과 무색계 네 가지 선정을 모두 증득한 뒤 위빳사나 수행으로 아나함이나 아라한이 된 성자가 마음과 마음부수, 마음 생성물질이 모두 소멸된 상태에 들어가 지내는 것입니다. 자세한 설명은 『아비담마 길라잡이』 제1권, pp.438~440, 『아비담마 길라잡이』 제2권, pp.386~391, 『청정도론』 제3권, pp.407~422를 참조하십시오. '증득samāpatti'에 대해서는 『아비담마 강설 1』, p.334를 참조하십시오.

▌'섭수攝受'란 빠알리어 'saṅgaha'의 번역술어입니다. 원래 '거두다, 돌보다'라는 의미로 상대방에게 이익이 있도록 뒷받침한다는 뜻이 있습니다. 섭수의 토대saṅgahavatthu에는 네 가지가 있습니다. ①보시dāna, ②상냥한 말peyyavajja=piyavācā, ③이로운 행위atthacariya, ④함께 두는 것samānattatā입니다.(A4:253) 보시는 베푸는 것, 상냥한 말은 부드럽고 사랑스럽게 말하는 것, 이로운 행위는 이익이 되는 행위를 직접 실천하는 것, 함께 두는 것은 상대방을 자신과 동등한 위치에 두는 것입니다.

▌'수련修練'이란 빠알리어 'sikkhā'의 번역술어입니다. '닦고 실천하는 것'이라는 의미입니다. 보통은 '공부지음'이나 '배움'으로 번역하지만 'sekkha'나 'asekkha'를 통일성 있게 이해하도록 '수련'으로 번역했습니다. 수련에는 계·삼매·통찰지라는 세 가지가 있는데 이것을 '세 가지 수련三學'이라고 합니다.

▌'수련자修練者'란 빠알리어 'sekkha'의 번역술어입니다. '아직 수행할

것이 남아서 계속 수행하고 있는 개인'이라는 의미로 수다원 도와 과, 사다함 도와 과, 아나함 도와 과, 아라한 도의 위치에 있는 개인을 말합니다. 보통은 유학有學이라고 표현하지만 앞의 sikkhā와 관련성도 드러나지 않고 '유학儒學'으로 오해할 여지가 있어서 수련자라고 번역했습니다. 참고로 '완수자完修者'란 빠알리어 'asekkha'의 번역술어입니다. '수련을 마친 개인'이라는 의미로 아라한과의 위치에 있는 개인을 말합니다. 무학無學이라고 표현하지만 역시 앞의 sikkhā와 관련성이 드러나지 않고 기존의 한문 불교 용어에 익숙하지 않은 이들에게는 생소할 수 있어서 '해당 학문의 과정이나 과목을 순서대로 공부해서 마친 사람'이라는 의미로 '완수자'라고 번역했습니다. 수다원 도와 과, 사다함 도와 과, 아나함 도와 과, 아라한 도와 과에 대해서는 『아비담마 강설 1』, pp.348~419를 참조하십시오.

▌'잠재anusaya', 혹은 '잠재 번뇌anusaya kilesa'란 실제로 아직 생겨나지는 않았지만 조건이 형성됐을 때 생겨날 수 있는 번뇌를 말합니다. 잠재 번뇌에는 대상잠재 번뇌ārammaṇānusaya kilesa와 상속잠재 번뇌santānānusaya kilesa가 있습니다. 대상을 접했을 때 분명하게 드러났는데도 불구하고 관찰하지 않아서 무상 등으로 알지 못한 성품법들에 대해 다시 돌이켜 숙고했을 때 생겨날 가능성이 있는 번뇌를 대상잠재 번뇌라고 합니다. 대상잠재 번뇌는 위빳사나 지혜로 제거해야 합니다. 그리고 성스러운 도의 지혜를 통해 아직 제거되지 못해 언제든 조건이 형성됐을 때 생겨날 가능성이 있는 번뇌를 상속잠재 번뇌라고 합니다. 상속잠재 번뇌는 성스러운 도의 지혜로

만 제거할 수 있습니다. 『담마짝까 법문』, p.407을 참조하십시오.

▌'절대 성품paramattha'이란 어떤 형체나 명칭이 아니라 분명하게 존재하는 성품, 직접 경험해서 알 수 있는 성품, 그래서 틀리지 않고 항상 옳은 성품을 말합니다. 절대 성품에는 물질, 마음, 마음부수, 열반이라는 네 종류가 있습니다. 『아비담마 강설 1』, pp.50~52를 참조하십시오.

▌'존재요인bhavaṅga'이란 '존재bhava의 구성요소aṅga'라는 뜻으로 인식과정 사이에 생겨나고 사라지면서 존재를 계속 연속시켜주는 마음의 역할을 말합니다. 『아비담마 길라잡이』 제1권, pp.329~332를 참조하십시오.

▌'특질'이란 절대 성품의 특성, 역할, 나타남, 가까운 원인이라는 특별한 성질을 모아서 표현한 단어입니다. '특성 등 네 가지lakkhaṇādi cattuka'라고도 합니다. '특성lakkhaṇa'이란 그것임을 알게 하는 성품, 특징을 말합니다. '역할rasa'이란 그것이 행하는 작용이나 그것 때문에 생겨나는 모습을 말합니다. '나타남paccupaṭṭhāna'이란 그것에 의해 얻어지는 결과, 혹은 수행자의 지혜에 드러나는 모습을 말합니다. '가까운 원인padaṭṭhāna'이란 그것을 생겨나게 하는 가까운 조건을 말합니다. 자세한 설명은 『아비담마 강설 1』, pp.67~71을 참조하십시오.

부록4

칠청정과 지혜단계들

1. 계청정sīla visuddhi· 戒淸淨

2. 마음청정citta visuddhi· 心淸淨

3. 견해청정diṭṭhi visuddhi· 見淸淨

(1) 정신·물질 구별의 지혜nāmarūpa pariccheda ñāṇa·名色區別智

4. 의심극복청정kaṅkhāvitaraṇa visuddhi· 度疑淸淨

(2) 조건파악의 지혜paccaya pariggaha ñāṇa·緣把握智

5. 도·비도 지견청정maggāmagga ñāṇadassana visuddhi· 道非道智見淸淨

(3) 명상의 지혜sammasana ñāṇa·思惟智

(4-1) 생멸 거듭관찰의 지혜udayabbayānupassanā ñāṇa·生滅隨觀智 (약한 단계)

6. 실천 지견청정paṭipadā ñāṇadassana visuddhi · 行道智見淸淨

(4-2) 생멸 거듭관찰의 지혜udayabbayānupassanā ñāṇa · 生滅隨觀智

(성숙된 단계)

(5) 무너짐 거듭관찰의 지혜bhaṅgānupassanā ñāṇa · 壞隨觀智

(6) 두려움 드러남의 지혜bhayatupaṭṭhāna ñāṇa · 怖畏現起智

(7) 허물 거듭관찰의 지혜ādīnavānupassanā ñāṇa · 過患隨觀智

(8) 염오 거듭관찰의 지혜nibbidānupassanā ñāṇa · 厭離隨觀智

(9) 벗어나려는 지혜muñcitukamyatā ñāṇa · 脫欲智

(10) 재성찰 거듭관찰의 지혜paṭisaṅkhānupassanā ñāṇa · 省察隨觀智

(11) 형성평온의 지혜saṅkhārupekkhā ñāṇa · 行捨智

(12) 수순의 지혜anuloma ñāṇa · 隨順智

(13) 종성의 지혜gotrabhū ñāṇa · 種姓智 *청정에는 포함 안 됨

7. 지견청정ñāṇadassana visuddhi · 智見淸淨

(14) 도의 지혜magga ñāṇa · 道智

(15) 과의 지혜phala ñāṇa · 果智 *청정에는 포함 안 됨

(16) 반조의 지혜paccavekkhaṇa ñāṇa · 觀察智 *청정에는 포함 안 됨

부록5

31 탄생지

탄생지 31			영역				수명
무색계 탄생지		4		31		비상비비상처천	84,000대겁
				30		무소유처천	60,000대겁
				29		식무변처천	40,000대겁
				28		공무변처천	20,000대겁
색계 탄생지		16	4선정천	27	정거천	색구경천	16,000대겁
				26		선견천	8,000대겁
				25		선현천	4,000대겁
				24		무열천	2,000대겁
				23		무번천	1,000대겁
				22		무상유정천	500대겁
				21		광과천	500대겁
			3선정천	20		변정천	64대겁
				19		무량정천	32대겁
				18		소정천	16대겁
			2선정천	17		광음천	8대겁
				16		무량광천	4대겁
				15		소광천	2대겁
			초선정천	14		대범천	1아승기겁
				13		범보천	1/2아승기겁
				12		범중천	1/3아승기겁
욕계 탄생지 11	욕계 선처 7	6	육욕천	11		타화자재천	16,000천상년
				10		화락천	8,000천상년
				9		도솔천	4,000천상년
				8		야마천	2,000천상년
				7		도리천	1,000천상년
				6		사대왕천	500천상년
		1	인간	5		인간	정해지지 않음
	악처	4	악처	4		아수라 무리	정해지지 않음
				3		아귀계	정해지지 않음
				2		축생계	정해지지 않음
				1		지옥	정해지지 않음

부록6

빠알리어의 표기와 발음

빠알리어는 고유의 표기법을 가지고 있지 않습니다. 그래서 나라마다 자신의 언어로 표시합니다. 한국어의 경우 지금까지 빠알리어에 대한 한국어 고유의 표기법이 없어 소리 나는 대로 비슷하게 표현한 후 영어 표기법을 병기하여 표시했으나, 이 책에서는 「자애경」을 한글로도 함께 빠알리어를 나타냈습니다. 각각의 표기와 발음은 아래와 같습니다.

일반적인 표기

단모음	a아	i이	u우
장모음	ā아	ī이	ū우
복모음	e에	o오	

자음

	무성무기음	무성대기음	유성무기음	유성대기음	비음
후음	ka까	kha카	ga가	gha가	ṅa앙
구개음	ca짜	cha차	ja자	jha자	ña냐
권설음	ṭa따	ṭha타	ḍa다	ḍha다	ṇa나
치음	ta따	tha타	da다	dha다	na나
순음	pa빠	pha파	ba바	bha바	ma마
반모음	ya야(ˊ)	ra라	la라	va와(ˇ)	vha와
마찰음	sa사				
기식음	ha하				
설측음	ḷa라				
억제음	ṁ앙				

특별한 경우의 표기

˝ 자음중복

예를 들어 '밋체야˝ miccheyya'라는 단어의 '체야˝'라는 표기에서 그냥 '체야'라고 표현하면 '야'가 'ya'인지 'yya'인지 알 수 없습니다. 그래서 ' ˝ '라는 표기를 사용하여 자음이 중복됨을 표현합니다. 비슷한 예로 '울로˝께야̄˝타 ullokeyyātha'라는 단어에서 그냥 '울로'라고 표현하면 '로'의 'ㄹ'이 'l' 하나임을 나타내므로 'l'이 두 개임을 나타내기 위해 '울로˝'라고 표현합니다.

˂ '야'의 표기

예를 들어 '깝빳타̄잉 kappaṭṭhāyiṁ'이라는 단어에서 그냥 '잉'이라고 표현하면 'iṁ'으로 오해할 수 있습니다. 그래서 'yiṁ'임을 나타내기 위해 '잉'이라고 표현합니다.

ˇ '와'의 표기

예를 들어 '이다마오̌짜 idamavoca'라는 단어에서 그냥 '오'라고 표현하면 'o'라고 오해할 수 있습니다. 그래서 'vo'을 나타내기 위해 '오̌'라고 표현합니다.

받침의 표기

받침으로 쓰일 수 없는 중복된 받침은 'ㅅ', 'ㄱ', 'ㅂ' 으로 통일합니다. 한글 맞춤법 규정에 따라 '쨔, 쟈, 땨, 댜, 따, 다'의 자음이 중복될 때는 모두 앞의 자음에 'ㅅ' 받침으로 표기합니다. '꺄, 갸'의 자음이 중복될 때는 모두 앞의 자음에 'ㄱ' 받침으로 표기합니다. '빠, 바'의 자음이 중복될 때는 모두 앞의 자음에 'ㅂ' 받침으로 표기합니다.

발음

모음의 발음

- 모음은 표기된 대로 발음하면 됩니다.
- '아'의 발음은 실제로는 우리말의 '어'에 가까운 소리로 발음합니다.

단음

– 단모음 '아', '이', '우'는 짧게 발음합니다.
– 복모음 '에', '오'가 겹자음 앞에 올 때도('엣타'의 '에') 짧게 발음합니다.

장음

– 장모음 '아̄', '이̄', '우̄'는 길게 발음합니다.
– 복모음 '에', '오'가 단자음 앞에 올 때도('삼모디'의 '모') 길게 발음합니다.

– 단모음이 겹자음 앞에 올 때와('빅쿠'의 '빅') 억제음(앙) 앞에 올 때도('짝쿵'의 '쿵') 길게 발음합니다.

– 단모임이나 복모음이 장음으로 발음되는 경우, 표현의 복잡성을 고려하여 따로 장음부호 '¯'를 붙이지 않았습니다. 〈독송할 때 참조하기 바랍니다.〉

자음의 발음

후음 (까, 카, 가, 가̣, 앙,)

혀뿌리를 여린입천장(입천장 안쪽의 부드러운 부분)에 부딪히면서 낸다고 설명하기도 하고 목청에서 소리를 낸다고 설명하기도 합니다. 대부분 표기된 대로 발음하면 됩니다. 특히 '가̣'는 강하게 콧소리로 '가' 하고 발음합니다. '앙,'은 보통 받침으로 많이 쓰입니다. 대표적인 예가 '상,가̣saṅghaṁ'이고, '앙'이라고 발음합니다.

구개음 (짜, 차, 자, 자̣, 냐)

혀 가운데로 단단입천장(입천장 가운데 부분의 딱딱한 부분)에 부딪히면서 냅니다. 마찬가지로 '자̣'는 '가̣'와 마찬가지로 강하게 콧소리로 '자'하고 발음합니다. 'ㄴ'는 '아' 모음 앞에 올 때는 '냐'로 발음하고, 받침으로 올 때는 'ㅇ'이나 'ㄴ'으로 발음합니다. 즉 뒤에 오는 자음이 목구멍에서 가까우면 'ㅇ', 멀면 'ㄴ'으로 발음합니다. 즉 'Patañjalī 빠딴잘리'의 경우에는 '빠딴잘리'로, 'Milindapañha 밀린다빤하'의 경우에는 '밀린다빵하'로 발음합니다.

권설음 (따̥, 타̥, 다̥, 다̥̊, 나̥)

입천장 머리(입천장의 한가운데 부분)를 혀끝으로 반전하며 소리를 냅니다. 마찬가지로 '다̥̊'는 입천장 머리를 혀끝으로 반전하며 강하게 콧소리로 '다'하고 발음합니다.

치음 (따, 타, 다, 다̊, 나)

혀끝을 윗니의 정면으로 부딪히며 소리를 냅니다. '다̊'는 정면에 부딪히며 강하게 콧소리로 '다'하고 발음합니다.

순음 (빠, 파, 바, 바̊, 마)

두 입술로 소리를 냅니다. 마찬가지로 '바̊'는 강하게 콧소리로 '바'하고 발음합니다.

반모음 (야̊, 라, 라̊, 와)

'야̊'는 그대로 '야'로 발음하고, '라'는 혀 가운데를 경구개에 부딪히면서 '라'하고 발음합니다. '라̊'는 혀끝을 윗니의 정면에 부딪히면서 '을라' 하고 발음합니다. '와'는 모음 앞에서는 독일어의 'w'처럼 '봐'로 발음한다고 설명하기도 하고, 입을 둥글게 오므린 뒤 '와'하고 발음해야 한다고(미얀마) 설명하기도 합니다. 자음 뒤에서는 일반적으로 영어의 'w'처럼 '와'로 발음합니다. 표기할 때는 모두 '와'로 통일했습니다. 특별한 경우로 'yha'라는 단어는 '야'라고 표기했습니다. 이 표기는 '샤'로(미얀마) 발음합니다.

마찰음 (사)

이를 서로 마찰시키면서 '싸'하고 발음합니다. 약한 '사' 발음보다는 조금 강한 '싸'의 발음에 더 가깝습니다.

기식음 (하)

한국어의 '하' 발음과 같습니다.

설측음 (라)

입천장 머리(입천장의 한가운데 부분)를 혀의 양끝으로 반전하며 소리를 냅니다.

억제음 (앙)

음성학적으로는 '까, 카, 가, 가' 등 후음 앞에서는 '앙'과 마찬가지로, '짜, 차, 자, 자' 등 구개음 앞에서는 '안'과 마찬가지로, '따, 타, 다, 다' 등 권설음 앞에서는 '안'과 마찬가지로, '따, 타, 다, 다' 등 치음 앞에서는 '안'으로, '빠, 파, 바, 바' 등 순음 앞에서는 '암'으로 발음됩니다. 그 이외의 자음이나 모음 앞, 또는 단독으로 쓰이는 한 단어나 문장의 끝에 올 경우에는 '암'으로(미얀마), 혹은 '앙'으로(스리랑카) 받침을 넣어 발음합니다. 이 책에서는 모두 '앙'으로 표시했습니다.

편역자 후기

"오늘이 가장 좋은 날입니다."(마하보디먀인 사야도)

인간 세상 중생들의 수명은 탐욕·성냄·어리석음의 정도에 따라 늘었다가 줄었다가 합니다. 모든 부처님께서는 인간의 수명이 줄어드는 시기 중 중생들이 법을 잘 이해할 수 있는 시기에 출현하십니다. 2,500여 년 전 고따마 부처님께서 출현하신 이후로 언뜻 보기에는 인간의 수명이 늘어나고 있는 것 같지만 탐욕·성냄·어리석음이 늘어나면서 여러 질병과 기근, 전쟁 등으로 실제로는 지금은 계속 줄어드는 시기입니다. 시간이 흐를수록 탐욕 등이 심해져서 선업을 실천하기가 점점 어려워질 것입니다. 하루 앞을 장담할 수 없는 지금, 마하보디먀인 사야도의 말씀처럼 오늘이야말로 가장 좋은 날입니다. 그러니 이 좋은 시간을 헛되이 보내지 말고 선업을 실천해야 합니다.

최근 몇 년간 전세계적으로 만연한 코로나19가 조금 잠잠해지기는 했지만 여전히 세계 곳곳에서 전쟁, 자연재해, 총기 사고, 또 다른 전염병의 출현 등의 소식이 전해지고 있습니다. 이러한 시기에 실천할 수 있는 선법 중 하나가 '자신과 남을 동등하게 두고 번영과 이익을 바라는 자애'입니다. 자애는 여러 외부의 위험과 장애, 자기 내부의 성냄으로부터 보호해 주고, 자애를 닦는 자신뿐만 아니라 타인까지 보호해 줍니다. 그리고 더 나아가서는 출세간법의 바탕까지 마련해 줍니다.

> Kathañca, bhikkhave, paraṃ rakkhanto attānaṃ rakkhati? Khantiyā, avihiṃsāya, mettacittatāya, anudayatāya. (S47:19; S.iii.146)
>
> 해석
>
> 비구들이여, 그러면 어떻게 타인을 보호하면서 자신을 보호하는가? 인욕과 해치지 않음과 자애와 증장을 통해서이다.

여기서 인욕khanti은 참아내는 인욕을 말합니다. 해치지 않음avihiṃsā은 연민karuṇā을 닦아 앞부분에 생겨나는 근접삼매를 포함한 몰입삼매를 말합니다. 자애mettā는 자애를 닦아 앞부분에 생겨나는 근접삼매를 포함한 몰입선정을 말합니다. 증장anudaya은 늘어난 것을 더욱 늘어나게 하는 것으로 같이 기뻐함muditā을 닦아 앞부분에 생겨나는 근접삼매를 포함한 몰입삼매를 말합니다. 이러한 세 가지 거룩한 머묾brahmavihāra으로 선정을 닦은 뒤 그 선정을 바탕으로 위빳사나를 증장시켜 아라한과를 얻는 것이 바로 '타인을 보호하면서 자신을 보호하는 것'입니다.(SA.iii.258)

여러 위험과 장애가 늘어나고 있는 지금, 이러한 세간과 출세간의 이익을 주는 자애를 잘 닦을 수 있도록 자애에 관해 알아야 할 내용, 더 나아가 실천해야 할 내용, 실천해서 얻을 수 있는 이익, 그리고 불교의 여러 보호경 중에 가장 대표적인 「자애경」에 대한 내용까지 담아 『성냄과 여러 위험에서 자신과 타인을 보호하는 법, 자애』라는 책을 출간하게 됐습니다.

그러나 부처님의 다른 가르침과 마찬가지로 자애에 대한 가르침 또한 매우 방대해서 모두 소개하기가 쉽지는 않습니다. 다행히 여러 큰 스승들께서 여러 법문과 문헌으로 잘 정리해서 남겨주신 덕분에 큰 도움을 받을 수 있었습니다. 이 책은 마하시 사야도께서 자애를 비롯한 네 가지 거룩한 머묾을 위빳사나 수행과 연관시켜 자세하게 설하신 『거룩한 머묾』이라는 법문을 저본으로 삼아 한국마하시 우 소다나 사야도께서 한국마하시선원 정기법회에서 더욱 상세하게 설명해 주신 내용을 기본으로 했습니다. 특히 「자애경」에 대한 설명은 불방일 출판사에서 앞서 펴낸 『보배경 강설』과 마찬가지로 미얀마에서 삼장에 능통한 세 분 중 한 분으로 손꼽히는 아신 와셋타비왐사의 『빠릿따 닛사야 띠(보호경 新 대역)』의 내용을 보충했습니다. 그 밖에 여러 일화나 참조할 만한 내용은 우 테일흐라인의 『멧따와다(자애론)』, 웨이모우의 『멧따사가(자애의 말)』 등도 참조했습니다. 부처님의 성전이라는 고귀한 원단을 마하시 사야도께서 잘 제단해서 훌륭한 옷으로 만들어주셨고, 거기에 한국마하시사야도를 비롯한 여러분들이 다채롭게 장식해서 『성냄과 여러 위험에서 자신과 타인을 보호하는 법, 자애』라는 책이 나올 수 있었습니다. 이 책을 통해 자애와 관련된 중요한 내용은 충분히 접할 수 있을 것입니다.

『보배경 강설』을 펴낼 때 언급했듯이 '의미와 표현을 구족한' 부처님의 가르침과 참조한 여러 문헌의 내용을 온전히 전달하고자 애썼지만 언제나 그렇듯 아쉬움이 남습니다. 특히 「자애경」의 경우 빠알리어 게송을 한국어로 옮기는 과정에서 어색한 부분도 있을 것입니다. 자애에 관한 내용이라 독자들이 조금 더 쉽게 접할 수 있는 책이 되도록 노력했지만 쉽지 않은 작업이었습니다. 보다 정확하고 읽기 쉽고 훌륭한 책으로 거듭나도록 더 좋은 표현이나 오류를 제언해 주시길 기원합니다.

이 책도 여러 분들의 도움으로 출판됐습니다. 한국마하시사야도, 법산스님, 범라스님 등 여러 큰스님들, 일묵스님을 비롯한 도반스님들, 또한 여러 빠알리어 성전을 훌륭하게 번역해 놓으신 각묵스님과 대림스님, 전재성 박사님을 비롯한 많은 분들께 감사드립니다. 특히 투병중에도 선업을 꾸준히 실천하며 이 책을 출판해 주길 청하신 담마라마 님의 믿음과 정진에 사두를 외칩니다. 그리고 필수품과 법으로 불법을 뒷받침하는 한국마하시선원과 호두마을과 녹원정사 회원들을 비롯해 여러 재가불자들과 가족들, 이 책의 출판 관련 법보시자 담마라마 님의 베품 선업 의도에도 사두를 외칩니다.

항상 거친 문장을 잘 다듬어 주시는 홍수연 작가님, 꼼꼼히 원고를 교정해 주신 까루나 님, 난다싸리 님, 담마다자 님, 수뭇따 님에게도 사두를 외칩니다. 더욱 좋은 책이 되도록 훌륭한 그림을 보시해 주신 담마시리 님과 빤냐디빠 님, 수마나 님(대전)께는 감사와 함께 미안함을 전합니다. 이번 책에서는 여러 사정으로 그 그림들을 싣지 못했지만 나중에 적당한 곳에 실어 믿음을 증장시킬 것입니다. 마지막으로 좋은 책을 만들어 주신 엔북 관계자 여러분에게도 사두를 외칩니다. 이 모든 분에게, 그리고 자애를 닦고 있는 모든 분에게 이 공덕몫을 회향합니다.

이 책을 보는 이들이
자애에 관해 더욱 자세하고 깊게 이해하기를.
그리고 잘 이해한 대로 실천해서
여러 위험과 장애로부터 안전하기를.
더 나아가
열반이라는 진정 안온한 법에 도달하기를.

불기 2566년 서기 2022년 11월
한국마하시선원과 호두마을을 오가며
비구 일창 담마간다Dhammagandha 삼가 씀

참고문헌

편역 저본

Ashin Vāseṭṭhābhivaṁsa, 『Pareigyi Nissaya thik』, Yangon, Mikhineravati saouktaik, 1999(제8쇄).

Mahāsi Sayadaw, 『Brahmavihāra tayato』, Yangon, Buddhasāsānuggaha aphwe, 2006.

빠알리 삼장 및 번역본

Ashin Jāgara, 『Theragāthā Aṭṭhakathā Nissaya』, Pitakatounboun Pāḷito Nissaya Asoung, Nissaya DVD-ROM, Yangon, Buddhacetaman, Seinyatanā Dhammācariya Sāthintaik.

U Paññissara, 『Aṅguttara Nikāya Pālito Nissaya』, Pitakatounboun Pāḷito Nissaya Asoung, Nissaya DVD-ROM, Yangon, Buddhacetaman, Seinyatanā Dhammācariya Sāthintaik.

Vācissara, 『Abhidhammāvatāra-Purāṇāṭīkā』, Pitakatounboun Pāḷito Nissaya Asoung, Nissaya DVD-ROM, Yangon, Buddhacetaman, Seinyatanā Dhammācariya Sāthintaik.

『Sīmavisodhananīpāṭha』, Pitakatounboun Pāḷito Nissaya Asoung, Nissaya DVD-ROM, Yangon, Buddhacetaman, Seinyatanā Dhammācariya Sāthintaik.

각묵스님 옮김, 『상윳따 니까야』 전6권, 초기불전연구원, 2009.
대림스님 옮김, 『맛지마 니까야』 전4권, 초기불전연구원, 2012.
__________, 『앙굿따라 니까야』 전6권, 초기불전연구원, 2006~2007.
__________, 『청정도론』 전3권, 초기불전연구원, 2004.
전재성 역주, 『비나야삐따까』, 한국빠알리성전협회, 2020.
__________, 『숫타니파타』, 한국빠알리성전협회, 2004.
__________, 『테라가타-장로게경』, 한국빠알리성전협회, 2016.

사전류

전재성, 『빠알리-한글사전』, 한국빠알리성전협회, 2005.
민중서림편집국, 『엣센스 국어사전』, 2011(제6쇄).

기타 참고도서

Mahāsi Sayadaw, 『Tuvaṭaka thouk tayataw』, Yangon, Buddhasāsānuggaha aphwe, 2005.
Mingun Sayadaw, 『Mahābuddhawin』, Yangon, Sāsanāyeiwangyiṭhāna, Sāsanāyeiujyiṭhāna pounhneiktaik, 1994.
U theilain, 『Mettāvāda』, Yangon, Buddha Athansāpei, 1987(제3쇄)
Veimou, 『Mettācaga』, Maṅgaladoung, Chouteithamsapei, 2006.

대림스님/각묵스님 옮김, 『아비담마 길라잡이』 전2권, 초기불전연구원, 2002, 전정판 2017.

마하시 사야도 법문, 비구 일창 담마간다 옮김, 『담마짝까 법문』, 불방일, 2019.

________________, 『아낫딸락카나숫따 법문』, 불방일, 2021.

________________, 『아리야와사 법문』, 불방일, 2022.

마하시 사야도 지음, 비구 일창 담마간다 옮김, 『마하사띠빳타나숫따 대역』, 불방일, 2016.

________________, 『위빳사나 수행방법론』, 전2권, 불방일, 2016.

무념·응진 스님 역, 『법구경 이야기』, 전3권, 옛길, 2008년.

밍군 사야도 지음, 최봉수 역, 『대불전경』, 전10권, 한언, 2009.

비구 일창 담마간다, 『가르침을 배우다』, 불방일, 2021(개정판 1쇄).

________________, 『부처님을 만나다』, 불방일, 2018(개정판 1쇄).

빤디따라마 서울 위빳싸나 명상센터, 『예경독송문』, 2008

우 소다나 사야도 법문, 비구 일창 담마간다 편역, 『아비담마 강설 1』, 불방일, 2021.

우 소다나 사야도 법문, 비구 일창 담마간다 옮김, 『알라와까숫따』, 불방일, 2019.

한국마하시선원, 『수행독송집』, 2023(개정판).

______________, 『법회의식집』, 2018(개정초판).

찾아보기

ㄱ

ㄴ

ㄷ

ㄹ

ㅁ

ㅂ

ㅅ

ㅊ

ㅋ

ㅌ

ㅍ

ㅎ

감수자

우 소다나U Sodhana **사야도**

1957년 미얀마 머그웨이 주 출생. 1972년 사미계, 1978년 비구계를 각각 수지했다. 1992년 담마짜리야 법사 시험에 합격했고 잠시 먀다웅 강원에서 강사로 재직했다. 1995년 마하시 수행센터에서 수행한 뒤 외국인 법사학교에서 5년간 수학했다. 그 뒤 마하시 수행센터에서 수행지도법사로 수행자를 지도하다 2002년 처음 한국에 왔다. 2007년 8월부터 한국마하시선원 선원장으로 지내며 경전과 아비담마를 강의하면서 천안 호두마을과 강릉 인월사 등지에서 위빳사나 수행을 지도하고 있다. 2013년 양곤 마하시 수행센터 국내외 나야까 사야도로 임명됐고, 2017년 12월 공식적으로 칭호를 받았다. 2019년 3월 미얀마 정부에서 수여하는 마하깜맛타나짜리야(수행지도 큰 스승) 칭호를 받았다.

편역자

비구 일창 담마간다 Dhammagandha

1972년 경북 김천 출생. 1996년 해인사 백련암에서 원융스님을 은사로 출가했다. 범어사 강원을 졸업했고 2000년과 2005년 두 차례 미얀마에 머물면서 비구계를 수지한 뒤 미얀마어와 빠알리어, 율장 등을 공부했으며 마하시센터 등에서 수행했다. 현재 진주 녹원정사에서 정기적으로 초기불교 강의를 하고 있으며, 한국마하시선원과 호두마을을 오가며 우 소다나 사야도의 법문을 통역하면서 위빳사나 수행의 기초를 지도하고 있다. 2019년 12월 양곤 마하시 수행센터에서 깜맛타나짜리야(수행지도 스승) 칭호를 받았다. 저서로 『부처님을 만나다』와 『가르침을 배우다』, 역서로 『위빳사나 수행방법론』(전2권), 『위빳사나 백문백답』, 『통나무 비유경』, 『마하사띠빳타나숫따 대역』, 『어려운 것 네 가지』, 『담마짝까 법문』, 『알라와까숫따』, 『헤마와따숫따 법문』, 『보배경 강설』, 『아비담마 강설 1』, 『아낫딸락카나숫따 법문』, 『아리야와사 법문』 등이 있다.

법보시 명단 감 수 | 우 소다나 사야도
편 역 | 비구 일창 담마간다
교 정 | 까루나, 난다싸리, 담마다자, 수뭇따, 홍수연
보 시 | 위짜라 위다이 위숫다 위나야
케마와띠 케민다 김성혜 김지혜
담마라마

저희들의 도반 인연이 윤회하는 내내
부처님의 가르침 안에서 항상 함께 하기를,
빠르게 함께 열반을 증득하기를 서원합니다.

삽바다낭 담마다낭 지나띠 ||
Sabbadānaṁ dhammadānaṁ jināti.
모든 보시 중에서 법보시가 으뜸이니라.

이당 노 뿐냥 닙바낫사 빳짜요 호뚜 ||
Idaṁ no puññaṁ nibbānassa paccayo hotu.
이러한 우리들의 공덕으로 열반에 이르기를.

이망 노 뿐냐바강 삽바삿따낭 바제마 ||
Imaṁ no puññabhāgaṁ sabbasattānaṁ bhājema.
이러한 우리들의 공덕몫을 모든 존재에게 회향합니다.

특히 故최익한, 故박지영, 故김일동
故김만식
故윤광열, 故박영자 님에게 회향합니다.

사두, 사두, 사두.
Sādhu, Sādhu, Sādhu.
훌륭합니다, 훌륭합니다, 훌륭합니다.

* 이 책에서 교정할 내용을 아래 메일주소로 보내주시면 다음에 책을 펴낼 때 큰 도움이 될 것입니다. 많은 관심 부탁드립니다.(nibbaana@hanmail.net)

* 한국마하시선원에서 운영하는 도서출판 불방일에서는 마하시 사야도의 법문은 「큰북」 시리즈로, 우 소다나 사야도의 법문은 「불방일」 시리즈로, 아비담마 법문은 「아비담마 강설」 시리즈로, 비구 일창 담마간다의 법문은 「법의 향기」 시리즈로, 독송집이나 법요집은 「큰북소리」로 출간하고 있습니다. 여러분의 많은 법보시를 기원합니다.(농협 355-0041-5473-53 한국마하시선원)

성냄과 여러 위험에서 자신과 타인을 보호하는 법

자애

초 판 | 1쇄 2022년 11월 5일
2쇄 2024년 4월 5일

편 역 | 비구 일창 담마간다
감 수 | 우 소다나 사야도
펴 낸 이 | 사단법인 한국마하시선원
디 자 인 | (주)엔북

펴 낸 곳 | 도서출판 불방일
등 록 | 691-82-00082
주 소 | 경기도 안양시 만안구 경수대로 1201번길 10
(석수동 178-19) 2층
전 화 | 031-474-2841
팩 스 | 031-474-2841
홈페이지 | http://koreamahasi.org
카 페 | https://cafe.naver.com/koreamahasi
이 메 일 | nibbaana@hanmail.net

* 잘못된 책은 구입하신 서점에서 바꿔드립니다.

값 25,000원
ISBN 979-11-970021-6-8 03220

불방일 출판도서 안내

큰북 시리즈

■ 마하시 사야도의 『마하사띠빳타나숫따 대역』
비구 일창 담마간다 옮김 / 신국판(양장) / 350쪽
정가: 25,000원
(1쇄 2016년, 2쇄 2018년)

■ 마하시 사야도의 『위빳사나 수행방법론』 (1/2)
비구 일창 담마간다 옮김 / 신국판(양장)
제1권: 736쪽 / 제2권: 640쪽
정가: 각권 30,000원
(이솔 초판 2013년, 2쇄 2013년
불방일 개정판 2016년)

■ 마하시 사야도의 『위빳사나 백문백답』
비구 일창 담마간다 편역 / 신국판 / 252쪽
정가: 13,000원
(이솔 초판 2014년, 불방일 개정판 예정)

■ 마하시 사야도의 『담마짝까 법문』
비구 일창 담마간다 옮김 / 신국판(양장) / 532쪽
정가: 30,000원 / 2019년

■ 마하시 사야도의 『헤마와따숫따 법문』
비구 일창 담마간다 옮김 / 신국판(양장) / 412쪽
정가: 25,000원 / 2020년

■ 마하시 사야도의 『아낫딸락카나숫따 법문』
비구 일창 담마간다 옮김 / 신국판(양장) / 484쪽
정가 28,000원 / 2021년

■ 마하시 사야도의 『아리야와사 법문』
비구 일창 담마간다 옮김 / 신국판(양장) / 332쪽
정가 22,000원 / 2022년

■ 마하시 사야도의 『말루꺄뿟따숫따 법문』
비구 일창 담마간다 옮김 / 신국판(양장) / 325쪽
정가 22,000원 / 2023년

불방일 시리즈

■ 우 소다나 사야도의 『통나무 비유경』
비구 일창 담마간다 옮김 / 46판 / 116쪽
법보시 / 2015년

■ 우 소다나 사야도의 『어려운 것 네 가지』
비구 일창 담마간다 옮김 / 46판 / 279쪽
법보시 / 2017년

■ 우 소다나 사야도의 『알라와까숫따』
비구 일창 담마간다 옮김 / 46판 / 191쪽
법보시 / 2019년

법의 향기 시리즈

■ 『부처님을 만나다』
비구 일창 담마간다 지음 / 신국판(양장) / 528쪽
정가: 23,000원
(초판 1쇄 2012년, 3쇄 2014년, 개정판 1쇄 2018년)

■ 『가르침을 배우다』
비구 일창 담마간다 지음 / 신국판(양장) / 456쪽
정가: 28,000원
(초판 1쇄 2017년, 개정판 1쇄 2021년)

■ 『보배경 강설』
비구 일창 담마간다 편역 / 143×226mm(양장) / 252쪽
정가: 18,000원 / 2020년

아비담마 강설 시리즈

■ 우 소다나 사야도의 『아비담마 강설 1』
비구 일창 담마간다 편역 / 신국판(양장) / 488쪽
정가: 28,000원 / 2021년

큰북소리 시리즈

■ 『법회의식집』
비구 일창 담마간다 편역 / 46배판 / 268쪽
법보시 / 2018년

■ 『수행독송집』
비구 일창 담마간다 편역 / 105×175mm / 404쪽
법보시 / 2023년(개정판)

■ 『빳타나(조건의 개요와 상설)』
비구 일창 담마간다 편역 / 46판 / 176쪽
법보시 / 2018년